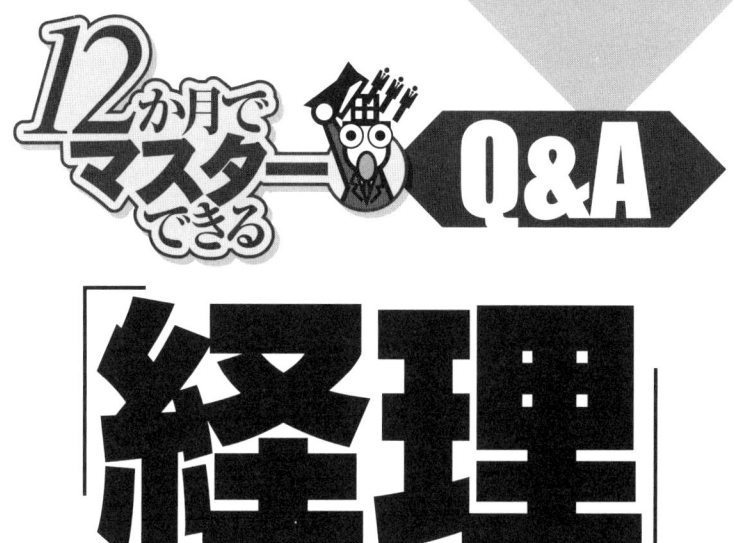

12か月でマスターできる Q&A「経理」

辰巳　八栄子 著

セルバ出版

は　じ　め　に

　経理の仕事は、営業や製造の仕事と違い、製品をつくったり、物品やサービスを提供して利益を得たりするものではありません。そのため、他部署からは、数字を相手にして、パソコンに向き合っている地味な部署というイメージを抱かれがちです。

　しかし、会社が継続的に成長を遂げるためには、日々の取引の情報をもとに経営者が正しくカジ取りをしなければなりませんが、取引の取引情報を数値化したものの多くは、経理で作成されます。

　経理で作成するデータが遅れると、経営者の意思決定は遅れ、会社の進むべき進路に狂いが生じかねません。したがって、経理は、経営者の意思決定に必要な情報をタイミングよく提供することで重要な役割を果たしているのです。

　経理は、日々の出納管理、月次の資金繰り、決算業務などを通じて、会社が継続的に成長していくために必要な資料や情報を提供してサポートしたり、営業や製造などの業務をバックアップする要的な存在といえます。

　経理の役割は、日々の数字を1つ1つ、どのような数字も処理も、おろそかにせず、適切に処理して行くことから始まります。

　したがって、経理担当者は、取引を仕訳して帳票に集計し記帳して、日次から月次と積み重ねて年次で完成させていくことになりますので、そのしくみを理解し、取引の仕訳や帳票の記帳をマスターして決算書の作成ができるように処理していくことが必要です。

　しかし、経理ルールをしらなかったり、うっかり忘れてしまうなどしてミスを出しがちです。ミスは、最終的には決算書のミスとなってしまいます。

　それだけに、経理は正確な経理が叫ばれるわけです。

　そこで本書は、会社経理をはじめて担当する方が、3月決算法人の年間スケジュールに従って、12か月のこよみで必要なつど経理の仕事をマスターできるように、Q＆A形式でわかりやすくまとめています。

　また、各月の経理の仕事は、担当者にとって必須の事務を取り上げ、定例事務を中心に、随時行う必要のある事務はもっとも関係のある月に割り付けていますので、必要なときに必要な箇所を調べる手引書として利用できるようにもなっています。

本書では、小さい会社のコンプライアンス（法令順守）にとっても、必須の事務がまとめられています。
　本書が経理をはじめて担当する新人の方の仕事に少しでも役立つことができれば幸いです。

平成21年1月

辰巳　八栄子

12か月でマスターできる「経理」Q＆A　目　次

はじめに

1　4月の「経理」事務
Q1　経理ってなに・その目的は ……………………………… 14
Q2　経理の基本ルールは ……………………………………… 16
Q3　はじめての経理で心得ておくことは …………………… 19
Q4　日々・月々・毎年行う経理の仕事ってどんなこと ……… 20
Q5　経理に必要な簿記ってなに・その役割は ………………… 22
Q6　総勘定元帳・補助簿のしくみは …………………………… 23
Q7　伝票の種類・使い方・起票のしかたは …………………… 26
Q8　領収書等の整理・帳票の保存期間は ……………………… 28
Q9　現金出納ってなに・そのやり方は ………………………… 30
Q10　小切手ってなに・その役割は ……………………………… 33
Q11　手形ってなに・その役割は ………………………………… 35
Q12　決算書ってなに・その種類は ……………………………… 37

```
図表1    経理の仕事                図表14   伝票の役割
図表2    会社組織と経理のかかわり   図表15   入金伝票の記入例
         （取締役会設置会社の例）   図表16   振替伝票の記入例
図表3    3つの法律による経理処理    図表17   伝票の訂正例
         ルール                     図表18   法人税法上の規定
図表4    会計の一般原則             図表19   入金業務の流れ
図表5    主な会計基準               図表20   支払業務の流れ
図表6    経理の仕事の基本           図表21   領収書用紙の管理方法
図表7    経理が日々行う仕事         図表22   小切手のしくみ
図表8    経理が月々行う仕事         図表23   小切手の実務上の名称
図表9    経理が毎年行う仕事         図表24   手形のしくみ
図表10   簿記の役割                 図表25   手形が現金化されるまでの流
図表11   仕訳帳と総勘定元帳の記入             れ
         例                         図表26   手形の実務上の名称
図表12   主要簿と補助簿の記入       図表27   決算書の種類
図表13   総勘定元帳に転記する方法
```

2　5月の「経理」事務
Q13　勘定科目・仕訳ってなに …………………………………… 40
Q14　経理でいう取引ってどういうこと ………………………… 43

Q15	資産・負債・純資産の勘定科目の内容は	44
Q16	収益・費用の勘定科目の内容は	47
Q17	株主総会で決議の必要な決算書ってどれのこと	49
Q18	給与の計算事務の流れは	50
Q19	社会保険料の計算のしくみと納付処理は	51
Q20	所得税の源泉徴収と納付処理は	53
Q21	住民税の特別徴収と納付処理は	56
Q22	月次決算ってなに・その目的は	57
Q23	月次決算のやり方は	58
Q24	試算表のしくみ・その作成方法は	60
Q25	消費税のしくみは	63
Q26	法人税の所得計算の流れと申告納税は	67
Q27	修正申告と更正の請求・更正は	69
Q28	地方税（住民税・事業税）の申告納税と処理は	70

図表28　取引8要素の結合関係
図表29　試算表でみると
図表30　資産の増加に対応する原因の仕訳例
図表31　図表30の取引をT字勘定に転記
図表32　取引の種類
図表33　現金の収入・支出に着目した取引
図表34　資産・負債・純資産の勘定科目
図表35　収益・費用の一般的な勘定科目一覧
図表36　各決算書の株主総会手続
図表37　毎月の給与計算の流れ
図表38　社会保険のしくみ
図表39　社会保険料を徴収・納付したときの会計処理
図表40　所得税の源泉徴収が必要なとき
図表41　源泉徴収のしかた
図表42　源泉徴収したときの会計処理
図表43　源泉徴収額を納付したときの会計処理
図表44　住民税の徴収方法
図表45　住民税を特別徴収して納付したときの会計処理
図表46　月次決算の目的
図表47　月次決算で提供すべき会計情報
図表48　月次決算の手続
図表49　請求書遅滞の対応策
図表50　月次決算で各月に平均して計上するもの
図表51　設例
図表52　合計残高試算表
図表53　試算表での把握
図表54　基準期間とは
図表55　みなし仕入率
図表56　税込方式と税抜方式の違い
図表57　中間申告の申告期限
図表58　中間申告で納付し、確定申告で精算したときの会計処理
図表59　申告調整
図表60　法人税の会計処理
図表61　法人地方税の種類
図表62　住民税均等割
図表63　事業税のしくみ
図表64　所得割の税率
図表65　事業税を納付したときの会計処理
図表66　事業所税の課税標準及び税率

3．6月の「経理」事務

Q29	現金の出納・管理のポイントは	74

Q 30	預金の出納・管理のポイントは	76
Q 31	現金出納帳の記帳と管理は	78
Q 32	預金出納帳の記帳・管理は	80
Q 33	小切手を振出・受け取ったときの処理は	81
Q 34	手形を振出・受け取ったときの処理は	84
Q 35	受取手形を裏書・割引したときの処理は	88
Q 36	手形が不渡りになったときの処理は	91
Q 37	小切手・手形を紛失等したときの対応は	93
Q 38	賞与からの保険料控除と納付処理は	95
Q 49	報酬・料金の支払処理は	96
Q 40	役員退職金の支払処理は	97

図表67	多桁式小口現金出納帳		図表85	割引手形の会計処理
図表68	現金出納帳の例		図表86	受取手形が不渡りになったとき
図表69	金種表の例		図表87	回収が長期にわたるとき
図表70	小切手の絶対的記載事項		図表88	最終的に貸倒れてしまったとき
図表71	小切手を振り出したときの会計処理		図表89	手形を紛失したときの対応
図表72	小切手を受け取ったときの会計処理		図表90	賞与にかかる保険料を控除したとき
図表73	先日付小切手の処理		図表91	賞与にかかる保険料を納付したとき
図表74	約束手形の絶対的記載事項			
図表75	支払手形記入帳の例		図表92	社外の人に支払う報酬・料金からの源泉徴収
図表76	支払手形の会計処理			
図表77	要注意の受取手形		図表93	報酬・料金を支払ったときの会計処理
図表78	受取手形記入帳の例			
図表79	手形を受け取ったときの会計処理		図表94	役員退職金の支給メリット
			図表95	役員退職慰労金を支給したときの会計処理
図表80	手形発行にかかる印紙税			
図表81	手形の裏書譲渡			
図表82	手形の裏面			
図表83	裏書手形の会計処理			
図表84	手形の割引			

4 7月の「経理」事務

Q 41	労働保険料の計算のしくみと納付処理は	100
Q 42	売上取引の流れ・経理の仕事は	102
Q 43	納品書・請求書の発行・整理のしかたは	104
Q 44	売上の計上のしかたは	106
Q 45	特殊な販売の処理は	107
Q 46	返品・値引をしたときの処理は	110

Q47	売上割引・割戻をしたときの処理は	112
Q48	得意先元帳の管理は	114
Q49	債権管理のしかたと貸倒処理は	116

図表96	労働保険の対象となる給与	図表110	売上値引の会計処理
図表97	労働保険料を徴収・納付したときの会計処理	図表111	売上返品・売上値引の表示方法
図表98	売上取引の流れ	図表112	交際費になるもの・ならないもの
図表99	売上計上		
図表100	手形回収の経理処理	図表113	売上割戻の会計処理
図表101	主な売上計上基準	図表114	売上割引の会計処理
図表102	特殊な販売形態	図表115	得意先元帳の例
図表103	委託販売のしくみ	図表116	売掛金明細表の例
図表104	委託販売の会計処理	図表117	回収予定表の例
図表105	試用販売の会計処理	図表118	年齢調べ表の例
図表106	予約販売の会計処理	図表119	貸倒処理のための証拠書類
図表107	割賦販売の設例	図表120	税務上の貸倒処理基準
図表108	売上返品の取引の流れ	図表121	貸倒処理の例
図表109	売上返品の処理例		

5 8月の「経理」事務

Q50	仕入取引の流れ・経理の仕事は	120
Q51	見積書・発注書・注文書(控)・納品書・請求書の整理のしかたは	122
Q52	仕入の計上のしかたは	123
Q53	返品・値引品の処理は	124
Q54	仕入割引・割戻の処理は	125
Q55	買掛金元帳の記帳と管理は	127
Q56	在庫品の管理のしかたは	128
Q57	棚卸の目的・やり方は	130
Q58	原価計算ってなに・そのやり方は	133

図表122	仕入取引の流れ	図表131	在庫品の問題
図表123	仕入計上するときの会計処理	図表132	在庫元帳の例
図表124	代金を支払ったときの会計処理	図表133	棚卸の手順と留意点
		図表134	在庫不足のときの会計処理
図表125	仕入の計上基準	図表135	在庫を廃棄処分にしたときの会計処理
図表126	仕入金額の計算		
図表127	仕入返品の処理の例	図表136	原価の分類
図表128	仕入返品・値引の処理	図表137	原価の分類とその主なもの
図表129	仕入割戻の会計処理	図表138	原価計算の5つの目的
図表130	仕入割引の会計処理	図表139	勘定連絡図

6　9月の「経理」事務

- Q59　経費処理のポイントは …………………………………138
- Q60　人件費の処理ポイントは …………………………………140
- Q61　役員給与の扱いは …………………………………142
- Q62　福利厚生費の処理は …………………………………145
- Q63　旅費交通費・通勤費の処理は …………………………………147
- Q64　交際費の処理は …………………………………148
- Q65　消耗品費の処理は …………………………………149
- Q66　広告宣伝費の処理は …………………………………150
- Q67　修繕費の処理は …………………………………151
- Q68　賃借料の処理は …………………………………153
- Q69　通信費・荷造運賃の処理は …………………………………155
- Q70　支払保険料の処理は …………………………………156

図表140　経費の取引	図表152　資本金1億円以下の中小法人の交際費の損金算入の例
図表141　経費の按分基準の例	
図表142　人件費の構成	図表153　消耗品が期末に未使用の状態で残ったときの処理
図表143　給与支給時の会計処理	
図表144　給与の計算期間	図表154　資産計上となる広告宣伝費
図表145　決算書の表示区分	図表155　建物の改修をしたときの処理
図表146　役員給与の税務取扱い	
図表147　実質的な1人会社のオーナーへの役員給与の損金算入制度	図表156　修繕費か資本的支出かの判定
	図表157　リースの種類
図表148　社会保険のしくみ	図表158　賃貸借処理か売買処理かの判定表
図表149　福利厚生費の分類	
図表150　福利厚生費の取扱い	図表159　リースの会計処理の例
図表151　通勤費の非課税取扱い例	図表160　生命保険の処理方法

7　10月の「経理」事務

- Q71　資金繰りってなに・その目的は …………………………………158
- Q72　資金繰り表の種類・作成は …………………………………160
- Q73　資金繰りの入出金の予測のしかたは …………………………………162
- Q74　資金繰り表の作成手順は …………………………………164
- Q75　資金繰りがうまくいかないときの対応は …………………………………166

図表161　資金繰りのしくみ	イント
図表162　資金繰りが行き詰まる遠因	図表166　年間の資金予測のしかた
図表163　資金繰り表の種類	図表167　資金繰り表の作成手順
図表164　資金繰り表作成のねらい	図表168　資金繰り表作成に必要な資料
図表165　資金繰り表を使いこなすポ	

図表169	月次資金繰り表の例	図表171	社外からの資金調達方法
図表170	資金繰りと貸借対照表の関係	図表172	社内で行える対応策

8. 11月の「経理」事務

- Q76 有価証券を取得・売却したときの処理は ……………170
- Q77 固定資産を取得したときの処理は ……………………172
- Q78 固定資産を売却・除却したときの処理は ……………176
- Q79 設備投資をしたときの処理ポイントは ………………178
- Q80 原価管理のポイントは …………………………………181
- Q81 コストダウンのポイントは ……………………………183

図表173	有価証券を購入したときの処理の例	図表183	固定資産を売却したときの処理
図表174	有価証券台帳の例	図表184	固定資産を除却したときの処理
図表175	有価証券を売却したときの処理の例	図表185	有姿除却の処理
図表176	移動平均法による単価の計算	図表186	設備投資時の会計処理
図表177	有形固定資産の勘定科目	図表187	資産計上のポイント
図表178	固定資産税の負担	図表188	固定資産の振分け
図表179	耐用年数表（抜粋）	図表189	原価管理の考え方
図表180	中古資産の耐用年数	図表190	コストダウンの着眼点
図表181	固定資産台帳の例	図表191	調達コストを削減する方法
図表182	機械装置を取得したときの		

9. 12月の「経理」事務

- Q82 パソコン経理と非パソコン経理の違いは ………………186
- Q83 パソコン経理の進め方は ………………………………188
- Q84 パソコン経理にあたっての注意点は …………………189
- Q85 会社にかかる税金は ……………………………………190
- Q86 印紙税がかかる文書は …………………………………192
- Q87 税務調査の種類と対応は ………………………………193
- Q88 従業員の退職金の支払処理は …………………………195

図表192	パソコン経理と非パソコン経理の比較		会計処理
		図表196	過怠税
図表193	パソコン経理のメリット	図表197	税務調査の所管
図表194	会社にかかる主な税金の種類	図表198	税務調査の種類
		図表199	実地調査時の心掛け
図表195	配当にかかる源泉所得税の	図表200	退職所得にかかる所得税の

図表201　退職所得にかかる住民税の計算方法は	図表202　退職金を支払ったときの会計処理

10　1月の「経理」事務

- Q 89　次年度の利益計画・資金計画の立て方は …………198
- Q 90　銀行融資のしくみは ……………………………200
- Q 91　銀行借入の方法は ……………………………202
- Q 92　銀行借入に必要な書類は ……………………204
- Q 93　借入金を返済したときの処理は ……………206
- Q 94　保証協会の保証料の処理は …………………208
- Q 95　中小企業の会計指針ってなに ………………210

図表203　年次経営計画・予算のポイント	例
図表204　年次経営計画と予算の例	図表213　長期借入金を返済したときの会計処理
図表205　格付のしくみ	図表214　信用保証制度のしくみ
図表206　自己査定における債務者区分	図表215　信用保証制度の利用手続
図表207　銀行からの資金調達方法	図表216　保証金を支払ったときの会計処理
図表208　担保の種類	図表217　中小企業の会計指針と税務会計の処理方法の相違点
図表209　貸借対照表での長短区分	図表218　税効果会計を適用している・いないときの比較
図表210　銀行借入に必要な書類	図表219　中小企業の会計指針を適用するメリット
図表211　短期借入金の返済時の処理例	
図表212　長期借入金の返済予定表の	

11　2月の「経理」事務

- Q 96　業績予想のしかた・決算方針の立て方は ………214
- Q 97　黒字予想のときの決算政策は ………………216
- Q 98　赤字予想のときの決算政策は ………………219
- Q 99　貸借対照表のしくみ・作成手順は …………221
- Q100　損益計算書のしくみ・作成手順は …………223
- Q101　株主資本等変動計算書のしくみ・作成手順は ………225

図表220　業績予想の手順	図表225　貸借対照表の例
図表221　決算方針を立てるにあたって検討すべき点	図表226　5段階の利益
図表222　黒字予想のときの決算政策	図表227　収益と費用の区分
図表223　赤字予想のときの決算政策	図表228　損益計算書の例
図表224　貸借対照表のしくみ	図表229　株主資本等変動計算書の作成手順

図表230　株主資本等変動計算書の例

12　3月の「経理」事務

- Q102　決算事務の流れ・処理カレンダーは ……………………228
- Q103　精算表のしくみと読み方は ………………………………230
- Q104　現金・預金残高の調査・照会・整理は …………………232
- Q105　売掛金・買掛金の残高照会・整理は ……………………234
- Q106　棚卸資産の棚卸・評価・評価替えは ……………………236
- Q107　仮払金・仮受金の残高調査・整理は ……………………238
- Q108　収益・費用の見越・繰延の処理は ………………………239
- Q109　減価償却費の計上は ………………………………………242
- Q110　繰延資産の償却費の計上は ………………………………246
- Q111　引当金の計上は ……………………………………………248
- Q112　貸倒引当金の計上は ………………………………………251
- Q113　期末精算表の作成ポイントは ……………………………254

図表231　決算日程の例（取締役会設置会社の例）	図表251　税務上の取扱いは
図表232　決算事務の流れ	図表252　定額法の計算例
図表233　決算整理仕訳	図表253　定率法による限度額計算例
図表234　精算表の作成手順	図表254　繰延資産と他の資産の比較
図表235　精算表のしくみ	図表255　会社法上の繰延資産
図表236　精算表の例	図表256　税務上の繰延資産
図表237　現金が不足したときの会計処理	図表257　引当金の種類
図表238　銀行残高調整表の例	図表258　引当金の設定要件
図表239　預金残高と帳簿残高に差異が生じる原因	図表259　引当金の計上
図表240　残高確認のメリット	図表260　支給対象期間
図表241　残高証明依頼書の例	図表261　賞与引当金の計上
図表242　単価の算定方法	図表262　債権の分類と貸倒引当金の算定方法
図表243　在庫と売上原価の関係	図表263　貸倒引当金の税務上の取扱い
図表244　棚卸減耗損・評価損の表示	図表264　貸倒実績率
図表245　収益の見越処理	図表265　資本金1億円以下の中小法人の法定繰入率
図表246　収益の繰延処理	図表266　貸倒引当金の会計処理
図表247　費用の見越処理	図表267　貸倒引当金の表示
図表248　費用の繰延処理	図表268　期末精算表の例
図表249　再振替仕訳	図表269　精算表の作成手順
図表250　減価償却費の処理	

 4月の「経理」事務

　年度が変わってはじめて経理を担当される方のために、経理の仕事はどのようなものか、経理の目的は何か、経理で使われる独特の言葉の説明などをまとめています。

経理ってなに・その目的は

 経理は、会社のバックアップ部門で、経営者の意思決定に資する情報の作成を担っています。
経理の目的は、「会社財産の管理」と「適正な財務報告」にあります。

♣経理というのは

経理とは、会社の事業活動を会計情報として正確に記録する仕事と、記録した会計情報をもとに経営計画の策定のための資料を作成する仕事のことをいいます。

したがって、図表1のような仕事を正確迅速に遂行することが経理の目的になります。

経理は、来期以降の事業活動のための計画策定等にかかわる仕事を担い、会社存続をサポートするという点から、総務や労務の仕事とは違った役割を果たすことになります。経理が、経営管理の略といわれるゆえんです。

【図表1　経理の仕事】

経理の仕事	❶事業活動を会計情報として記録・管理する仕事	①	出納事務など日々の取引を伝票や帳簿に記録・管理
		②	事業年度終了時に記録を集計して損益や財産内容を表す決算書（損益計算書や貸借対照表など）を作成
		③	決算内容をもとに申告納税
		④	税務の事務・折衝
		⑤	会計帳票・証憑書類の整理保管
	❷経営計画の策定・実施・管理の仕事	①	決算書の数字を分析して財務データを作成
		②	来期の予算を立てるための資料作成
		③	コストダウンを図るための資料作成
		④	金融機関への資金繰り資料の作成・折衝
		⑤	資金の計画・調達・運用・返済等

♣会社での経理の位置づけは

　会社の事業活動は、製造業の場合、購買部門が材料を購入し、製造部門で製品にし、営業部門がその製品を販売するというような役割分担によって仕事を行っています。

　この製造や販売に携わる現業部門に対し、経理や人事・総務は管理部門といい、現業部門のように直接会社の事業を行って利益を獲得することはありませんが、経理などの管理部門は、現業部門がスムーズに仕事ができるようにバックアップします。

　さらに経理は、会社の活動結果をもとに、来期の経営計画の立案に役立つデータづくりをすることによって、会社の存続のためのサポートをしています。

　そこで、次に中小企業の一般的な組織図で、経理の役割をみてみましょう（図表2）。

【図表2　会社組織と経理のかかわり（取締役会設置会社の例）】

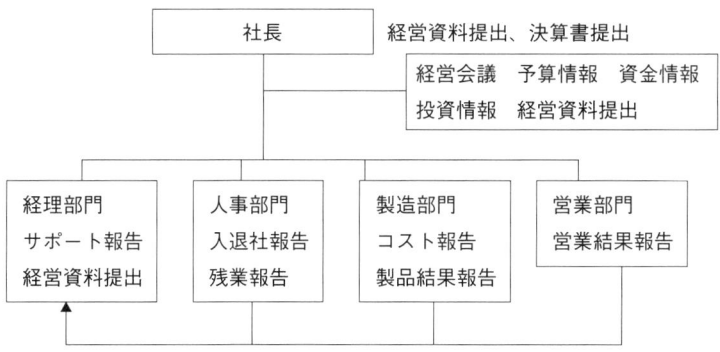

♣経理の目的は

　経理の目的は、「会社財産の管理」と「適正な財務報告」の2つです。会社の活動を会計帳簿に記録していくことにより、これらの2つの目標を達成することになります。

　会社財産の管理とは、会社財産を会計帳簿に記録し、現金や預金、固定資産が社外に流出（紛失や盗難のほか、不正に流用されてしまうこと）しないようにすることです。

　財務報告には、社外（株主や銀行、取引先、税務当局など）に公表される決算書と、社内の経営管理等に用いられるための経営資料（月次決算表・予算実績表・資金繰り表など）があります。

 経理の基本ルールは

 すべての取引について、法令や会計基準などに則り正確に処理し、利害関係者に真実の報告をすることが基本的な経理のルールです。
牽制機能を働かせることにより担当者のミスや不正を防止することも基本ルールです。

♣3つの法律による経理処理ルールは

経理処理は、さまざまな目的によって、法律で「このようにしなければならない」というルールが決められています。

大きく図表3の3つの会計ルールが定められています。

【図表3　3つの法律による経理処理ルール】

会　計	法　律	目　的	適用会社
❶ 金融商品取引法会計	金融商品取引法	株式等を売買する投資家の保護	上場会社
❷ 会社法会計	会社法	株主・債権者の保護	すべての会社
❸ 税務会計	法人税法等	納税額の計算	すべての会社

♣中小企業は税務会計が中心

図表3の3つの会計は、必ずどの会社にも必要というものではありません。

税務申告が主目的の中小企業では、税務会計のみに従っても何らの支障はないでしょう。しかし、規模が大きくなって、株主や利害関係者が増えてくると、会社法会計にも従わなければなりません。

さらに証券取引所に上場すると、金融商品取引法会計に従うことが求められます。

♣会計の基本ルールは

会社が会計処理を行うにあたって従わなければならない基本的な基準に、企業会計原則があります。

企業会計原則は、一般原則として7つの原則をあげています（図表4）。つまり、すべての取引について、正確に処理し、利害関係者にわかりやすく、

真実な報告をすることが、会計のルールといえます。

【図表4　会計の一般原則】

原　則	内　容
① 真実性の原則	企業会計は、企業の財政状態及び経営成績に関して、真実な報告を提供するものでなければならない。
② 正規の簿記の原則	すべての取引につき、正規の簿記の原則に従って、正確な会計帳簿を作成しなければならない。
③ 資本取引・損益取引区分の原則	資本取引と損益取引とを明瞭に区分し、特に資本剰余金と利益剰余金とを混同してはならない。
④ 明瞭性の原則	財務諸表によって、利害関係者に対して必要な会計事実を明瞭に表示し、企業の状況に関する判断を誤らせないようにしなければならない。
⑤ 継続性の原則	会計処理の原則及び手続を毎期継続して適用し、みだりにこれを変更してはならない。
⑥ 保守主義（安全性）の原則	企業の財政に不利な影響を及ぼす可能性がある場合には、これに備えて適当に健全な会計処理をしなければならない。
⑦ 単一性の原則	株主総会提出のため、信用目的のため、租税目的のため等々種々の目的のために異なる形式の財務諸表を作成する必要がある場合、それらの内容は、信頼しうる会計記録に基づいて作成されたものであって、政策の考慮のために事実の真実な表示をゆがめてはならない。

♣会計基準の適用ルールは

日本の会計制度は、海外でも通用するよう国際会計基準に沿った会計基準がつくられています（図表5）。

この会計基準は、会計監査が必要な会社は必ず適用しなければなりません。

【図表5　主な会計基準】

項　目	説　明
① 金融商品会計基準	有価証券やの評価を時価で行う。
② 税効果会計基準	会計上の収益費用と税務上の益金損金の計上のタイミングのズレを調整計算し、法人税等の実質負担額を計算する方法。
③ キャッシュフロー計算書	貸借対照表、損益計算書に次ぐ第三の決算書として導入。
④ 退職給付会計基準	将来発生する退職給付債務や、積立資産の運用利回りの低下・含み損等による年金資産の積立不足の状況を明らかにする方法。

⑤ 減損会計基準	固定資産の時価が大幅に下落した場合に、その時価まで貸借対照表の評価を引き下げて、固定資産の実態を明らかにする方法。
⑥ リース会計基準	リース資産やリース債務を貸借対照表に計上する方法。

♣内部統制が重視されるわけは

　最近、上場会社を中心に話題になっている内部統制は、適正な財務諸表を作成し、法規の遵守を図り、会社の資産を保全し、会社の事業活動を効率的に遂行することを目的とします。すなわち、社内で各業務処理をするにあたってのチェック機構です。

　内部統制は、誤謬（無意識的なミス）、不正（意図して行うもの）を未然に防ぎ、あるいは早期に発見し、もって社内のデータの正確性、安全性を保証するとともに会社財産の保全、効率的運用を図るものです。

　内部統制は中小企業でも必要です。しかし、中小企業では、人員が不足しがちですから、例えば、現物管理する人と帳簿を付ける人を別々にするのが理想ですが、現実にはそうもいきません。

　担当者の上司となる責任者が、担当者の処理をチェックし、ミスや不正が起こらないようにしなければなりません。

♣経理の仕事の基本ルールは

　経理の仕事は、Q１で述べたように、①事業活動を会計情報として記録・管理する仕事と、②経営計画の策定・実施・管理の仕事がありますが、①の仕事は財務会計といわれ、②の仕事は管理会計といわれます。

　財務会計は、株主や債権者、取引先、税務当局などの利害関係者に企業の財政状態や経営成績を開示するための決算書の作成が目的となります。いろいろな利害関係者が利用しますので、どの会社も前述した会社法会計や税法会計などのルールに従った処理をしなければなりません。

　管理会計は、財務会計のように法律による規制はありませんので、会社の管理に適した様式や手続をとることができます。また、財務数値だけでなく、業務データの数値を用いて算出するという場面もあります。

　これらの会計情報の記録や管理等は、迅速に活タイムリーに行われることが非常に重要です。その基本ルールの根底には、１つひとつの処理を正確に行うことにありますから、正確で迅速に処理することが経理ルールの基本にあるといえます。

Q3 はじめての経理で心得ておくことは

 はじめての経理の仕事に必要な基本的なことは、①経理ルール、②経理の役割と仕事のスケジュール、③経理のマナーをマスターするに分けられます。

♣経理の仕事の基本というのは

経理の仕事でマスターすべき基本事項は、図表6のとおりです。初めての経理の仕事にあたっては、これらの基本事項を任される中でマスターしていきましょう。

【図表6　経理の仕事の基本】

❶経理の仕事の基本ルール
- ① 会社の理念・組織を理解する。
- ② 経理に重要な法律や規則や会計基準を理解する。
- ③ 決裁や責任のルールを覚える。
- ④ 経理規定の内容を理解する。

❷経理の役割
- ① 経理が受け持つ役割を理解する。
- ② 経理の仕事の流れをマスターする。
- ③ 経理の年間スケジュールをマスターする。
- ④ 日々の経理の仕事をマスターする。
- ⑤ 毎月の経理の仕事をマスターする。
- ⑥ 月次決算の重要性を理解する。

❸経理のマナー
- ① 秘密保持を厳守する。
- ② 認可や押印のルールをマスターする。
- ③ 会計帳票の種類やその役割をマスターする。
- ④ 伝票や文書類の整理保管のしかたを覚える。

Q4 日々・月々・毎年行う経理の仕事ってどんなこと

 経理の仕事は、日々・月々・毎年行うべき定例業務と臨時業務に区分されます。ここでは、定例業務の内容を列挙します。

♣経理が日々行う仕事は

経理が日々行う定例的な仕事は、図表7のものがあります。

日々の仕事は、反復的かつ膨大な取引を処理していくことが多くなります。できるだけその日のうちに処理してしまうことが大切です。処理がたまれば、ミスが発生しやすくなりますし、不整合が発生した場合にどこでミスが生じたのか発見するのに手間がかります。

【図表7　経理が日々行う仕事】

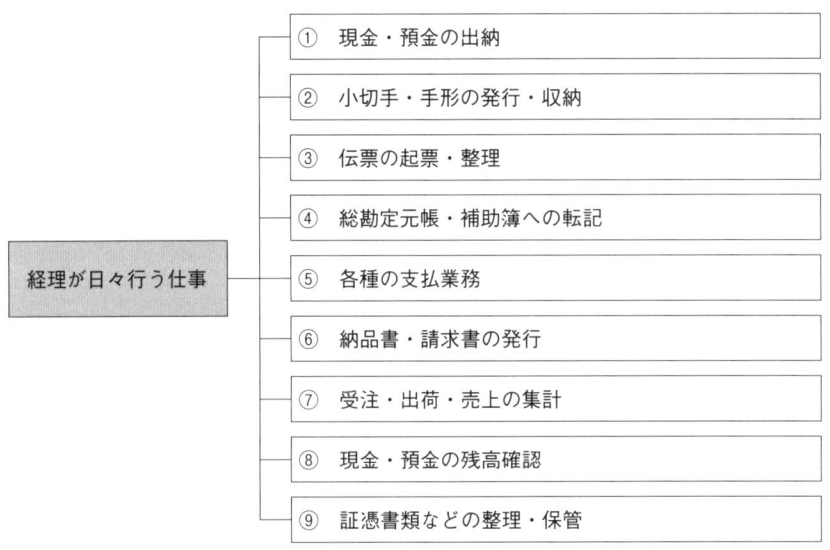

経理が日々行う仕事
① 現金・預金の出納
② 小切手・手形の発行・収納
③ 伝票の起票・整理
④ 総勘定元帳・補助簿への転記
⑤ 各種の支払業務
⑥ 納品書・請求書の発行
⑦ 受注・出荷・売上の集計
⑧ 現金・預金の残高確認
⑨ 証憑書類などの整理・保管

♣経理が月々行う仕事は

経理が月々行う定例的な仕事は、図表8のものがあります。

月々の仕事は、作業カレンダーを作成して管理すると便利です。第何営業日までにはこの仕事を済ませておくとか、第何営業日までには関連部署からこの資料を入手しておくといったスケジュールをたてておきます。カレンダーに従って業務を実施していくことが仕事の遅れや漏れを防ぐことになる

うえ、業務の集中を緩和させることにつながります。

【図表8　経理が月々行う仕事】

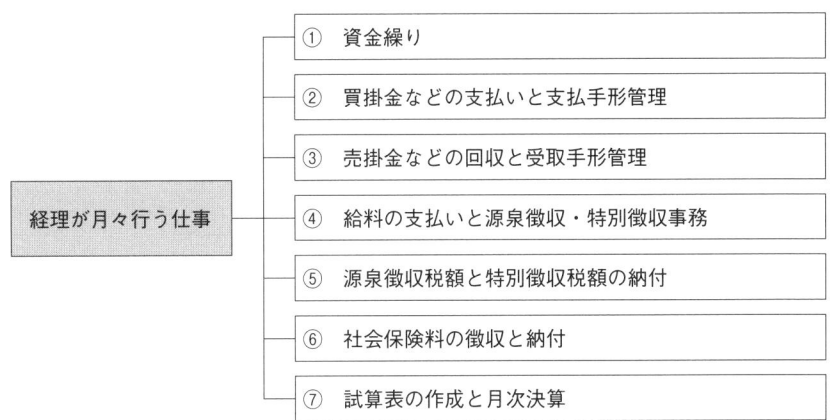

♣経理が毎年行う仕事は

経理が毎年行う定例的な仕事は、図表9のものがあります。

毎年行うといっても、年に一度の作業ですから、作業手順を忘れがちです。それぞれの業務をどのように実施したか、ポイントをマニュアルふうに作成し、毎年マニュアルを更新して、効率的でミスの発生しにくい作業手順を確立していくとよいでしょう。

【図表9　経理が毎年行う仕事】

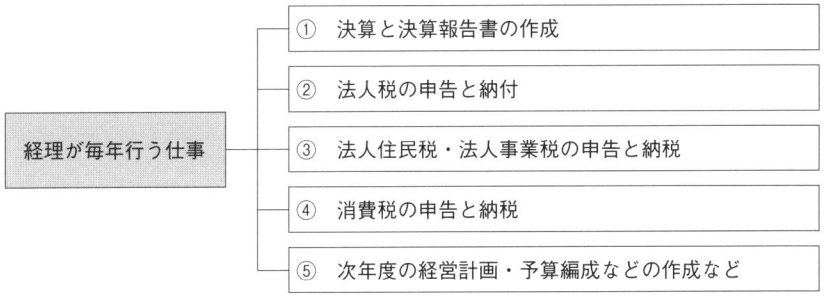

♣突発的な仕事は

臨時的な業務としては、税務調査の対応や、銀行借入れや社債発行といった資金調達の手続、設備投資の意思決定にかかる資料作成等があります。

突発的な仕事は、社内外の関係者と連絡を密にとり、意見をよく聞いて実施していくことが必要です。

Q5 経理に必要な簿記ってなに・その役割は

 簿記とは、帳簿記録のことで、会社の取引を一定のルールに従って帳簿につけていく技術のことです。
簿記は、会社の取引を正確に、網羅的に、タイムリーに処理し、一覧性を持たせるうえで必要です。

♣簿記というのは

　簿記とは、帳簿記録のことで、経営活動（取引）を一定のルールに従って金額的に表現する技術です。

　簿記には、複式簿記と単式簿記があります。

　経理では、複式簿記が採用されます。複式簿記は、経営活動から生じるすべての取引を、財産の変動とその原因として二面的（借方と貸方）にとらえ、組織的に記録・計算するものです。

　一方、単式簿記は、金銭の収支や債権・債務などの一部の項目についてだけ備忘に記録するもので、家計簿のイメージです。

　複式簿記では、財産の状況が記録されるだけではなく、損益の状況や資産の調達・運用の状況も記録することができます。

♣簿記により区分し記録・集計する

　簿記は、経営者に必要な会計情報を提供するために、図表10の３つの役割を果たしています。

【図表10　簿記の役割】

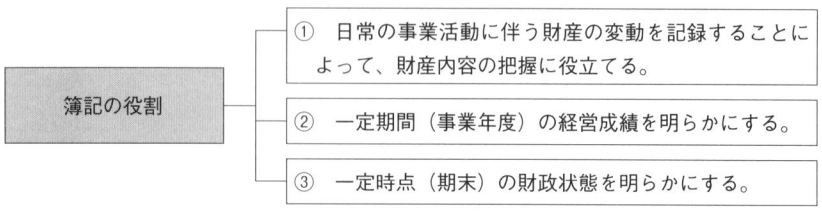

簿記の役割	① 日常の事業活動に伴う財産の変動を記録することによって、財産内容の把握に役立てる。
	② 一定期間（事業年度）の経営成績を明らかにする。
	③ 一定時点（期末）の財政状態を明らかにする。

　簿記の基本的なしくみは、大会社であっても中小会社であっても、また、伝票やパソコンが使われる場合であっても、同じです。

　ですから、その基本的なしくみを理解すれば、どのような会社にとっても応用ができますので、会計の習熟は重要です。

Q6 総勘定元帳・補助簿のしくみは

 総勘定元帳は、それぞれの勘定の明細表で、いつ、どのような取引によりその勘定が増減したのかを把握することができるようになっています。
補助簿は、必要に応じて設けられる勘定ごとの明細です。

♣総勘定元帳の役割は

　総勘定元帳は、仕訳帳と並んで主要簿と呼ばれる会計上最も重要な帳簿です。

　仕訳帳は、取引の順番に仕訳を記入する帳簿です。

　仕訳帳に基づいて、それぞれの勘定（勘定科目についてはQ15、16参照）ごとに増減を記録する帳簿が総勘定元帳と呼ばれるものです。

　したがって、総勘定元帳の勘定の明細を見れば、いつ、どのような取引により、その勘定がいくら増減したのかを把握することができるようになっています。

【図表11　仕訳帳と総勘定元帳の記入例】

仕訳帳

日　付	摘　　要	借　方		貸　方	
4/5	A商店に1,000商品掛売上	（売掛金）	1,000	（売上）	1,000
4/10	B商店から800商品掛仕入	（仕入）	800	（売掛）	800
4/15	C銀行から3,000借入した	（預金）	3,000	（借入金）	3,000
4/20	B商店へ買掛金600支払い	（買掛金）	600	（預金）	600
4/30	A商店から売掛金700を現金で回収	（預金）	700	（売掛金）	700

この仕訳帳を総勘定元帳に転記してみましょう。

総勘定元帳

勘定科目　預金

日　付	仕訳番号	摘　　要	相手科目名	借方	貸方	残高
4/1		前期繰越		××		××
4/15		C銀行から借り入れ	借入金	3,000		××
4/20		B商店へ買掛金支払い	買掛金		600	××
4/30		A商店から売掛金回収	売掛金	700		××

総勘定元帳

勘定科目　売掛金

日付	仕訳番号	摘要	相手科目名	借方	貸方	残高
4/1		前期繰越		××		××
4/5		A商店へ商品売上	売上	1,000		××
4/30		A商店から売掛金回収	預金		700	××

総勘定元帳

勘定科目　買掛金

日付	仕訳番号	摘要	相手科目名	借方	貸方	残高
4/1		前期繰越		××		××
4/10		B商店から仕入	売上		800	××
4/20		B商店へ買掛金支払い	預金	600		××

　総勘定元帳は、簡単にＴ字勘定であらわされることもあります。

預金

4/1	前期繰越	××	4/20	買掛金	600
4/15	借入金	3,000			
4/30	売掛金	700			

♣補助簿の役割は

　補助簿には、「補助記入帳」と「補助元帳」とがあります。

　補助記入帳とは、取引の明細を記録するもので、主なものとしては現金出納帳・当座預金出納帳・売上帳・仕入帳・受取手形記入帳・支払手形記入帳などがあります。

　日々の取引が行われると、仕訳帳への記入と並行して、必要な補助記入帳にも記入されます。

　補助元帳とは、勘定の明細を記録するもので、売掛金元帳（得意先元帳）、買掛金元帳（仕入先元帳）などがあります。

　仕訳帳から総勘定元帳に転記されるのと同時に、必要な補助元帳にも転記されます。

　主要簿と補助簿の記入をまとめると、図表12のようになります。

【図表12　主要簿と補助簿の記入】

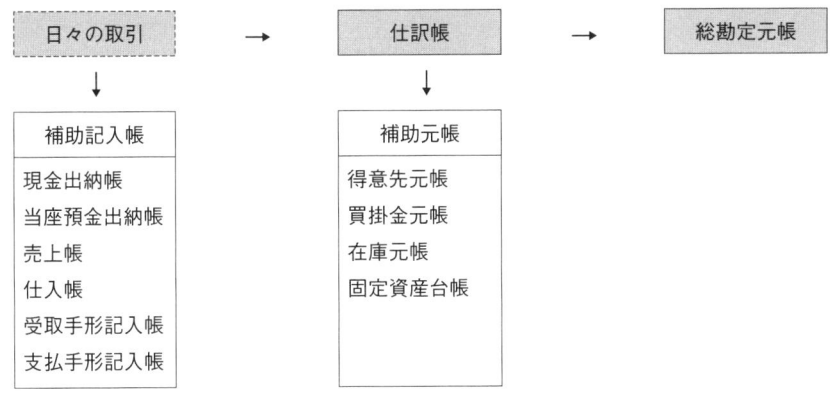

♣補助簿の利用目的は

　会社は、日常反復的に大量の取引を行っています。預金取引や売上、仕入などについて、取引の都度仕訳を行い、総勘定元帳に転記していたのでは、作業量が膨大になり、ミスも発生しやすくなります。

　そこで、同一の取引について1つの帳簿につけておき、1か月なら1か月間の取引を集計してまとめて総勘定元帳に転記する方法が便利で効率的です。

　このように補助簿は、転記を効率化するのに利用されています。

【図表13　総勘定元帳に転記する方法】

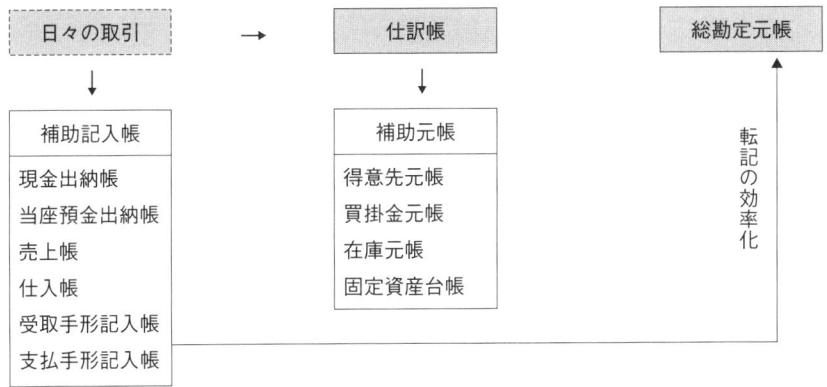

　例えば、売上帳からは、月に1回、売上金額の合計でもって、
（借方）売掛金×××　（貸方）売上×××
の仕訳を行えばすみます。

Q7 伝票の種類・使い方・起票のしかたは

仕訳（Q14）を処理するには、伝票が用いられます。
取引の種類に応じて、伝票の種類がありますが、よく使われるのは、入金伝票・出金伝票・振替伝票の3伝票制です。
伝票は、改ざんされないよう、改ざんの疑いがもたれないように記入し、連番を付して網羅性を確保します。

♣伝票の利用目的は

会計帳簿の基本は、図表14のように仕訳帳→総勘定元帳→試算表→決算書です。

取引が発生すると、まず仕訳帳に記録し、勘定科目ごとに総勘定元帳に転記していく流れです。

しかし、複数の人が会計処理を行う場合は、1冊の仕訳帳では業務が滞ってしまいます。その点、伝票であれば、複数の人が並行して会計処理を進めることができ効率的です。

そこで、実務では、仕訳帳ではなく、伝票が用いられることが一般的です。

【図表14　伝票の役割】

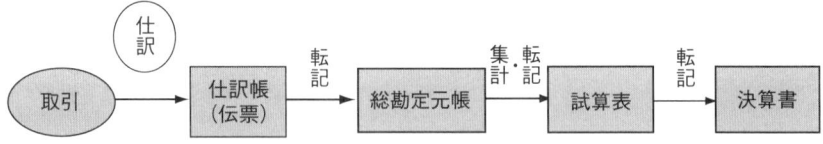

♣伝票の種類は

伝票は、1種類だけの伝票（仕訳伝票）を用いて処理する方法もありますが、頻繁に行われる取引の種類ごとに異なる種類の伝票を用意するほうが便利です。

よく見られるのは、3伝票制といって、「入金伝票」「出金伝票」「振替伝票」の3種類の伝票を使う方法です。

入金伝票（ふつう赤色で印刷されている）は、現金の受入れのある取引に使用します。出金伝票（ふつう青色で印刷されている）は、現金支払いのある取引に使用します。これは、相手方（借方または貸方）にいちいち"現金 ××"を記入する手間を省くためです。

入出金以外の取引については、振替伝票（ふつう黒色で印刷されている）を使用し、借方、貸方それぞれに勘定科目と金額を記入します。
　5伝票制といって、上記の3種類の伝票以外に、「売上伝票」「仕入伝票」を利用する場合もあります。この場合、相手方は「売掛金」「買掛金」になります。

♣伝票の起票のしかたは
　経理担当者は、証憑書類に基づき、金額と勘定科目を記載します。摘要欄には、取引の内容がわかるよう、簡潔明瞭な記載を心がけます。起票後、経理責任者に証憑書類と一緒に回して、承認を得ます。
　伝票は、重要な会計証拠となりますので、改ざんできないよう、ボールペンで記入し、空の行には斜線を引きます（図表15・16）。
　間違いは、二重線と訂正印で修正します（図表17）。

【図表15　入金伝票の記入例】　　　【図表17　伝票の訂正例】

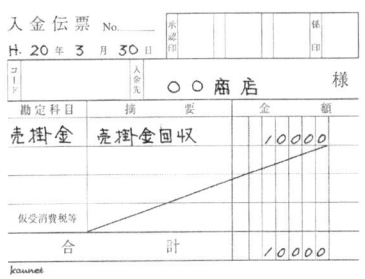
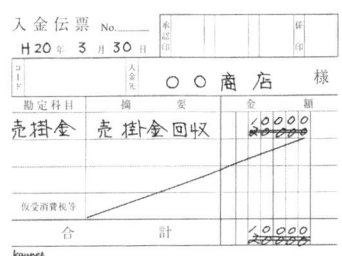

【図表16　振替伝票の記入例】

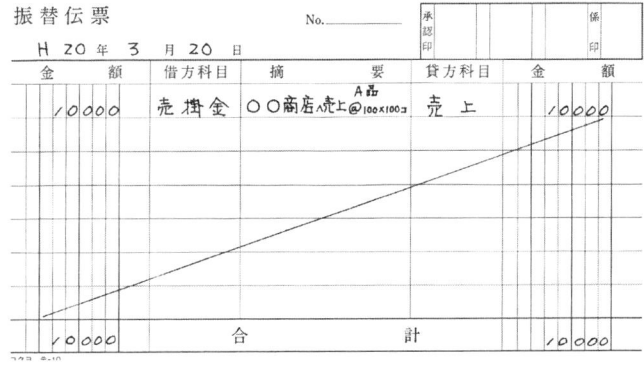

領収書等の整理・帳票の保存期間は

領収書等の証憑書類は、後から検索できるように整理して保管しておく必要があります。
帳簿や証憑書類は、会社法や税法の定めで保存期間が定められています。

♣領収書等の整理のポイントは

領収書は、会社が事業の目的で何らかの支出を行ったことを立証するための重要な証拠書類です。領収書によって、日付と取引の内容と金額がわかりますので、何月何日、いくらの支出があり、それは会社の事業のために必要な出費で会社が負担するべきものだということが証明できるのです。

このように、会計処理の証拠書類となるものを、「証憑」とか「確証」といいます。

領収書等の証憑は、後日、税務調査等の調査時に提出を求められることになります。会計処理が適切に処理されていることを示すために、その証憑がすぐに見つけ出せるように整理しておかなければなりません。

整理方法としては、伝票の裏に貼ったり、伝票番号順あるいは日付順に並べて証憑綴りをつくったりするのが一般的です。あとで、抜け落ちたりすることのないように、確実にファイルするようにします。

土地や機械の購入や有価証券の購入といった特別の支出については、その取引にかかるファイルに整理しておくという方法もあります。

例えば、土地の購入は、売買契約書のほか、鑑定評価、登記関係の書類、手付金の領収書、最終決済の領収書等々取引に関連した証憑が多くあり、これらを1つにまとめておくほうが、取引の流れを把握しやすいです。

♣領収書をもらえない取引もある

領収書を入手できない取引もありますが、領収書がなくてもそれが会社の負担すべき支払いであることを証明できるように、文書の形で残しておくことが必要です。

例えば、香典や結婚祝金などは、領収書をもらえません。香典なら、告別式のお知らせ等を証拠書類とし、出席者と金額を記入しておくようにします。近距離交通費も、領収書をもらうことのできない取引です。こちらは、旅費

精算書のフォームをつくって証憑とします。

また、銀行振込によって支払いをしたときも、相手先によっては領収書が発行されない場合があります。このような場合は、銀行の振込金受付書や振込用紙の半券が証憑となります。

♣帳票の保存期間は

経理には、各種の決算書や帳簿、証憑類が大量に集まってきますが、これらの書類についてはどれくらいの期間保管しておかなければならないのでしょうか。

帳票類の保存期間は、図表18のように税法や会社法の規定で定められています。計算書類は、会社の規定で永久保存としているケースが多いです。

【図表18　法人税法上の規定】

文書の種類	会社法	法人税法
会計帳簿 　仕訳帳、総勘定元帳、補助元帳	10年	7年
計算書類 　貸借対照表、損益計算書、株主資本等変動計算書、附属明細書	10年	7年
証憑類 　現金預金の出納、有価証券取引に関する書類 　棚卸資産の受払いに関する書類 　棚卸資産以外の書類（資本金1億円超の大法人） 　棚卸資産以外の書類（資本金1億円以下の中小法人）	― ― ― ―	7年 7年 7年 7年（注）

注：従来は5年でしたが、平成16年度改正により7年に延長されています。

♣文書類の保管方法は

文書の保管は、整然と行い、必要に応じて取り出せるようにしておかなければなりません。前年度の決算資料は、今年度の処理を行う際に参考にすることが多いので、出し入れしやすいところに置いておきます。

前年度の請求書や領収書も参考にすることが多い資料です。これらは、担当者のそばのキャビネットに保管すると便利です。

使わない資料は、段ボール箱に入れて、倉庫にしまいます。この際、何年度のどんな資料が入っているか、保存期間は何年かを記載しておくようにします。

なお、市販の文書整理用の段ボール箱には、あらかじめ保存期間を記入する欄が印刷されていますので、利用すると便利です。

Q9 現金出納ってなに・そのやり方は

現金出納は、現金の収納・支出に関する業務です。
入出金伝票・証憑・現金を照合し、入金や出金をします。
入出金伝票に基づき、現金出納帳に正確に記入していきます。

♣現金出納というのは

　現金の出入れを現金出納といいます。現在では、振込みや口座引落しが一般的となっていますが、それでも、日常頻繁に発生する交通費や消耗品といった経費の支払いは現金で行われることが多いですし、会社によっては、お客さんに直接現金で商品を販売する場合もあるでしょう。

　現金出納の業務は、現金と伝票と証憑の3つを照合して入出金を行い、その内容を現金出納帳に記録することです（現金出納帳については、Q33を参照してください）。

♣入金の処理は

　現金の入金があった場合には、出納担当者以外の記帳担当者が入金伝票を起票し、出納担当者に渡します。出納担当者は、現金と入金伝票を照合し、領収書を発行し、領収書控えを保管します。

　記帳担当者は、入金伝票に基づいて現金出納帳に記録します。

【図表19　入金業務の流れ】

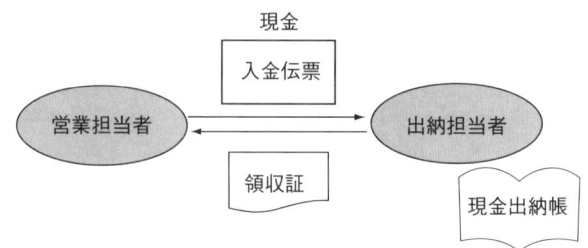

♣出金の処理は

　現金の支出は、経費の支払いや従業員への仮払いが考えられます。経費の支払いには、請求書等の証憑と出金伝票が必要になります。

　また、当該支出が業務上必要なものであることを示すために、支払依頼書

を作成し支払いを要求する部署の責任者の承認をもらうことが必要です。

さらに、出金伝票に、支払いを要求する部署の責任者の承認印があることも、確認しなければなりません。

出納責任者は、出金伝票と証憑を照合して、支払部署の責任者の承認を確認して、現金を支払いを行うことになります。この際、二重に支払うことがないよう、証憑と出金伝票には、「支払済」の印を押しておきます。

記帳担当者は、入金伝票に基づいて現金出納帳に記録します。

【図表20　支払業務の流れ】

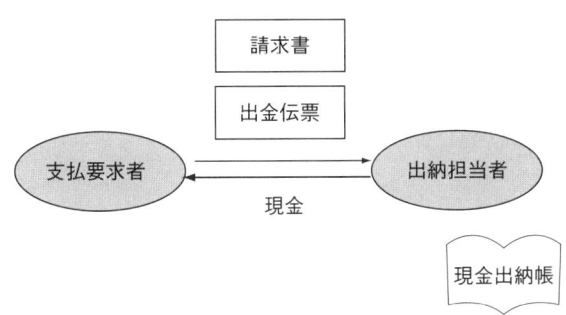

♣領収書用紙の管理ポイントは

図表19では、出納担当者が領収書を発行し、営業担当者に手渡す場合を想定していましたが、現金回収が多い場合などは、営業担当者に領収書用紙を持たせるほうが便利です。

しかし、領収書用紙を悪用した不正が多く見られます。領収書用紙の管理は適切に行わなければなりません。

領収書用紙の管理方法としては、図表21のようなものが考えられます。

【図表21　領収書用紙の管理方法】

	管理方法	説　　　　明
①	自社用の領収書用紙にする	偽造しにくく、悪用する気持ちを抑制する効果があります。
②	連番を付す	連番にすれば、使用状況がわかり、悪用されたものがないことを確認できます。
③	複写式とする	複写式にすれば、使用先、領収金額が確実にわかります。
④	受払管理をする	領収書用紙は経理部で保管し、営業担当者へ渡したときは、いつ・誰に・何番から何番まで渡したか

		を記録し、営業担当者が使い終われば、回収し、回収日を記録します。
⑤	書損じ処理を適切に行う	書損じた分も廃棄させず、番号を切り取る、×印を付けるなどして使用不可能にします。
⑥	使用済みの領収書控は回収する	使用済みのものは回収し、欠番がないか、書損じは適切に処理されているか、控どおりの入金がなされているかを確かめます。

♣仮払金・仮受金の処理は

　仮払金や仮受金は、出納の際には、将来の顛末が不明のものです。例えば、出張旅費の仮払金は、仮払いを受けた人が出張から帰り精算するまでは、何にお金を使ったか、最終的にいくら使ったのかは不明です。

　お客様等からの仮受金にしても、発生原因は何か、返金するのか、あるいは次回の取引に充当するのかなどについては、お客様と営業の間で決定されるまで不明です。

　仮払金や仮受金は、最終の顛末が明らかになった時点で、もう一度会計処理が必要になるものです。

　仮払伝票・仮受伝票を発行して、未処理の入出金があることを明確にし、精算予定日を経過しても処理されない仮払金・仮受金がないかどうかチェックするようにします。

♣その日のうちに処理しょう

　現金出納は、①伝票と証憑の照合→②伝票と現金の照合→③現金出納→④伝票をもとに現金出納帳への記帳が基本です。

　その日のうちに現金出納帳への記載をすませ、現金残高と帳簿残高が一致していることを確認するようにします（現金出納帳、現金との照合については、Q30参照）。

　現金残高と帳簿残高とで不一致が発生する原因としては、①出納の際の現金の数え間違い、②伝票への記入ミス、③帳簿への記入ミスなどが考えられます。毎日きちんと照合することで、間違いが早期に発見され、修正が可能となります。

　証憑類の整理もその日のうちに行うようにします。証憑類を整理せずにためておくと、資料が増えて整理に時間がかかったり、証憑類が紛失したりすることになります。日々整理しておけば、自然と日付順に整理されていくことになります。

Q10 小切手ってなに・その役割は

小切手とは、振出人が支払人（銀行）宛に、一定金額を受取人など正当な所持人に支払うことを委託する証券のことで、普通小切手といえば当座小切手のことをいいます。
小切手は、当座勘定取引のある銀行から交付された小切手用紙を使用して振り出します。
現金の代わりに支払手段となるもので、振り出してすぐに現金化される特徴があります。

♣小切手というのは

　小切手とは、振出人が支払人（銀行）宛に、一定金額を受取人など正当な所持人に支払うことを委託する証券のことです。
　小切手は、当座勘定取引のある銀行から交付されされた小切手用紙を使用して振り出します。
　高額かつ大量の日々の取引決済のために、現金を引き出して保管しておくことは、手間がかかるうえに、紛失や盗難の危険や数え間違いといったミスにつながるため、現金で支払う代わりに、小切手で支払う方法が活用されるわけです。

♣当座預金の開設は

　小切手や手形を振り出すためには、決済に使用する当座預金の口座を開設しなければなりません。当座預金の口座を開設するには、当該金融機関の厳しい審査を受けることになります。これは、手形や小切手の振出人にその決済責任を果たすだけの信用力が求められるためです。
　当座預金を持っているということは、それだけその会社に信用力があるということです。

♣小切手のしくみは

　小切手は、「一覧払い」といって、支払期日がなく、受け取った人が支払銀行の窓口に持ち込めばその場で現金化することができます。
　また、受取人の取引銀行に持ち込めば（取立に出すといいます）、2日後に受取人の口座に資金が振り込まれるしくみとなっています。
　小切手が現金化されるまでの流れは、図表18のようになります。

【図表22　小切手のしくみ】

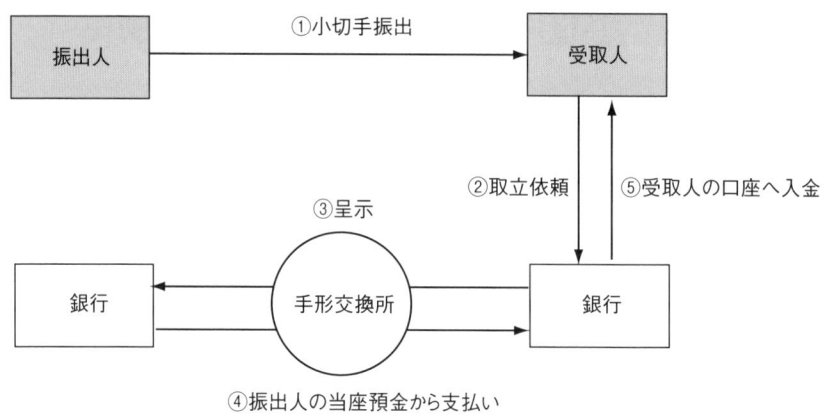

♣小切手の実務上の名称は

小切手の実務上の名称は、図表23のとおりです。

【図表23　小切手の実務上の名称】

項　目	説　明
① 線引小切手・横線小切手	小切手面のすみに日本の並行線を引いた小切手。銀行渡小切手ともいいます。
② 先日付小切手	実際に小切手を振り出した日ではなく、将来の日付を振出日として記載した小切手。
③ 未渡小切手	毎月の支払日に小切手で渡すため用意している場合に、集金人が取りに来ないで残った小切手。
④ 持参人払小切手	受取人の氏名や商号を記載しないで、単に持参人に支払うと記載した小切手。
⑤ 記名式小切手・指図人払小切手	受取人が指定されている小切手。
⑥ 不渡小切手	支払銀行が裏面に支払拒絶の理由を記載している小切手。

♣送金小切手というのは

送金小切手は、遠隔地の受取人へ送金するための小切手をいいます。送金人が銀行等に、受取人に便利な銀行の店舗1店を指定して、送金額と手数料を払込めば銀行で発行されます。送金人はこれを自ら受取人に送付し、受取人が支払場所に提示して現金を受け取ることができるしくみです。

Q11 手形ってなに・その役割は

A 手形とは、一定金額を支払期日（満期日）に支払いを約束する手形法上の証券のことで、約束手形や為替手形などがあります。
手形は、流通性も換金性も高く、信用取引（掛取引）のもとで大きな役割を果たしています。

♣手形というのは

　手形とは、一定金額を支払期日（満期日）に支払いを約束する手形法上の証券のことで、約束手形や為替手形などがあります。

　手形は、必要な記載事項を記入すれば法律上有効ですが、銀行から交付される統一手形用紙を使わなければ銀行で取り扱われません。

　手形は、お金と同じ信用力をもって流通します。

♣手形のしくみは

　手形には、振出人が受取人に一定金額を支払期日に支払を約束する約束手形と、振出人が支払人（引受人）に、一定金額を受取人に支払うことを依頼する為替手形があります。

　両者のしくみは、図表24のとおりです。

【図表24　手形のしくみ】

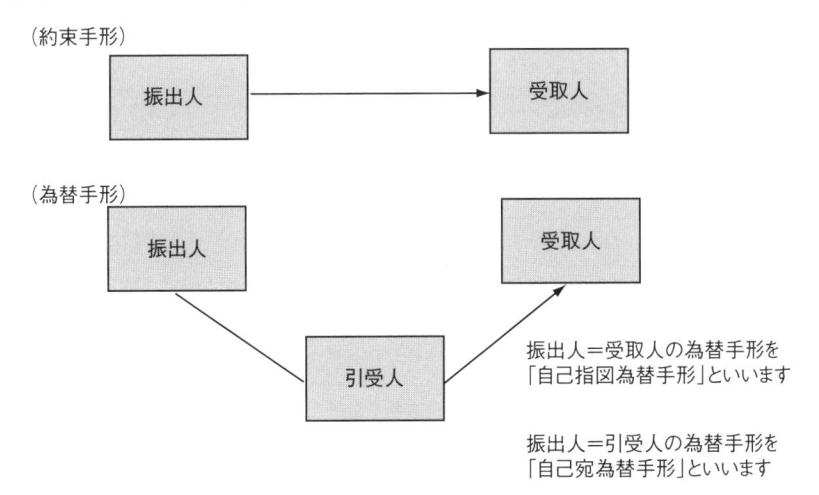

（約束手形）

振出人 → 受取人

（為替手形）

振出人 → 引受人 → 受取人

振出人＝受取人の為替手形を「自己指図為替手形」といいます

振出人＝引受人の為替手形を「自己宛為替手形」といいます

♣手形が現金化されるまでの流れは

手形が現金化されるまでの流れは、図表25のとおりです。

【図表25　手形が現金化されるまでの流れ】

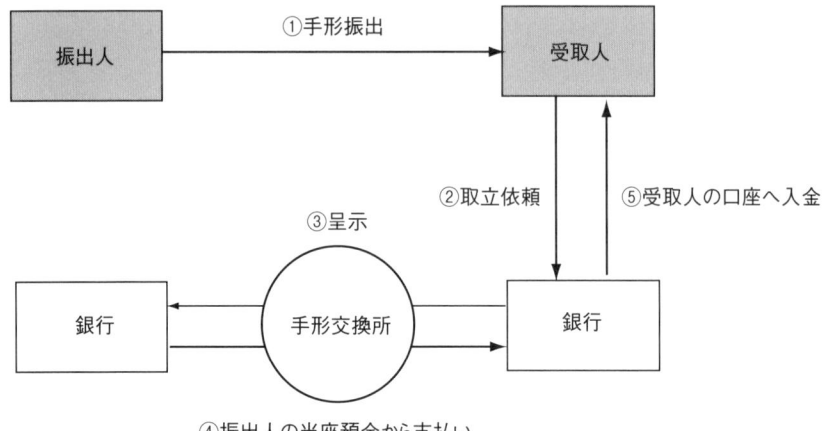

```
振出人 ──①手形振出──→ 受取人
                          │
                    ②取立依頼│  ⑤受取人の口座へ入金
                          ↓
         ③呈示
銀行 ←── 手形交換所 ──→ 銀行
         ④振出人の当座預金から支払い
```

♣手形の実務上の名称は

手形は、経済的な機能や効能の違いによって受取手形・支払手形・融通手形・金融手形などの名称が付けられています。

主なものをあげると、図表26のとおりです。

【図表26　手形の実務上の名称】

項　目	説　明
① 受取手形	得意先との営業取引で受け取った手形。
② 支払手形	営業取引で生じた債務の支払いのために振り出した約束手形または引き受けられた為替手形。
③ 商業手形	商取引の裏づけのある手形
④ 融通手形	商取引の裏づけなしに、資金融通のために振り出される手形。
⑤ 単名手形	支払義務者が1名しかいない手形。
⑥ 回し手形	受け取った手形を期日前に支払いに充てるため裏書譲渡した手形。
⑦ 白地手形	振出人の署名以外の手形要件の全部または一部の記載（空白にしたまま）をしないで、取得者に空白を補充させる意思で振り出した手形。
⑧ 手形借入	銀行などからお金を借りるとき、金銭消費貸借証書の代わりに差し入れる手形。

Q12 決算書ってなに・その種類は

A 決算書とは、一般的には、貸借対照表、損益計算書、株主資本等変動計算書を指します。
貸借対照表からは流動性や安全性といった財政状態、損益計算書からは収益性や成長性といった経営成績、株主資本等変動計算書からは自己資本の動きが読み取れます。

♣決算書というのは

　ある会社が本当に利益を上げたかどうかは、その会社が解散されるときにならないとわかりません。しかし、それでは利害関係者に情報が提供できないため、1年以内の一定の期間（通常は1年）を事業年度として、事業年度ごとに決算を行い、会社の経営成績と事業年度末日の財政状態を報告させることとしています。この報告が決算書です。

　決算書は、企業の財政状態と経営成績を示すものです。株主や債権者、税務当局といった利害関係者に対して、どれだけの財産でもって営業を行い、1年間の営業活動により、いくら販売できたのか、いくら儲かったのか、その結果企業の財産はいくら増えたのか、等の情報を提供します。

　決算書作成のキーとなるものは、「適正な期間損益計算」です。会社の事業活動を人為的に一定期間に区切りますので、入出金とは別に、費用と収益が対応するように適正に決算に織りこむ必要があります（具体的な項目については、Q108～112を参照）。

♣決算書の種類は

　決算書は大きく分けて、会社法会計によるもの、金融商品取引法会計によるものに分類されます。すべての会社は、会社法会計に基づいて決算を行い、税務会計に従い税額を計算し税金を納めます。

　まず会社法の決算書がありきで、会社法会計で作成され株主総会で承認された決算書をもとに税務申告をする（決算確定主義といいます）ことになっています。

　ただ、中小企業では、特に支障がない限り税務会計に従った決算書を作成することが合理的です。

　上場企業は、投資家に対し金融商品取引法に基づいて企業内容の開示を行

うことになっており、6か月の中間決算や3か月の四半期決算も要請されています。

【図表27　決算書の種類】

	会社法会計	金融商品取引法会計	説明
①	（連結）貸借対照表	（連結）貸借対照表	決算日における企業（企業グループ）の財政状態を示します。
②	（連結）損益計算書	（連結）損益計算書	当該事業年度における企業（企業グループ）の経営成績を示します。
③	（連結）株主資本等変動計算書	（連結）株主資本等変動計算書	当該事業年度における企業（企業グループ）の純資産（資本）の動きを示します。
④	－	（連結）キャッシュ・フロー計算書	当該事業年度における企業（企業グループ）の現金の動きを示しています。
⑤	（連結）注記表	決算書という形ではないが同様の情報は記載される。	会計方針や貸借対照表、損益計算書、株主資本等変動計算書の注記。
⑥	計算書類の附属明細書	同上	計算書類の補足事項を記載します。
⑦	事業報告	同上	事業や会社の概況に関する事項を記載します。
⑧	事業報告の附属明細書	同上	事業報告の補足事項を記載します。

注：金融商品取引法で義務づけられている決算書の作成会社は、上場会社です。非上場会社は、会社法で義務づけられている決算書を作成します。

♣連結決算というのは

　今日では、中小企業も子会社や関連会社を設立し、事業の一部分を分離したり、管理業務をアウトソーシングしたりしています。このような資本関係のある会社のつながりを企業グループといいます。

　多くの場合、親会社は、子会社についても経営責任を負っています。親会社としての管理責任上、子会社の決算状況を見ておくと同時に、子会社も含めた連結決算を行って、グループ全体としての経営実態を把握しておく必要があります。

　中小企業では、連結決算書の作成は義務づけられていませんが、銀行から、企業グループ全体の概要把握のため、連結決算書の提出を求められることもあります。

2　5月の「経理」事務

　4月に引き続き、経理の基本的な仕事で日々または月次で処理すべき事項とともに、3月決算会社を例に、法人税や消費税等の申告期限に伴う手続などについて、まとめています。

Q13 勘定科目・仕訳ってなに

A 取引を具体的な内容の項目に区分するときに、項目ごとに分けられた記録・計算の単位を勘定といい、各個別項目の名称を勘定科目といいます。
仕訳とは、取引を適切な勘定科目に振り分けて、勘定科目と金額で帳簿に記録していく作業です。

♣勘定科目というのは

　勘定科目とは、取引を資産・負債・純資産・収益・費用の記録や集計のために詳しく把握できるように整理する名称をいいます。

　取引の都度、決算書を作成することは実務上不可能ですし、何がどれだけ増減しているかを知るのには適していません。

　会社財産の増減や事業活動を把握するには、各項目についてそれぞれ個別計算する場所を設けて、そこでそれぞれの増減金額を計算するほうが便利で、わかりやすいのです。

　これら個別計算する場所を「勘定」といい、個別項目の名称を「勘定科目」といいます。「何がいくら増えた、減った」の「何」にあたるものです。

　勘定科目は、一定の決まったルールがありますので、どのような勘定科目を設けるかは、自社の実情をよく考えてルールを踏まえた適切な勘定科目を設定することが大切です。

　一度決めた勘定科目は、基本的に毎年同じルールで処理することになっています。

♣仕訳というのは

　仕訳とは、取引を勘定科目に記入するために行う複式簿記の手続をいいます。

　仕訳は、複式簿記のルールに従って取引を整理します。複式簿記では、財産の増減とその原因を記録していきます。

　例えば、現金が100円増加した（「資産の増加」）という財産の増減には、売上を100円計上した（「収益の発生」）からという原因があります。これを仕訳であらわすと次のようになります。

| （借方）現金 | 100 | （貸方）売上 | 100 |

♣取引を分解すると

　取引は、資産・負債・純資産の増加及び減少と費用、収益の発生という8つの取引要素に分解されます。資産はいわゆる「財産」、負債はいわゆる「借金」、純資産はいわゆる「資本」です。

　取引8要素には、図表28のような結合関係があり、必ず左側の要素と右側の要素との間で結ばれます。

【図表28　取引8要素の結合関係】

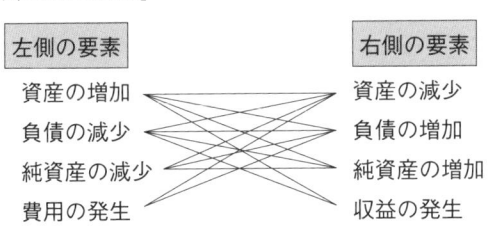

左側の要素	右側の要素
資産の増加	資産の減少
負債の減少	負債の増加
純資産の減少	純資産の増加
費用の発生	収益の発生

　これは、試算表をイメージすると、わかりやすいです。

　試算表は、複式簿記の基本となるものです。資産・負債・純資産・費用・収益からなっていて、左側（借方）の合計金額と右側（貸方）の合計金額は必ず一致します（図表29）。

　資産は左側（借方）にありますので、資産の増加は左側にきて、資産の減少は右側にくると理解しましょう。

　仕訳になじむまでは、現金預金の動きを念頭に置いて考えるようにするとわかりやすいでしょう。例えば、掛で仕入れる場合も、仕入はいずれも現金預金の減少を伴いますので、仕入は左側（借方）になり、対応する買掛金は右側（貸方）になると考えます。

【図表29　試算書でみると】

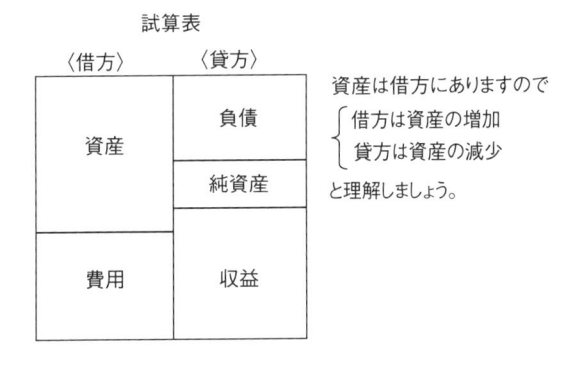

試算表

〈借方〉	〈貸方〉
資産	負債
	純資産
費用	収益

資産は借方にありますので
　借方は資産の増加
　貸方は資産の減少
と理解しましょう。

Q13　勘定科目・仕訳ってなに

【図表30　資産の増加に対応する原因の仕訳例】

> 資産の増加（預金が100増えた）に対応する原因として、次のような場合で考えてみましょう。
> ① 資産の減少（売掛金100を回収した）
> ② 負債の増加（銀行借入100を行った）
> ③ 純資産の増加（増資100を行った）
> ④ 収益の発生（100売り上げた）
> それぞれを仕訳にしてみると、次のとおりです。
> ①　　（借方）現金　　100　　（貸方）売掛金　100
> ②　　（借方）現金　　100　　（貸方）借入金　100
> ③　　（借方）現金　　100　　（貸方）資本金　100
> ④　　（借方）現金　　100　　（貸方）売上　　100

♣勘定への転記は

取引を分解して仕訳を行ったあと、次のステップは、元帳の各勘定口座に記入する（「転記する」といいます）ことです。

仕訳の借方科目の金額を同じ名称の借方に転記し、貸方科目の金額を同じ名称の勘定の貸方に転記します。それぞれ正しい勘定科目へ、正確に金額を記入することが重要です。

図表30①～④の取引をＴ字勘定に転記してみましょう。

【図表31　図表30の取引をＴ字勘定に転記】

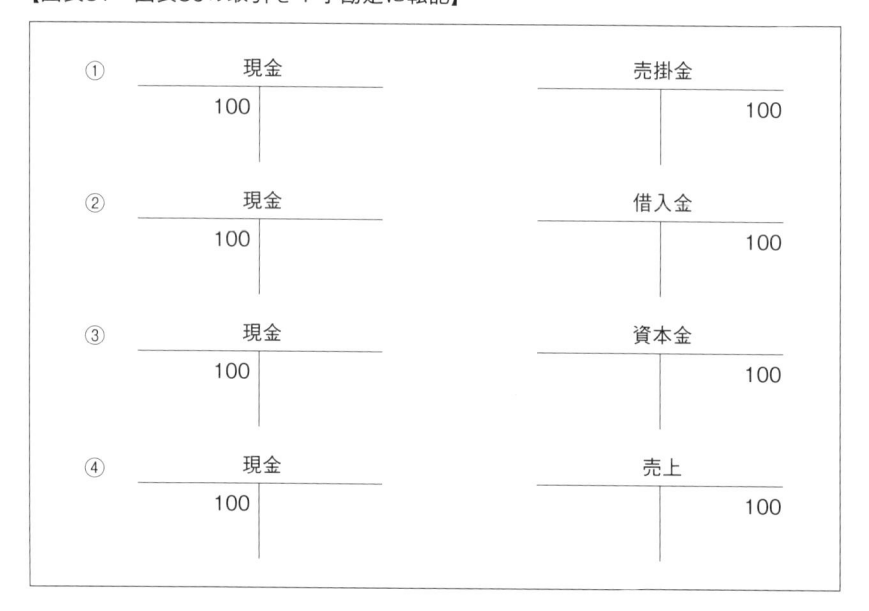

①　　現金　　　　　　　　　売掛金
　　100　　　　　　　　　　　　　　100

②　　現金　　　　　　　　　借入金
　　100　　　　　　　　　　　　　　100

③　　現金　　　　　　　　　資本金
　　100　　　　　　　　　　　　　　100

④　　現金　　　　　　　　　売上
　　100　　　　　　　　　　　　　　100

Q14 経理でいう取引ってどういうこと

A 経理上の取引とは、その事象により、財産の変動に影響を及ぼすか否かが、判断の基準となります。

♣経理でいう取引というのは

経理でいう取引とは、会社の財産の変動に影響を及ぼす事象をいいます。

会社の財産は、資産・負債・純資産という要素に分類されます。それらの要素の増減に影響する事象で、合理的に金額を測定できるものを経理上の取引といいます。収益・費用の発生をもたらす事象も、かならず資産・負債・純資産の増減を伴うので、取引となります。

経理上の取引は、社会で常識的に考えられている取引概念とは異なる点があります。土地や建物を借りる契約を結ぶことは、一般には取引と呼んでいますが、たんに契約を結んだだけでは財産の増減に影響しませんので、経理では取引にはなりません。

一方、火災や盗難による財産の損害は、一般的には取引とはいいませんが、財産の増減に影響しますので、経理上の取引となります。

♣取引の種類は

取引には、図表32の3種類があります。

【図表32　取引の種類】

①交換取引	資産・負債・純資産の取引要素だけで成立する取引
②損益取引	収益・費用の発生に関係する取引
③混合取引	交換取引と損益取引が同時に発生する取引

また、現金の収入・支出に着目して、図表33のように分けられることもあります。

【図表33　現金の収入・支出に着目した取引】

①入金取引	現金の収入のある取引
②出金取引	現金の支出のある取引
③振替取引	現金の収入・支出を伴なわない取引

Q15 資産・負債・純資産の勘定科目の内容は

A 勘定科目は、自社にあったものを設定します。
資産・負債・純資産の一般的な勘定科目の一覧を示します。

♣資産・負債・純資産の勘定科目は

　資産・負債・純資産の一般的な勘定科目を一覧で示すと、図表34のとおりです。

【図表34　資産・負債・純資産の勘定科目】

B/S区分		勘定科目	内訳
資産	流動資産	現金	現金や他人振出小切手
		当座預金	当座預金
		普通預金	普通預金
		通知預金	通知預金
		定期預金	定期預金
		受取手形	通常の営業取引において発生した手形
		売掛金	通常の営業取引によって発生した売上債権
		有価証券	短期所有目的のもの
		商品	他から仕入れた商品
		製品	自社で製造した完成品
		原材料	製品を製造するための原材料
		仕掛品	加工途上で未完成の製品
		貯蔵品	未使用の工事・営業・事務用消耗品等
		前渡金	商品・材料等の購入代金の前払勘定
		立替金	一時的に生ずる金銭の立替
		前払費用	決算期後1年以内に費用となることが明らかなもの
		未収収益	賃貸契約などの継続的な役務の給付を内容とする契約に基づき発生した営業外収益の未収益
		短期貸付金	決算期後一年以内に返済期限が到来する貸付金
		未収入金	通常の取引上発生したもので、売掛金以外のもの
		仮払金	現金・小切手等を支出したが、その支出目的または最終的に支払うべき金額が確定していないもの

資産		仮払消費税	課税仕入にかかる消費税・地方消費税
		貸倒引当金	流動資産に属する金銭債権に対する取立不能見込額を表示
	固定資産	有形固定資産 建物	工場・事務所・社宅等の建物、その他電気設備・給排水設備・冷暖房設備等
		構築物	所有する土地に定着した土木設備又は工作物
		機械装置	機械および装置・搬送設備等の附属設備
		車両運搬具	自動車・鉄道車両、その他の陸上運搬具
		工具器具備品	10万円以上・耐用年数1年以上の工具・器具備品
		土地	企業が所有する工場・事務所などの敷地
		建設仮勘定	建設中の有形固定資産に対する支出
		減価償却累計額	過去からの減価償却額の累積
		無形固定資産 のれん	他人から有償合併により取得した営業権を表示
		ソフトウェア	ソフトウェア
		投資等 投資有価証券	長期保有目的の有価証券
		長期貸付金	返済期限が1年超の貸付金
		破産更生債権等	回収が危ぶまれる債権
		長期前払費用	1年超効果のある費用支出
		差入保証金	契約又は取引慣行に基づき、取引先等に差し入れた保証金
		保険積立金	法人契約の保険料のうち、損金算入されないもの
		会員権	ゴルフ会員権等
	繰延資産	敷金	建物・土地の契約取引に発生する返金可能なもの
		創立費	会社設立時の費用のうち、会社が負担するもの
		開業費	開業準備費用
		株式交付費	新株の発行に伴う費用
		社債等発行費	社債の発行に伴う費用
		社債発行差金	開業準備費用
		開発費	新技術・新経営組織の採用、資源の開発、市場開拓のために支出した費用

負債	流動負債	支払手形	掛仕入代金支払いのために振り出した手形
		買掛金	商品・原材料等の仕入、加工作業等の外注等の営業上の未払金
		短期借入金	決算期後1年以内に返済期限の到来する借入金
		未払金	通常の取引に関連して発生する買掛金以外の未払金
		未払法人税等	法人税・住民税及び事業税の未納付額
		未払消費税等	消費税・地方消費税の未納付額
		未払費用	継続的な役務の給付を内容とする契約に基づき決算日までに提供された役務に対する未払額
		前受金	得意先との通常の営業取引に基づいて発生した商品・製品等の前受代金、建設業の未成工事受入金、及び役務の提供を主目的として営業する企業の前受収益を表示
		預り金	取引先との通常の取引に関連して発生する預り金及び従業員からの源泉所得税・社会保険料
		前受収益	一定の契約に従い、継続して営業外収益にかかる役務の提供を行う場合、いまだ提供していない役務に対して支払いを受けた対価
		借受消費税	課税売上にかかる消費税・地方消費税
		賞与引当金	従業員に対する賞与支給見込額
		仮受金	取引先から金銭を受け入れたが、一時的にその内容が不明である場合、また取引内容が明確であっても最終金額が確定していない場合に、その仮受した金額を表示
	固定負債	社債	会社が発行した社債で1年を超えるもの
		長期借入金	返済期限が1年を超える借入金
		退職給付引当金	従業員に対する退職給付引当金
純資産		資本金	会社の資本金
		資本準備金	株主からの払込金のうち、資本金に組み入れられなかったもの
		利益準備金	会社法で配当等に応じて積立を義務づけられている利益剰余金
		その他利益剰余金	過去の利益の蓄積
		自己株式	自社の株式を取得した場合

Q16 収益・費用の勘定科目の内容は

A 勘定科目は、自社にあったものを設定します。
収益・費用の一般的な勘定科目の一覧を示します。

♣収益・費用の一般的な勘定科目は

収益・費用の一般的な勘定科目を一覧で示すと、図表35のとおりです。

【図表35 収益・費用の一般的な勘定科目一覧】

P/L区分	勘定科目	内　　　訳
売上高	売上高	商品・製品の売上高
売上原価	売上原価	売上原価
販売費及び一般管理費	販売促進費	販売手数料や販売奨励金
	広告宣伝費	広告宣伝活動(媒体を問わない)に関する費用
	荷造運賃費	商品・製品を顧客に届けるのに要する費用
	役員報酬	取締役及び監査役の報酬
	給料	販売部門や管理部門に支給される給与
	賞与	販売部門や管理部門に支給されるボーナス
	退職金	従業員・管理部門の従業員に対する退職金
	福利厚生費	従業員に対する法定の社会保険の会社負担額
	会議費	会議のために要した費用
	交際費	得意先・仕入先のみならず、役員・従業員等一切の利害関係者に対して行う接待・交際に関する費用
	寄附金	反対給付を求めない任意的な支出である寄付金
	会費	会費
	貸倒損失	売上債権の貸倒による損失
	旅費交通費	近距離交通費や出張費、通勤手当
	保険料	損害保険料
	水道光熱費	水道光熱費
	通信費	電話料や郵便小切手代
	修繕費	固定資産の修繕維持費
	租税公課	国政・地方税・地方公共団体より課された税金

	研究開発費	研究開発のために支払われたすべての費用
	減価償却費	使用中の固定資産に対する減価償却費・無形固定資産の償却費
	賃借料	土地・建物の賃借料、事務用機器や車両などの動産のリース料
	雑費	上記以外の費用
営業外収益	受取利息	預金利息・貸金利息・受取割引料・有価証券売却益
	受取配当金	株式・出資金に対する受取配当金
	為替差益	為替の換算による益
	仕入割引	買掛金の早期支払いによって割り引かれた利息相当部分
営業外費用	支払利息	借入金・社債の支払利息
	繰延資産償却	繰延資産の償却費
	為替差損	為替の換算による損
	売上割引	売掛金の早期回収によって割り引く利息相当部分
特別利益	固定資産売却益	有形固定資産の売却益
	投資有価証券売却益	投資有価証券の売却益
	前期損益修正益	過年度に属する、費用・収益の訂正により、当期に利益として認識されたもの
特別損益	固定資産売却損	有形固定資産の売却損
	投資有価証券売却損	投資有価証券の売却損
	前期損益修正損	過年度に属する、費用・収益の訂正により、当期に損失として認識されたもの
法人税、住民税及び事業税		当期の所得に課せられる法人税・住民税及び事業税

Q17 株主総会で決議の必要な決算書ってどれのこと

A 株主総会で承認が必要な決算書は、計算書類（貸借対照表、損益計算書、株主資本等変動計算書、注記表）です。
事業報告は、株主総会での報告事項になります。

♣株主総会ってなに

　株主総会は、会社の株主が直接参加してその決議により会社の意思決定を行う目的で設けられている機関で、会社の存在そのものや組織上の重要事項について決定します。

　株式会社は、株主の所有物ですので、企業の利益をどう配分するかということも株主総会で決定されることになります。

　決算日後に開催される定時株主総会で、株主は、当該事業年度の事業概況の説明と報告を受け、決算書を承認し、配当と内部留保にかかる議案を承認します。

♣株主総会で承認が必要なのは

　会社法では、株式会社が作成しなければならない決算書は、計算書類（貸借対照表、損益計算書、株主資本等変動計算書、注記表）とその附属明細書、事業報告とその附属明細書と定められています。

　このうち、株主総会で原則として承認が必要なのは計算書類です。

注：例外的に、取締役設置会社において、会計監査人が適正と認め、監査役が会計監査人の監査結果を相当と認めた場合には株主総会での承認は不要となり、報告で足ります。

　会社法の決算書と株主総会での承認の要否は、図表36のとおりです。

【図表36　各決算書の株主総会手続】

決算書		株主総会での手続
計算書類	貸借対照表	承認
	損益計算書	承認
	株主資本等変動計算書	承認
	注記表	承認
計算書類の附属明細書		―
事業報告		報告
事業報告の附属明細書		―

Q18 給与の計算事務の流れは

A 給与規定に従って給与計算をし、各種控除額を天引し、従業員に支払います。

♣給与計算の流れは

　給与の支給に関する取り決め（給与の締日、支給日、各種休暇、各種手当など）は、就業規則や給与規定に定められています。

　給与計算事務は、人事部で行われることもありますが、経理部で行われることも多いです。

　人事部から、従業員に関する基本情報とともに、毎月の各人の勤怠状況、残業報告等を入手して、給与計算を行います（支給時の会計処理については、Q60を参照。）

　毎月の給与計算の流れは、図表37のとおりです。

【図表37　毎月の給与計算の流れ】

手　順	説　明
① 締日になると、出勤簿やタイムカードで、勤怠項目の集計をする	給与規定では、給与の締日と支給日が定められています。締日になると、1か月間の、出勤日数、欠勤日数、休日出勤、有給休暇、残業時間といった従業員の出勤状況を集計します。
② 総支給額を計算する	給与は、基本給のほか、交通費、資格手当や家族手当、住宅手当、時間外手当等各種手当からなっています。
③ 控除項目の計算をし、支給額を決定する	控除項目は、給与から天引されるものです。社会保険料（健康保険料、厚生年金、雇用保険料）、所得税、住民税があります。
④ 給与台帳、給与支給明細を作成する	従業員に手渡す給与明細とそれを集計した給与台帳を作成します。給与明細には、上記②③の支給項目と控除項目、差引支給額が記載されます。
⑤ 従業員に給与を支払う	最近では、現金での支給は減り、銀行振込みで行われるケースがほとんどです。従業員がそれぞれ指定した口座に給与を振り込みます。 従業員には、給与明細表を配ります。
⑥ 社会保険料、源泉所得税、住民税を納付する	社会保険料は月末まで、源泉所得税と住民税は翌月10日までに納付します。

Q19 社会保険料の計算のしくみと納付処理は

A 社会保険料は、健康保険・介護保険・厚生年金保険の総称で、従業員本人の負担分と事業主負担分からなります。
送付されてくる請求書に基づいて、毎月末までに納付します。

♣社会保険料というのは

社会保険という場合、図表38のように、広義には、公的保険である健康保険・介護保険・厚生年金保険・労働者災害補償（労災）保険・雇用保険の5つを総称していいます。

狭義の社会保険は、健康保険・介護保険・厚生年金保険を総称していいます。それに対し労災保険と雇用保険を総称して、労働保険といいます。

【図表38　社会保険のしくみ】

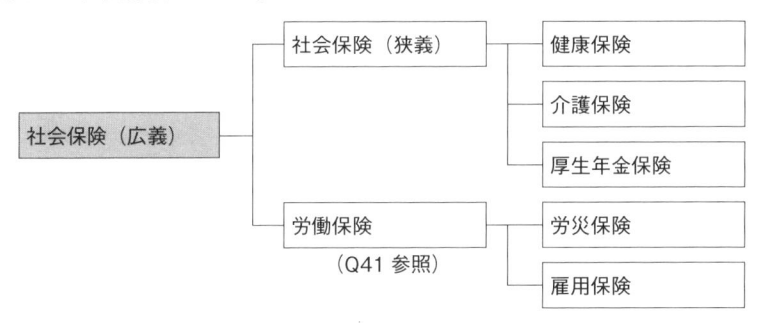

```
                    ┌─ 社会保険（狭義）─┬─ 健康保険
                    │                    ├─ 介護保険
社会保険（広義）──┤                    └─ 厚生年金保険
                    │
                    └─ 労働保険 ─────────┬─ 労災保険
                       （Q41参照）        └─ 雇用保険
```

健康保険は、被保険者である会社員とその扶養者を対象にして、病気やけがをした場合の治療費や、休業した場合の生活費などの一部を給付することを目的とした保険制度です。病院で健康保険証を提示すれば、本人負担が3割となりますが、残りの7割は健康保険から補助されているのです。

介護保険は、在宅あるいは施設での介護に関する給付を目的とした保険です。

厚生年金保険は、被保険者が65歳以上になった場合（老齢厚生年金）や、在職中に病気やけがで働けなくなった場合（障害厚生年金）、あるいは被保険者が死亡して被扶養者が残された場合（遺族厚生年金）などに、生活費を補助することを目的とした保険です。

社会保険（健康保険・介護保険・厚生年金保険）は社会保険庁が所管で、関係書類の提出や保険料の納付は、社会保険事務所で行います。

♣社会保険の被保険者は

法人であれば、所属する人がたとえ代表者が1人でも加入しなくてはなりません。

従業員については、正社員はもちろん被保険者となりますが、パートやアルバイトという肩書であっても、労働時間等によっては被保険者となる場合があります。

♣社会保険料のしくみは

社会保険料は、報酬月額を対象としますが、事務処理を簡略化するために、単純化された報酬月額を用います。標準報酬月額によって等級が決められており、等級ごとに「保険料額表」で保険料が定められています。

等級は、年1回見直しが行われます。4～6月の給与額（諸手当も含みます）を7月1～10日に届け出ます。9月分（10月に来る請求書）から等級が変わります。

賞与の場合は、賞与支給額（千円未満切捨）に保険料率を乗じて求めたものを給与から徴収します。

♣社会保険料の納付は

社会保険の納付は、送付されてくる請求書に基づいて行います。納付期限は月末です。

社会保険料を徴収・納付したときの会計処理は、図表39のとおりです。

【図表39　社会保険料を徴収・納付したときの会計処理】

①徴収時
　社会保険料（従業員負担分）200,000円を差し引いて給与を支給した。
　　（借方）給与　5,000,000　　（貸方）預り金(社会保険料)　　200,000
　　　　　　　　　　　　　　　　　　　預り金（源泉所得税他）　500,000
　　　　　　　　　　　　　　　　　　　現金預金　　　　　　　4,300,000

②納付時
　社会保険料（会社負担分200,000円、従業員負担分200,000円）合計400,000円を納付した。
　　（借方）法定福利費　　　　200,000　　（貸方）現金預金　　400,000
　　　　　　預り金（社会保険料）200,000

Q20 所得税の源泉徴収と納付処理は

A 源泉徴収は、会社が月々の給与支払いの際、「源泉徴収税額表」によって計算される所得税を差し引いて国に納める制度です。
また、退職所得や弁護士や税理士に支払う報酬や講演料などの報酬・料金なども源泉徴収が必要です
源泉徴収した所得税は、原則として翌月10日までに納付します。

♣源泉徴収のしくみは

　源泉徴収とは、給与の支払者が毎月の給与の支払いの際に「源泉徴収税額表」によって求められる所得税を支給額から差し引いて預り、国に納める制度をいいます。

　会社には給与を支払う際に源泉徴収しなければならない義務が課されており、預かった所得税は国に納付しなければなりません。

　給与・賞与・退職金のほか、弁護士や税理士に支払う報酬や講演料といった報酬・料金も源泉徴収の対象となります（Q40参照）。

♣源泉徴収が必要なのは

　所得税の源泉徴収が必要なときは、図表41のとおりです。

　いずれも、税金を負担するのはその所得を受け取る人ですが、本人がそれぞれ納付するのではなく、支払う会社が本人に代わって納付します。

　退職金の支払いや株式の配当の支払いは、定期的には発生しないものなので、徴収漏れのないように注意しましょう。

【図表40　所得税の源泉徴収が必要なとき】

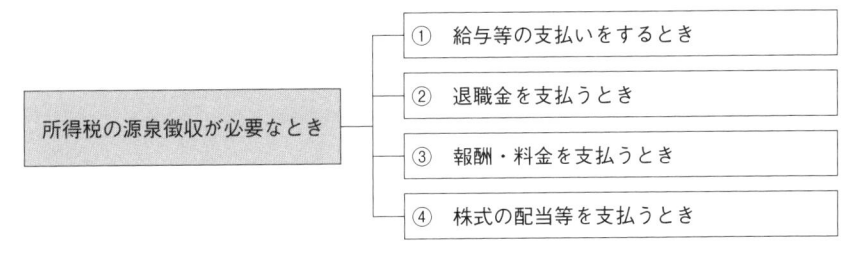

所得税の源泉徴収が必要なとき
- ①　給与等の支払いをするとき
- ②　退職金を支払うとき
- ③　報酬・料金を支払うとき
- ④　株式の配当等を支払うとき

♣源泉徴収のしかたは

　源泉徴収のしかたは、図表41のとおりです。

【図表41　源泉徴収のしかた】

項　　目	源泉徴収の計算のしくみ
❶給与等の支払いをするとき	給料手当を支払うときは、給与所得者の源泉徴収税額表（月給は月額表・日給は日額表）を使って源泉徴収額を計算します。 　源泉徴収税額は、扶養親族の人数により変わりますので、給与等を支払う前日までに「扶養控除等申告書」を提出してもらいます。 　「扶養控除等申告書」を提出した人（会社からの給与が主たる収入の人）は月額表甲欄、「扶養控除等申告書」を提出していない人（2カ所以上で給与収入のある人）は月額表乙欄で求めた金額を徴収します。 　なお、日雇いのアルバイト等については、日額表丙欄を使って源泉徴収することがあります。 　賞与からの源泉徴収は、賞与に対する源泉徴収税額の算出率の表（賞与額が前月給与の10倍超のときは月額表）を使って税額を計算します。
❷退職金を支払うとき	①退職者から退職所得の受給に関する申告書の提出を受けている場合 　（退職金支給額－退職所得控除額※）×1/2×所得税率＝源泉徴収税額 ※退職所得控除額＝勤続年数×40万円（80万円未満の場合は80万円） 　　勤続年数20年超の場合＝（勤続年数×20年）×70年＋800万円 ※在職中に障害者になったために退職した場合は、上記算式で計算した金額に100万円加算。 ②退職者から退職所得の受給に関する申告書の提出を受けていない場合 　　退職金支給額×20％＝源泉徴収額
❸報酬・料金を支払うとき	例えば、公認会計士・税理士・弁護士・司法書士などの源泉徴収額は、次のように定められています。 ①弁護士・公認会計士・税理士・社会保険労務士・弁理士など 　(a) 1回の支払金額が100万円以下の部分×10％＝源泉徴収額 　(b) 1回の支払金額が100万円超の部分×20％＝源泉徴収額 　(c) (a)＋(b)＝源泉徴収金額 ②司法書士・土地家屋調査士など 　1回に支払われる金額－10,000円＝源泉徴収税額
❹株式の配当等を支払うとき	<table><tr><th rowspan="2">期　　間</th><th rowspan="2">株式の種類</th><th colspan="3">源泉徴収税額</th></tr><tr><th>所得税</th><th>住民税</th><th>合　計</th></tr><tr><td rowspan="2">平成16年1月～ 平成20年3月</td><td>上場株式等</td><td>7％</td><td>3％</td><td>10％</td></tr><tr><td>上記以外</td><td>20％</td><td>－</td><td>20％</td></tr><tr><td rowspan="2">平成20年4月～</td><td>上場株式等</td><td>15％</td><td>5％</td><td>20％</td></tr><tr><td>上記以外</td><td>20％</td><td>－</td><td>20％</td></tr></table>

注：ただし、上場株式等の、平成21年1月1日～平成22年12月31日までの期間における100万円以下の配当金額部分については、10％（所得税7％、住民税3％）の特例が適用されます。

♣源泉徴収したときの会計処理は

源泉徴収したときの会計処理は、図表42のとおりです。

【図表42　源泉徴収したときの会計処理】

項　目	会計処理
① 給与等から源泉徴収したとき	（借方）給与　××　（貸方）現金預金　×× 　　　　　　　　　　　　　　　　預り金　　××
② 退職金から源泉徴収したとき	（借方）退職金××　（貸方）現金預金　×× 　　　　　　　　　　　　　　　　預り金　　××
③ 報酬・料金から源泉徴収したとき	（借方）支払報酬××　（貸方）現金預金　×× 　　　　　　　　　　　　　　　　　預り金　　××
④ 株式の配当等から源泉徴収したとき	（借方）利益剰余金××　（貸方）現金預金　×× 　　　　　　　　　　　　　　　　　　預り金　　××

♣源泉徴収税額の納付と会計処理は

源泉徴収を行ったときは、徴収した所得税を原則として翌月の10日までに納付しなければなりません。

特例として、常時10人未満の使用人等に給与の支払いをする事業所等が税務署長の承認を得た場合には、1～6月に徴収した分については7月10日、7～12月に徴収した分については1月10日（さらに特別の承認を受けた場合には1月20日）の年2回の納付が認められています。

納付方法は、「所得税徴収高計算書（納付書）」を添えて金融機関（銀行、郵便局等）または所轄の税務署の窓口で支払います。

【図表43　源泉徴収額を納付したときの会計処理】

項　目	会計処理
① 給与等からの源泉徴収額を納付したとき	（借方）預り金　　×× （貸方）現金預金　××
② 退職金からの源泉徴収額を納付したとき	（借方）預り金　　×× （貸方）現金預金　××
③ 報酬・料金からの源泉徴収額を納付したとき	（借方）預り金　　×× （貸方）現金預金　××
④ 株式の配当等からの源泉徴収額を納付したとき	（借方）預り金　　×× （貸方）現金預金　××

Q20　所得税の源泉徴収と納付処理は

Q21 住民税の特別徴収と納付処理は

A 従業員の住民税は、特別徴収といって、会社が給与から天引して、各市区町村に納付します。
給与から天引する額は、会社が提出する「給与支払報告書」に基づいて、市区町村が決定し、会社に通知されます。

♣個人住民税というのは

個人住民税とは、都道府県民税と市区町村民税と合わせた名称です。その年の1月1日現在の住所地で納付先が決まります。所得に応じて負担する所得割と所得に関係なく課税される均等割からなっています。

基準となる所得は、前年の1月1日から12月31日までの所得金額です。

♣特別徴収と普通徴収の適用は

住民税の徴収方法は、図表44のとおりです。

【図表44　住民税の徴収方法】

普通徴収	各人が納付書をもって市町村役場の窓口または金融機関から納付する方法です。
特別徴収	前年の個人所得にかかる住民税を、6月から翌月5月の給与支払いの際、会社が天引して各市町村に納付する方法です

♣住民税を徴収して納付したときは

会社は、毎年1月31日までに、各従業員の1月1日現在の住所地の市区町村に「給与支払報告書（総括表）」「給与支払報告書（個人別明細書）」を提出しなければなりません。

市区町村は、給与支払報告書をもとに住民税を計算し、「特別徴収税額通知書」として、月々給与から特別徴収する額を通知してきます。

【図表45　住民税を特別徴収して納付したときの会計処理】

```
① 徴収時：住民税200,000円を差し引いて給与を支給した。
    （借方）給与　5,000,000      （貸方）預り金（住民税）        200,000
                                    預り金（社会保険料他）  500,000
                                    現金預金              4,300,000
② 納付時：住民税200,000円を納付した。
    （借方）預り金（住民税）200,000
                                （貸方）現金預金                200,000
```

Q22 月次決算ってなに・その目的は

A 月次決算は、前月の実績を経営トップに報告するために毎月実施する決算のことをいいます。
月次決算は、毎月の財務状況を把握するだけでなく、問題点の早期発見のために、スピード重視で財務状況を把握・伝達することを目的としています。

♣月次決算ってなに・その必要性は

月次決算とは、前月の実績を経営トップに報告するために毎月実施する決算のことをいいます。

変化の激しい経営環境の中で事業活動を行っているため年度の決算が締まるまで儲かっているのかどうか、財産の状況はどうなのか、資金繰りは問題ないのかなどがわからなければ、次の行動を決定するのが遅れてしまいます。

そこで、予算の達成状況や異常の有無を確認し、今後の事業活動の方向性を決定するためには、月次決算は経理の毎月の重要な業務の1つです。

♣月次決算の目的は

月次決算の目的は、図表46のようになります。

【図表46　月次決算の目的】

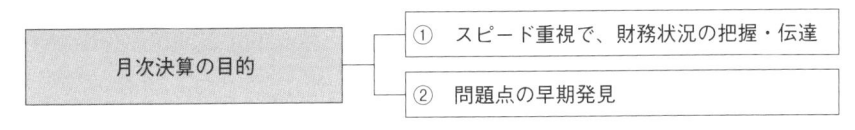

| 月次決算の目的 | ① スピード重視で、財務状況の把握・伝達 |
| | ② 問題点の早期発見 |

♣月次決算の決算資料は

月次決算では、通常、図表47のような資料がつくられます。

【図表47　月次決算で提供すべき会計情報】

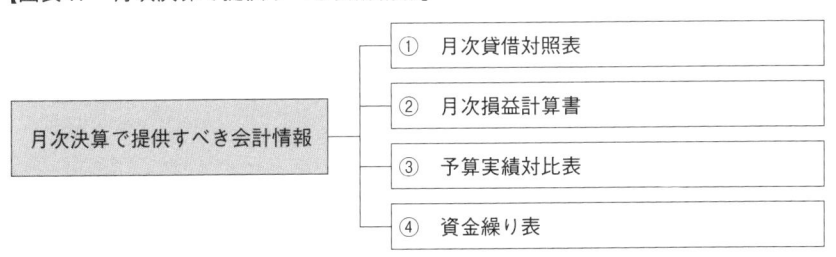

月次決算で提供すべき会計情報	① 月次貸借対照表
	② 月次損益計算書
	③ 予算実績対比表
	④ 資金繰り表

Q23 月次決算のやり方は

A 月次決算のポイントは、「スピード」と「売上や予算などの進捗状況の把握」です。
月次決算は、翌月10日くらいを目標に作成するようにします。

♣月次決算のスピード化

月次決算は、概要を把握することが主たる目的ですので、正確さよりもスピードが優先されます。

月次決算の出来上がりが翌々月にずれ込んでしまえば、それに対する是正措置も1か月ずれ込んでしまうことになります。月次決算書類の作成は、翌月10日頃が目標になるでしょう。

♣月次決算の手続は

月次決算は、総勘定元帳から月次の合計残高試算表を作成します。

月次決算の決算手続は、特に決まりがあるわけではありません。会社の業種や規模に応じて、月次決算の手続を決めればよいのです。

一般的な月次決算の手続には、図表48のようなものがあります。

【図表48　月次決算の手続】

手続	実施事項・ポイント
①預金の残高確認	月々の取引の記帳ミスや記帳漏れがないことを確認するために、必ず預金残高と通帳残高が一致していることを確認しましょう。 　営業所や支店のある会社では、各所での不正防止のためにも、銀行から直接残高確認を取り寄せることが有効です。
②実地棚卸の実施	月末在庫を確定し、当月の原価がいくらだったか、原価率・利益率はいくらであったかを把握します。 　ただし、実地棚卸はたいへん手間のかかるものですから、在庫の変動が少なかったり、金額的に重要性がなかったりする場合には、実地棚卸を省略し、帳簿金額を在庫金額とすることも考えられます。
③未払費用の計上	当月の損益情報を把握するためには、当月に計上すべき費用は当月の費用として計上しておく必要があります。

♣スピード化の阻害要因は

月次決算の早期化を妨げる要因の1つとしては、仮払金の未精算や伝票承

認の遅れといった社内処理の遅れがあります。社内処理の遅れは、月次処理のスケジュールを定めたり、通達等を出したりすることにより、社員に周知徹底を図るしかありません。

一方、社外の要因もあります。最もネックとなるのが、請求書の遅れです。購入先からの請求書が未着であれば、当月にいくら費用に計上してよいかわからないからです。請求書の遅れには、図表49のような対応策が考えられます。

【図表49 請求書遅滞の対応策】

対応策	説明
①締め日の変更	請求書が遅くなるのは、締め日が月末になっている場合が多いようです。20日締め日とすることにより、20日までの取引は、月次決算に織り込むことができるようになります。
②発生主義の徹底	物品やサービスの提供を受けた時点で費用計上することを徹底します。この場合、計上額は確定しないこともありますが、見積書や注文書等の金額によりほぼ正確な金額によることができます。
③概算額の計上	①や②によることができない場合には、概算額による計上も考えられます。前月、前年同月の金額、予算金額等発生金額を見積もって計上します。概算計上した場合には、翌月に実際金額で計上しなおすことを忘れないよう注意が必要です。

♣年度予測のための平準化をする

月次決算は、年度の決算数値を予測するためにも用いられます。月次決算の積み重ねたものが年度決算となるようにすることが望ましいです。

例えば、支払利息のように1年分あるいは半年分を一時に支払うような費用は、前払費用または未払費用で処理し、12等分あるいは6等分を各月に平均して計上することで、年度決算が予測しやすくなります。

このように、月次決算で各月に平均して計上するものとして、図表50のようなものがあります。

【図表50 月次決算で各月に平均して計上するもの】

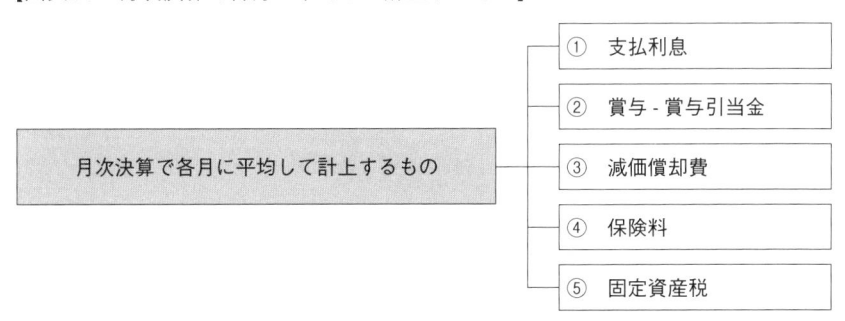

月次決算で各月に平均して計上するもの
- ① 支払利息
- ② 賞与・賞与引当金
- ③ 減価償却費
- ④ 保険料
- ⑤ 固定資産税

Q24 試算表のしくみ・その作成方法は

A 勘定科目のごとに金額を集計したものを試算表と呼びます。試算表は、貸借一致することになりますので、仕訳や転記が正しく行われていることを確認する手段となります。
一定期間における勘定の動きがわかりますので、経営の分析資料として利用されます。

♣試算表の目的は

転記された勘定口座の金額を集計したものを試算表と呼びます。

取引があれば、仕訳を行い、それを総勘定元帳に転記することになります。

総勘定元帳に正しく転記が行われたかどうかは、転記された勘定口座をすべて合計して、貸借の合計金額が一致しているかどうかで確かめられます。

試算表の作成を月次で実施すれば、誤りが早期に発見でき、検証作業も簡単にできます。

♣パソコン経理での試算表の意味は

パソコン経理では、自動的に転記がなされるため、上記のような転記が正確に行われたかを検証する必要性はなくなります。

そのため、最近の試算表の利用は、転記の正確性を検証するという本来の目的から、次のように経営資料として利用されるほうが多くなってきているといえます。

月次合計残高試算表は、前月残高、当月中の動き（増加額、減少額）、当月残高からなっています。前月残高から当月残高になった原因が予測できますのです。

例えば、売掛金残高が前月残高よりも増加している場合、増加額が大きかった（売上が多かった）からか、減少額が小さかった（回収が少なかった）からか、前月までの試算表の金額と比較してみるとわかります。

♣試算表の作成方法は

図表51の設例で実際にＴ字勘定から試算表を作成する手続をみてみましょう。

【図表51　設例】

現金		
① 1,000,000	②	100,000
⑤ 500,000	③	300,000
⑥ 400,000	④	500,000
	⑨	150,000
計 1,900,000	計	1,050,000
	残	850,000

売掛金	
⑧ 1,200,000	残 1,200,000

商品	
② 100,000	残 100,000

備品	
④ 500,000	残 500,000

買掛金	
残 1,000,000	⑦ 1,000,000

借入金	
残 500,000	⑤ 500,000

資本金	
残 1,000,000	① 1,000,000

売上	
	⑥ 400,000
残 1,600,000	⑧ 1,200,000
	計 1,600,000

仕入	
③ 300,000	
⑦ 1,000,000	残 1,300,000
計 1,300,000	

給与	
⑨ 100,000	残 100,000

家賃	
⑨ 40,000	残 40,000

支払利息	
⑨ 10,000	残 10,000

Q24 試算表のしくみ・その作成方法は

♣合計残高試算表をつくる

すべての勘定口座の合計及び残高を集めてみると、図表52のような合計残高試算表が完成します。

【図表52　合計残高試算表】

合計残高試算表

借方		勘定科目	貸方	
残高	合計		合計	残高
850,000	1,900,000	現金預金	1,050,000	
1,200,000	1,200,000	売掛金		
100,000	100,000	商品		
500,000	500,000	備品		
		買掛金	1,000,000	1,000,000
		短期借入金	500,000	500,000
		資本金	1,000,000	1,000,000
		売上高	1,600,000	1,600,000
1,300,000	1,300,000	仕入		
100,000	100,000	給料		
40,000	40,000	支払家賃		
10,000	10,000	支払利息		
4,100,000	5,150,000	合計	5,150,000	4,100,000

合計残高試算表以外にも、合計欄のみの「合計試算表」、残高だけの「残高試算表」があります。

♣試算表で把握できるのは

収益・費用をみてみますと、この期間において、150,000円の利益が計上されたことがわかります。

これを貸借対照表の側からみてみると、純資産が同額増加していることがわかります。

試算表を作成することにより、その期間の損益状況や財政状態の概要が把握できるのです。

【図表53　試算表での把握】

合計残高試算表

資産 2,650,000	負債　1,500,000
	純資産　1,000,000
費用 1,450,000	収入 1,600,000

}利益　150,000

Q25 消費税のしくみは

> 消費税は、物やサービスを消費する際に課税されるものですが、実際に消費税を納付するのは、消費者ではなく、物やサービスを売った事業者になります。
> 事業者は、売上と仕入を記録し、売上にかかる消費税と仕入にかかる消費税を計算し、その差額を納付するしくみになっています。

♣消費税のしくみは

　私たちは、買物をしたときに消費税を支払います。消費税は、国に納める税金ですが、消費者は消費税を国に支払うのでなく、お店に支払います。

　消費税は、物やサービスを消費する際に課税されるものですが、実際に消費税を納付するのは、消費者ではなく、物やサービスを売った事業者になります。

　事業者は、売上と仕入を記録し、売上にかかる消費税と仕入にかかる消費税を計算し、その差額を納付するしくみになっています。

　そこで、事業者は、売上・仕入にかかる消費税を計算するために会計帳簿を作成しなければなりません。

♣課税事業者・免税事業者というのは

　免税事業者とは、消費税の納付を免除された事業者のことで、基準期間（前々事業年度）の課税売上高が1,000万円以下であれば、課税期間の売上高がいくら大きくても、消費税を納付しなくてもよいことになります。

　設立２年目までの会社は、基準期間がありませんので、免税事業者ということになりますが、資本金が1,000万円以上の会社は免税事業者になれません。

【図表54　基準期間とは】

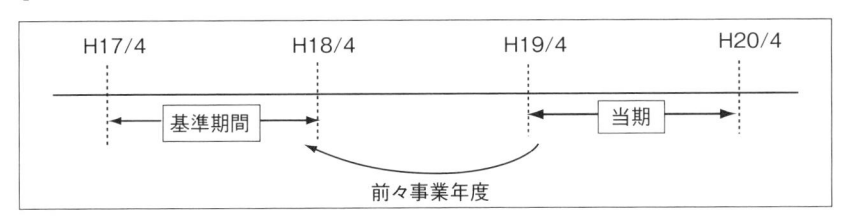

```
    H17/4      H18/4      H19/4      H20/4
     |          |          |          |
     |←─基準期間─→|          |←──当期──→|
                |                     |
                |←────前々事業年度────→|
```

ただし、免税事業者は、申告がありませんので、還付を受けることができません。事業開始時で資産の購入や経費の支払いが多く、仕入にかかる消費税が売上にかかる消費税を上回る場合には、課税事業者を選択して還付を受けたほうが有利になりますので、検討してみることが必要です。

♣簡易課税というのは

消費税は、売上にかかる消費税から仕入にかかる税額を差し引いた金額を納付しますが、基準期間の売上金額が5,000万円以下の会社は、業種ごとに定められた「みなし仕入率」を用いて納付額を求めることが認められています。これを簡易課税制度といいます。

いったん簡易課税方式を採用すると、2年間は継続して適用しなければなりません。

| 納付額＝売上にかかる消費税－売上にかかる消費税×みなし仕入率 |

【図表55　みなし仕入率】

業　　種	みなし仕入率
①卸売業	90%
②小売業	80%
③製造業、建設業	70%
④飲食業、金融、保険など	60%
⑤サービス業	50%

♣税込方式と税抜方式の違いは

消費税の経理方法には、税抜方式と税込方式の2とおりがあります。

税込方式とは、取引に含まれる消費税の額と本体価格を区分せずに、合計額で記帳していく方法です。納付した金額は、租税公課に計上することになります。

税抜方式とは、取引に含まれる消費税の額と本体価格を区分して、記帳していく方法です。

売上にかかる消費税は仮受消費税、仕入にかかる消費税は仮払消費税として処理し、仮受消費税が仮払消費税よりも大きい場合には差額を納付し、仮受消費税が仮払消費税よりも小さい場合には差額が還付されることになります。

具体的に取引例をあげてみてみましょう（図表56）。

【図表56　税込方式と税抜方式の違い】

取引例	税込方式	税抜方式
❶期中		
①　商品1,050円（消費税50円）を仕入	（借方）仕入1,050 　（貸方）買掛金1,050	（借方）仕入1,000 　　　　仮払消費税50 　（貸方）買掛金1,050
②　商品を2,100円（消費税100円）を売上	（借方）売掛金2,100 　（貸方）売上高　2,100	（借方）売掛金2,100 　（貸方）売上高　2,000 　　　　仮受消費税100
❷期末		
①　決算時	（借方）租税公課50 　（貸方）未払消費税50	（借方）仮受消費税100 　（貸方）仮払消費税50 　　　　未払消費税50
②　申告・納付	（借方）未払消費税50 　（貸方）現金預金50	（借方）未払消費税50 　（貸方）現金預金50

　税抜方式は、取引の都度消費税を区分して処理するため、手間のかかる処理となりますが、期中であっても仮払消費税と仮受消費税の差額で納付すべき消費税の金額が把握できるというメリットがあります。

　税抜方式には、月末や期末に一括して税抜処理を行う方法もあります。期中は、すべての取引を税込金額で処理しておき、月末または期末にその合計金額に対して、仮受消費税と仮払消費税を求める方法です。この方法によれば、事務処理の負担を軽くしつつ、税抜方式のメリットを得られます。

♣免税事業者は税込方式しか採用できない

　課税事業者は、税込方式と税抜方式のどちらを採用してもよいのですが、免税事業者は税込方式しか採用できないことになっています。

♣課税売上割合が95％未満のときは

　売上にかかる消費税と仕入にかかる消費税（仕入税額）の差額が納付すべき消費税額になりますが、課税売上が全体の95％未満のときには、仕入税額を全額控除することができません。

　控除できる仕入税額（控除対象仕入税額）を求める方法は、個別対応方式と一括比例配分方式の2とおりがあります。

　個別対応方式は、課税売上のための仕入についてはすべて控除し、非課税売上のための仕入については控除しない方法で、課税売上・非課税売上共通に必要な仕入は課税売上割合で控除対象消費税を求めるものです。この方法

を採用するには、それぞれの仕入が課税売上に対するものか非課税取引に対するものかを区分して記録しておく必要があります。

　一括比例配分方式は、仕入税額に課税売上割合を乗じて控除対象消費税を求めます。

　個別対応方式・一括比例配分方式は、いずれか有利なほうを選択することができますが、一括比例配分方式を採用した場合には、２年間継続して適用しなければなりません。

♣申告と納付は

　申告期限は、課税期間末日（決算日）の翌日から２か月以内です。本店所在地の所轄税務署に申告書を提出します。納付は、所轄税務署か金融機関で行います。

♣中間申告の期限と納付額の処理は

　中間申告は、課税期間の途中で仮払いしておく制度です。中間申告が必要かどうか、年何回支払うかは前課税期間の確定消費税額により決まります。申告期限は、それぞれの末から２か月以内です。ただし、毎月の場合、１か月目のみ３か月以内となっています。

【図表57　中間申告の申告期限】

前課税期間の確定消費税額 （　　）内は地方税込金額	中間申告の回数	3月決算の場合の申告期限
①　48万円以下 （60万円以下）	中間申告不要	－
②　48万円超400万円以下 （60万円超500万円以下）	1回（6か月）	11月末
③　400万円超4,800万円以下 （500万円超6,000万円以下）	3回（3か月毎）	8、11、2月末
④　4,800万円超 （6,000万円超）	毎月	8月末（4、5月分）以降毎月末

　中間申告は仮納付で、中間申告で納付した額は、確定申告のときに精算されます。税抜方式によっている場合の仕訳は、図表58のようになります。

【図表58　中間申告で納付し、確定申告で精算したときの会計処理】

①	中間申告時：（借方）	仮払金	××	（貸方）	現金預金	××
②	決算期末時：（借方）	仮受消費税	××	（貸方）	仮払消費税	××
		仮払金	××			
		未払消費税	××			

Q26 法人税の所得計算の流れと申告納税は

A 法人税の課税対象となる所得は、決算の利益に、税務の調整項目を加減して求められます。
決算日後2か月以内に、申告書を提出し、法人税を納付します。

♣会計上の利益と税務上の所得は違う

法人税は、所得（会社の儲け）に対してかかる税金です。

> 会計上の利益＝収益－費用

> 税務上の所得＝益金－損金

会計上の利益と税務上の所得は必ずしも一致しません。会計上は収益となるのに税務上は益金にならない、会計上費用となるのに税務上損金にならない等の差異があるからです。

税務用に改めて決算書を作成するということはありません。会計上の利益をもとに所得額を計算します。

> 所得＝利益－益金不算入＋益金算入＋損金不算入－損金算入

利益に、差異の調整（加算・減算）を行うことにより課税所得を求めるのです。この計算を申告調整といいます（図表59）。

【図表59　申告調整】

項　目	説　明	例	加算・減算
益金不算入	会計上収益であるが、税務上益金でないもの	受取配当金 法人税の還付等	減算
益金算入	会計上収益でないが、税務上益金となるもの	引当金の取崩し	加算
損金不算入	会計上費用であるが、税務上損金でないもの	交際費 引当金の繰入額	加算
損金算入	会計上費用でないが、税務上損金となるもの	欠損金の繰越控除	減損

会計上の費用を損金としないことを「否認する」といいます。
また、過去において否認した事項を損金算入することを「認容する」といいます。

♣ 法人税の計算方法は

　法人税額は、基本的には所得に法人税率をかけた額となりますが、課税政策上、税額に加算あるいは控除されるものがあります。

　　法人税＝所得×税率＋加算される税額－控除される税額

♣ 繰越欠損金の控除は

　赤字を繰り越し、翌期以降に利益が出た場合に、その利益と通算できることとしています。これを繰越欠損金と呼びます。

　青色申告をしている会社は、赤字の出た事業年度の翌期以降7年間にわたって、繰越欠損金を損金に算入できます。

♣ 申告と納付の方法は

　申告書は、所轄の税務署に提出します。納付は、納付書を使って金融機関から行います。申告・納税の期限は、事業年度終了日から2か月以内です。

　法人税は、あらかじめ中間時点（中間期末日から2か月以内）で行う「中間申告」と年度の所得を計算して申告する「確定申告」とがあります。「中間申告」は、前年度の法人税の2分の1とすることもできますし、仮決算により求めた所得額から算出した税額とすることもできます。

♣ 法人税の会計処理は

　中間納付は、いったん「仮払金」（仮払税金と区分してもいいです）で処理します。

　決算時に、当年度の所得にかかる法人税を見積もり、中間納付分を精算して、未払法人税として計上します。

　翌期に法人税を納付したときに、未払法人税を取り崩します。

【図表60　法人税の会計処理】

① 中間納付時
　法人税を450,000円中間納付した。
　　（借方）仮払金　　　　450,000　　　　（貸方）現金預金　　　450,000
② 決算時
　当年度にかかる法人税を1,000,000円と見積もった。
　　（借方）法人税・住民税及事業税　1,000,000　（貸方）未払法人税等　550,000
　　　　　　　　　　　　　　　　　　　　　　　　　　　　仮払金　　　450,000
③ 納付時
　法人税550,000円を支払った。
　　（借方）未払法人税等　　550,000　　　（貸方）現金預金　　　550,000

Q27 修正申告と更正の請求・更正は

A 申告した税額が過少であった場合には、修正申告するか、更正または決定を受けることになります。
申告した税額が過大であった場合には、更正の請求を行います。

♣修正申告というのは

　税金の申告に際して、計算ミスがあったり、申告内容に漏れやミスがあったり、法令の解釈を間違えたりすることもありえます。実際の納付額が本来の税額よりも少なかった場合には修正申告を行い、不足分を納付することになります。

　税務調査前に自主的に修正申告する場合には、過少申告加算税はかかりません。延滞税がかかるのみです。

　税務調査に基づき修正申告をする場合には、過少申告加算税も納付することになります。

　過少申告加算税は、追加で支払う金額の10％です。悪質な脱税の場合には、不正をしていた所得金額に対応する法人税額に対して35％の重加算税が課されます。

♣更正の請求というのは

　実際の納付額が本来の納付額よりも多かった場合には、税務署長に対し、更正の請求を行い、多く払い過ぎた分を返還してもらうことになります。更正の請求ができるのは、申告期限から１年以内です。

　更正請求書に、更正前後の課税標準等または税額等、更正を請求する理由、請求するにいたった事情の詳細等の必要事項を記載して税務署長に提出し、銀行または郵便局へ返還金を振り込んでもらいます。

♣更正・決定というのは

　申告書の提出があった場合で、申告書について誤りがあったときは、調査によって、その申告書にかかる課税標準額または税額を更正します。

　また、申告書の提出がなかった場合には、調査によって申告書にかかる課税標準及び税額を決定することになります。

Q28 地方税(住民税・事業税)の申告納税と処理は

A 住民税は道府県民税と市町村民税があり、均等割と所得割からなっています。
事業税は所得割のみですが、資本金が１億円を超える会社は外形標準課税の適用を受けます。

♣法人地方税の種類は

　法人地方税の種類と納付先は、図表61のとおりです。

【図表61　法人地方税の種類】

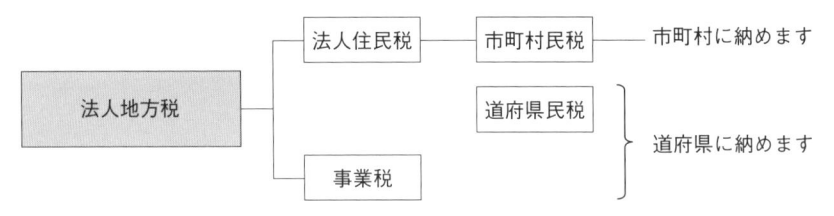

```
                    ┌─ 法人住民税 ─┬─ 市町村民税 ── 市町村に納めます
法人地方税 ─────────┤              └─ 道府県民税 ┐
                    └─ 事業税                     ├ 道府県に納めます
                                                  ┘
```

♣法人住民税の申告納税は

　法人住民税は、事業所のある道府県、市町村ごとに申告納付します。事業所が多い会社は、それだけ多くの申告納付が必要になります。

　申告書は、各道府県税事務所、市税事務所(市町村役場)に提出します。納付は、納付書によって金融機関で行います。

　法人住民税は、法人税額に税率をかけて計算する法人税割と事業規模によって定められた均等割からなっています。

　法人税割の税率は、地方税法の標準税率をもとに各地方の条例で決められます。標準税率は、道府県民税は５％（６％）、市町村民税は12.3％（14.7％）です。（　）内の税率は、制限税率といって、各道府県、市町村によって決められる税率の上限になります。

　住民税均等割は、資本金額と従業員数により、図表62のように額が定められています。

【図表62　住民税均等割】

資本金額	従業員数	道府県民税	市町村民税
50億円超	50人超	80万円	300万円
	50人以下		41万円

2　5月の「経理」事務

10億円超	50人超	54万円	175万円
	50人以下		41万円
1億円超	50人超	13万円	40万円
	50人以下		16万円
1,000万円超	50人超	5万円	15万円
	50人以下		13万円
1,000万円以下	50人超	2万円	12万円
	50人以下		5万円

♣事業税の申告納税は

　事業税は、道府県税とあわせて申告納付します。なお、資本金が1億円以下の会社には、外形標準課税の適用はありません。

【図表63　事業税のしくみ】

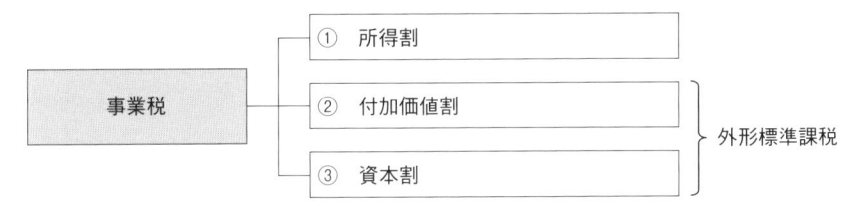

事業税
- ① 所得割
- ② 付加価値割 ┐
- ③ 資本割　　 ┘ 外形標準課税

♣資本金1億円以下の会社の取扱い

　事業税の「所得割」は、所得に図表64の税率を掛けた税額が課されます。

　ただし、3つ以上の都道府県に事業所がある、資本金額が1,000万円以上の会社は、800万円超の税率が適用されます。

【図表64　所得割の税率】

所得金額	標準税率	資本金1億円以下の会社の制限税率（標準税率×1.2）	標準税率	資本金1億円超の会社の制限税率（標準税率×1.2）
400万円以下	5%	6%	3.8%	4.56%
400万円超800万円以下	7.3%	8.76%	5.5%	6.6%
800万円超	9.6%	11.52%	7.2%	8.64%

♣資本金が1億円を超える会社の取扱いは

　外形標準課税制度により、「所得割額」のほかに、「付加価値割額」と付加「資本額割額」の合計が課されます。「所得割額」の税率は1億円以下の会社に適用される税率よりも低くなります。計算方法は次のとおりです。

> 付加価値割額＝（単年度損益＋報酬給与額＋純支払利子＋純支払賃借料）×税率
> 　　　　　　　　　　　　　　　　　税率は標準税率4.8%、制限税率0.576%です。
> 資本割額＝（資本金＋資本積立金）×税率
> 　　　　　　　　　　　　　　　　　税率は標準税率0.2%、制限税率0.24%です。

♣事業税を納付したときの会計処理は

　中間納付では、仮払金（仮払税金）処理しておきます。

　決算時に、当年度の所得にかかる事業税を見積もり、未払法人税等として計上します。翌期に事業税を納付したときに、未払法人税等を取り崩します。

　事業税を納付したときの会計処理は、図表65のとおりです。

【図表65　事業税を納付したときの会計処理】

> ① 中間納付
> 　当年度にかかる事業税を400,000円中間納付した。
> 　　（借方）仮払金400,000円　　　　　　　　（貸方）現金預金　　　　400,000
> ② 決算時
> 　当年度にかかる事業税を1,000,000円と見積もった。
> 　　（借方）法人税・住民税及び事業税　1,000,000
> 　　　　　　　　　　　　　　　　　　　　　　（貸方）未払法人税等　1,000,000
> ③ 納付時
> 　事業税1,000,000円を支払った。
> 　　（借方）未払法人税等　　　　　　　1,000,000
> 　　　　　　　　　　　　　　　　　　　　　　（貸方）現金預金　　　　1,000,000

♣事業所税ってなに

　事業所税は、事業税と名称が似ていますが、所得を課税標準とするものではありません。事業所の面積、従業員数によって課税金額が決まります（図表66）。事業年度終了日から2か月以内に申告納付します。

　所得を課税標準とするものではありませんので、販売費及び一般管理費の「租税公課」で処理します。

図表66　事業所税の課税標準及び税率】

区分		課税標準	税率
事業にかかる事業所税	資産割	その年の12月31日現在における事業所床面積	1m²につき 600円
	従業者割	その年中に支払われた従業者給与総額（従業者給与総額とは、事業所等の従業者に対して支払われる俸給、給料、賃金並びにこれらの性質を有する給与をいいますから年金、退職金等は除かれます。）	従業者給与総額 ×0.25%

3　6月の「経理」事務

　経理の中心業務の1つである、現金及び預金の取扱いとその会計処理、また夏のボーナス支給、3月決算会社の株主総会開催、役員変更により役員退職金が支給される場合について、留意点等をまとめています。

Q29 現金の出納・管理のポイントは

A 現金の出金・入金は必ず伝票を起こします。仮払いの際は、仮払伝票の記票も忘れずにします。仮払いであっても、必ず領収書（受領印）を取るようにします。
営業所や支店には小口現金制度を利用し、売上回収金はそのまま全額銀行に預け入れるようにします。

♣ **必ず伝票を発行する**

お金が動くときには、必ず伝票も動くようにします。
通常の入金・出金の場合には、入金を受けた人や支払いを依頼する人が、それぞれ伝票を発行します。
また、仮払いの際にも必ず仮払伝票を起票するようにします。
記載事項は、
①仮払いを受ける人、②使用目的、③精算予定日、④受領印欄です。
仮払金の支払いを受けたかどうかで問題となることも考えられますので、受領印をもらうようにします。

♣ **売上金はすぐに銀行へ入金する**

小売業など現金収入が多い会社では、当日回収した現金は、すぐに銀行に預け入れなければなりません。銀行が閉店している場合は、夜間金庫を活用するケースもあります。
また、回収した現金からの支払いは避け、別途、支払専用の現金を、後述の小口現金で持つようにします。
そうすることにより、銀行預入れの際には、当日の売上＝当日の銀行預入額となり、管理がしやすくなります。

♣ **小口現金の利用は**

現金は持出が簡単で不正に利用される場合が多いので、厳重な管理が必要です。安全のためには、手許においておく現金を極力減らすことがいちばんです。
現金取引が減った現在、多額の現金を手許に置くことはほとんどありませんが、一定の額は大金庫に入れて厳重に管理することになるでしょう。

しかし、日々のこまごまとした支払いのために、いちいち大金庫を開けるのは手間がかかります。一定額を入れた手提げ金庫を用意しておくと、大金庫の開閉は朝夕のみで済みます。この手提金庫に入ったお金のことを小口現金といいます。

♣小口現金の管理は

支店や営業所では、責任者の目が届きにくくなりますので、一定額以上持たせないことが重要になります。一定額の現金を小口現金として支店や営業所に渡しておきます。

小口現金の管理方法として、定額資金前渡制度（インプレストシステム）があります。

支店や営業所には、あらかじめ一定金額の現金を渡しておきます。支店や営業所では、その小口現金から経費の支払いを行い、ひと月分（あるいは１週間分）の経費の報告をし、支払った分だけ本社から補充してもらうという方法です。

この方法では、月初め（週初め）には支店や営業所に一定金額の現金があることになり、期中は手許現金と領収書の合計額が一定金額に一致することになります。

小口現金の使途は、近距離交通費や事務用品購入などほとんど限られています。使用頻度の高い勘定科目をあらかじめ印刷してある多桁式小口現金出納帳を使用すると、勘定科目ごとの集計が早くできるので元帳への転記が効率的にできます。

【図表67　多桁式小口現金出納帳】

小口現金出納帳

受入	日付	摘　要	支払	内訳			
				交通費	消耗品費	通信費	諸口
		合　計	1,800	600	700	500	

元帳への転記は、次のようになります。

（借方）	交通費	600	（貸方）	小口現金	1,800
	消耗品費	700			
	通信費	500			

Q29　現金の出納・管理のポイントは

Q30 預金の出納・管理のポイントは

A 当座預金の入出金の管理が最も重要です。
手形帳・小切手帳は、不正防止のため、厳重に管理します。
ファームバンキング等を利用して、振込みの手間やミスを防ぎます。

♣最も大切な当座預金の管理

預金には、普通預金、当座預金、定期預金等ありますが、預金管理で一番重要なのは、現金代わりに使われる当座預金です。

当座預金は、小切手・手形を決済するための口座です。当座預金で資金が不足すると、小切手・手形が不渡りとなり、実質的に倒産ということになりかねませんので、当座預金の管理は重要です。

♣当座預金の入出金・残高の管理は

当座預金の出金は、小切手・支払手形の決済のみです。引落予定額は、支払手形の支払期日別管理と支払小切手の未引落残高の管理をしておけばいくらになるかわかります。

支払手形の期日別管理は、支払手形記入帳により行います。

一方、当座預金の入金は、受取手形・小切手の決済、他の預金からの振込みがあるときです。手形の入金予定については、受取手形記入帳で期日管理します。

このように入出金をみて、当座預金の残高が不足しそうなときは、現金で入金するか、他の口座から振り込むかして、残高を増やさなくてはなりません。

また、未取立小切手や未取付小切手があると、会社帳簿の残高と当座預金残高とに差異が出ることが多いのです。毎月末に、銀行から当座預金の照合表を取り寄せ、帳簿残高と銀行残高の差異調整をしておく必要があります。

♣普通預金の管理は

普通預金の入金や支払いは、通帳に記録されます。

日々の入出金情報は、ファックスで入手できますが、こまめに通帳記入を行い、銀行の残高と会社の帳簿残高が一致していることを確かめなければな

りません。

♣小切手帳・手形帳の管理は

　小切手帳や手形帳は、必要事項を記載すれば誰でも預金を引き出すことができるようになるものです。したがって、これらは、厳重に管理しなければなりません。

　小切手帳や手形帳は、必ず連番で使用するようにします。番号が飛んでしまうといくらの金額が決済されるのか不明となり、資金繰りを不安定なものにしてしまいます。使用済枚数と未使用枚数の棚卸をすることにより、不正に使用された小切手・手形がないことを確認するのも有効な手段です。

　振出時に書き損ねてしまった場合には、小切手や手形の本体の番号部分を切り取り、控え（ミミ）に貼り付け、本体部分には書損じの判を押したり、大きく×印を付けたりして、その小切手・手形が使用できないように処理することが大切です。

　最近では、各種の支払いが銀行振込みや口座引落しでなされるようになり、小切手や手形を振り出す機会が減ってきています。使わなくなった小切手帳や手形帳は、銀行に返却するか確実に廃棄すると安全です。

♣ファームバンキングの利用は

　コンピュータと通信回線を使って、会社から口座振込みや振替え、総合振込みや給与振込みができるサービスをファームバンキングといいます。専用端末を使用するものとパソコンに専用ソフトを組み込んで行うものがあります。

　インターネット経由で利用するインターネットバンキングも普及してきています。わざわざ銀行に行かなくても、振込みを行うことができますので、いちいち通帳を持ち歩く必要もなく、安全で便利です。また、窓口よりも手数料が安いといったメリットもあります。

　便利な方法ですが、大量の支払いにまぎれさせて個人の口座に振り込むといった不正の危険性もあります。

　そこで、①振込データは必ず上司の承認をとるようにする、②振込先の登録は出納担当者以外の人しかできないようにする、③コンピュータへのアクセスを制限する、④定期的に暗証番号を変更するといった管理が必要です。

Q31 現金出納帳の記帳と管理は

A 現金出納帳は、入金・出金のある都度記帳します。
毎日、業務終了後に現金のあり高と帳簿残高が一致していることを確認します。

♣現金出納帳と現金残高の確認は

　現金は、取引件数が多くなることが多く、数え間違いなどの発生する可能性も高くなります。入出金のあったつど、領収書や請求書といった証憑書類と入出金伝票の金額を確認し、金銭出納帳に正確に記入していくことが必要になります。

　現金出納の担当者は、毎日業務の終了した時点で、現金出納帳の残高と金庫内の現金あり高を照合し、照合の結果をきちんと出納の管理責任者に報告します。

　そうすることにより、帳簿への記入が適正に行われているか、現金の紛失や数え間違いが発生していないかを確認することができ、ミスや事故を早期に発見することができるようになります。

　現金出納帳は、一般的に図表68のような様式が使用されています。

【図表68　現金出納帳の例】

現金出納帳

伝票No	日付	摘　　要	収入	支出	残高

　また、日々の現金残高を照合するために、図表69のような金種表を用いると便利です。

♣現金残高と帳簿残高が一致していることを確認することが必要

　出納作業を担当する人と現金出納帳に記入する人は分離しておく必要があります。これは、現金横領の不正を防ぐためです。

　現金を勝手に持ち出しても、これに適当な項目を付けて帳簿に記載してあれば、現金の現物残高と帳簿残高は一致することとなり、横領の発見が遅くなります。

　中小企業では、十分な人員の確保は難しく、出納も記帳も同一の人が担当

【図表69　金種表の例】

現金在高票		
		年　月　日
金　種	数　量	金　額（円）
10,000		
5,000		
1,000		
500		
100		
50		
10		
5		
1		
計		
小切手		
合計		

現金出納帳残高　_____

責任者	担当者

せざるを得ないのが実情です。

　このような場合には、経理の責任者が、出納帳の内容、領収書の控え等を詳しくチェックし、異常な項目がないかどうか、現金残高と帳簿残高が一致していることを確認することが必要になります。

♣受け取った小切手も記帳対象

　受け取った小切手は、現金として処理されます。受取小切手も現金出納帳に記帳します。

　小切手は、すぐに銀行に持ち込んで取立て依頼に出さないといけませんが、何日間かは手許で保管することになります。その間の小切手の管理をきちんと行うために、現金出納帳に出入りを記録しておくのです。

Q32 預金出納帳の記帳・管理は

A 預金出納帳は、預金口座ごとに作成し、入金・出金のあるつど記帳します。
毎月末には、当座勘定照合表や預金通帳と帳簿残高が一致していることを確認します。

♣預金元帳の作成は

預金は、売掛金の回収や買掛金の支払い、給与の支払い等多くの取引に利用されます。預金の出入りについても、現金と同様に預金出納帳を作成し管理します。

預金出納帳は、それぞれの預金口座ごとに設け、取引のつど、記録していきます。

預金の入出金の情報は、銀行からファックスで送信してもらうことができます。また、最近は、インターネットで残高を随時チェックすることもできます。

これにより、入出金の仕訳処理をすぐに正確に行うことができます。

当座預金については、月に何度かの頻度で当座勘定照合表が送付されてきます。これは、普通預金の通帳にあたるもので、その期間の当座預金の入金と出金の状況がわかります。

月末には、当座預金は当座勘定照合表で、普通預金は通帳で、預金出納帳の残高と銀行残高が一致していることを確かめます。

また、小切手帳・手形帳の使用状況と当座預金からの決済の状況を確認します。

♣出納担当者と記帳担当者の分離は

現金と同様、出納担当者と記帳担当者は別の人にしておくべきです。特に預金の場合には、現金と異なり、金額が大きく、現物もありません。伝票操作だけで簡単に横領することができます。出納者が記帳することのないようにしなければなりません。

人員の都合で、やむをえず同一の人が担当することになる場合には、経理責任者が、帳簿記録と通帳や当座勘定照合表等の証憑書類との突き合わせを行い、おかしな動きがないかをチェックする必要があります。

Q33 小切手を振出・受け取ったときの処理は

A 小切手はすぐに換金されますので、他人振出の小切手を受け取った場合には現金で処理し、自己振出小切手は当座預金の減少として処理します。
先日付小切手は、受取手形勘定で処理します。

♣小切手の振出は

　小切手の振出は、当座取引をしている銀行が交付した小切手用紙を利用します。小切手用紙は、全国銀行協会連合会が統一様式を定めています。

　小切手に記載すべき事項（絶対的記載事項）は、小切手用紙にあらかじめ印刷されているものもありますが、図表70の7項目です。

　図表70の項目に記載漏れや記載ミスがあると小切手は無効となってしまいます。

【図表70　小切手の絶対的記載事項】

①	小切手であること	小切手であることを示す文言と支払いを第三者に委託する文言の記載です。あらかじめ印刷されていますので、振出人が記載する必要はありません。
②	金額	アラビア数字を用いる場合にはチェックライターを用いなければなりません。手書きの場合には漢数字（壱、弐、参‥‥）を使います。金額を訂正した小切手は無効になります。
③	支払人	あらかじめ印刷されているため、振出人が記載する必要はありません。
④	支払地	あらかじめ印刷されているため、振出人が記載する必要はありません。
⑤	振出日	小切手の振出日を記載します。
⑥	振出地	あらかじめ印刷されているため、振出人が記載する必要はありません。
⑦	振出人の署名	署名と銀行への届出印の押印が必要です。会社の場合には、会社名、代表者の肩書、代表者の氏名、代表者の押印が必要です。

　小切手に必要事項が、もれなく正確に記載されているかどうか経理責任者がチェックし、銀行の届出印を押します。本体と小切手帳の控（一般にミミと呼ばれます）に割印をし、ミミは小切手帳につけたまま保管します。

　小切手を相手に渡すときには、必ず領収書と引換えに渡すようにします。郵送による場合には、必ず領収書を郵送してもらうようにします。

♣小切手を書き損じたときの処理は

　小切手を書き損じた場合には、悪用を防ぐために、使用できないように処理します。

　小切手の番号部分を切り取ってミミに貼り付けるとともに、本体部分に書損じと記載し×印を付ける、押印してしまった場合には印鑑部分を塗りつぶす、といった処理をし、小切手帳から外れてしまわないようにホッチキスで止めるといった処理をします。

♣小切手を振り出したときの会計処理は

　Q10で説明したとおり、小切手を振り出すと、受取人は小切手を銀行に持ち込み、資金化します。小切手は、銀行に持っていけばすぐに換金できますので、振出と同時に当座預金の減少で処理します。

【図表71　小切手を振り出したときの会計処理】

買掛金支払いのために、100,000円の小切手を振り出した。	
（借方）買掛金　　　100,000	（貸方）当座預金　　　100,000

　ただ、受取人が小切手をすぐに銀行に持ち込まないで手許に持ったままになっている場合（これを、未取付小切手といいます）には、会社の帳簿は減少させていますが、当座預金口座からは引き落としされていませんので、当座預金の帳簿残高と当座勘定照合表（銀行残高）に差異が生じることになります。

♣線引小切手の処理は

　小切手に線を2本入れれば、「線引小切手」といって、現金化するためには預金口座を経由して取り立てなければならない小切手（銀行渡りといいます）となります。

　小切手の左または右の肩に斜めに二本の平行線を引きます。

　線引小切手にしておけば、紛失や盗難があっても、直接銀行へ持ち込んで現金化されることがありませんので、安全です。小切手を使って当座預金から現金を引き出す必要のない会社では、小切手帳を購入したときにすべて線引小切手にしておきます。

　また、受け取った小切手が線引されていないときには、すぐに線引します。

♣小切手を受け取ったときのチェックポイントは

　小切手を受け取ったときは、小切手の絶対的記載事項（図表71）がもれな

く記載されているかどうかチェックします。

♣小切手を受け取ったときの会計処理は

小切手は、銀行に持っていけばすぐに換金できますので、他人が振り出した小切手は現金として処理します。

【図表72 小切手を受け取ったときの会計処理】

売掛金100,000円が小切手で回収された。	
（借方）現金　100,000	（貸方）売掛金　100,000

♣小切手の支払呈示期間は

小切手を受け取ったら、10日以内に支払人の金融機関に呈示しなければなりません。この10日間のことを支払呈示期間といいます。支払呈示期間は、小切手の振出日の翌日から数えて10日間で、末日が金融機関の休業日の場合はその翌営業日まで延長されます。

この呈示期間が過ぎてから金融機関に持ち込んだとしても、振出人が支払いを拒絶しない限り支払いを受けることはできますが、あくまでも呈示期間内に呈示することが原則です。振出人が支払いを拒絶した場合には、その小切手は不渡りとなってしまいます。

取立の依頼は、会社の口座のある銀行であればどこででも受け付けてくれます（Q10参照）。できるだけ早く金融機関に持ち込むように心掛けるようにしましょう。

♣先日付小切手の処理は

先日付小切手は、振出日に将来の日付を書いた小切手のことです。小切手は「一覧払い」といって、支払期日がなく、銀行に持ち込めばすぐに換金されるものです。先日付小切手であっても銀行に持ち込めば、換金されます。

取引先との信頼関係から、将来の日付が来るまでは、取立に出さないのが慣習のようですが、こちらが振り出すときには相手によく事情を説明し、将来の日付まで待ってもらえるようにしておかなければなりません。

先日付小切手は、現金ではなく、受取手形として処理します（図表73）。

【図表73 先日付小切手の処理】

売掛金100,000円が先日付小切手で回収された。	
（借方）受取手形　100,000	（貸方）売掛金　100,000

Q34 手形を振出・受け取ったときの処理は

A 手形は、手形用紙に必要事項を記入して振り出します。
手形を受け取ったときには、必要事項がもれなく記載されていることを確認します。
　支払手形、受取手形とも、手形記入帳に記入して期日管理を行います。

♣手形の振出は

　手形の振出は、当座取引をしている銀行が交付した手形用紙を利用します。手形用紙は統一手形用紙といって、全国銀行協会連合会が様式を定めています。手形に記載すべき事項（絶対的記載事項）は、統一手形用紙にあらかじめ印刷されているものもありますが、図表74の8項目です。

　図表74の項目に記載漏れや記載ミスがあると、手形は無効となってしまいます。

【図表74　約束手形の絶対的記載事項】

①	約束手形であること	約束手形であることを示す文言と支払いを約束する文言の記載ですが、手形用紙に印刷されていますので、振出人が記載する必要はありません。
②	金額	アラビア数字を用いる場合には、チェックライターを用いなければなりません。手書の場合には漢数字（壱、弐、参‥‥）を使います。金額を訂正した手形は無効になります。
③	受取人の名前	受取人の氏名を書かずに渡し、受取人に記載してもらっても差し支えありません。
④	支払期日	手形金額が支払われる日（決済日）を記入します。
⑤	支払地	手形用紙にあらかじめ印刷されているため、振出人が記載する必要はありません。
⑥	振出日	手形の振出日を記載します。振出日が支払期日より後の日付になっている手形は無効です。
⑦	振出地	統一手形用紙では、住所地と並べて印刷されていますので、振出人の住所が振出地となるようになっています。
⑧	振出人の署名	署名と銀行への届出印の押印が必要です。会社の場合には、会社名、代表者の肩書、代表者の氏名、代表者印の押印が必要です。

　小切手と同様、手形に必要事項が、もれなく、正確に記載されているかどうか経理責任者がチェックし、銀行の届出印を押します。本体と手形帳の控

（ミミ）に割印をし、ミミは手形帳につけたまま保管します。
　手形を相手に渡すときには、必ず領収書と引換えに渡すようにします。郵送による場合には、必ず領収書を郵送してもらうようにします。

♣手形を書き損じたときの処理は
　手形を書き損じた場合は、小切手と同様に、悪用を防ぐため使用できないように処理します。
　手形の番号部分を切り取ってミミに貼り付けるとともに、本体部分に書損じと記載し×印を付ける、押印してしまった場合には印鑑部分を塗りつぶす、といった処理をし、手形帳から外れてしまわないようにホッチキスで止めておきます。

♣支払手形記入帳の利用は
　支払手形記入帳は、支払手形の補助簿で、支払手形の振出日、支払先、決済日等必要な事項を記載するものです。
　支払手形は、小切手と違って振り出してから２～３か月後に当座預金から決済されます。そのときに当座預金口座の資金が不足していると、手形の不渡事故が発生し、実質的に倒産してしまうことになります。支払手形記入帳を活用すると、いつ、いくらの手形が決済されるか、管理することができ、資金繰りを計画することができます。

【図表75　支払手形記入帳の例】

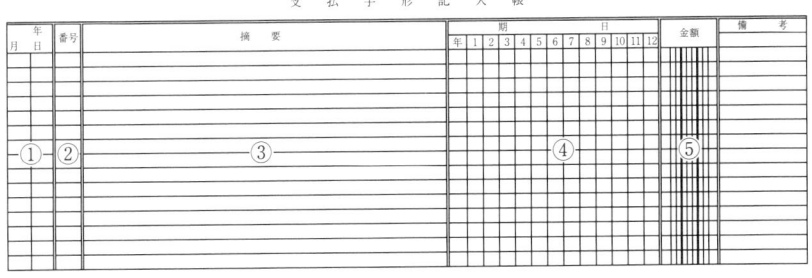

年月日	番号	摘要	期日（年1 2 3 4 5 6 7 8 9 10 11 12）	金額	備考
①	②	③	④	⑤	

　市販の手形記入帳を活用してもよいですが、支払手形記入帳での重要項目は、①手形振出日、②手形番号、③摘要（振出先）、④支払期日、⑤金額の５項目です。図表75のように、自社に必要な事項だけを記載するシンプルなものが使いやすいように思います
　手形を発行する金融機関（口座）が複数ある場合には、各口座で必要とな

る資金が明確にわかるように、口座ごとに記帳するようにします。

♣支払手形を振り出したとき・支払手形が決済されたときの会計処理は

支払手形を振り出したとき、支払手形が決済されたときの会計処理は、図表76のようになります。

【図表76　支払手形の会計処理】

① 振出時：買掛金500,000円を手形で支払った。 　　（借方）買掛金　　　　　500,000　　（貸方）支払手形　　　500,000 ② 決済時：上記の手形が支払期日となり、決済された。 　　（借方）支払手形　　　　500,000　　（貸方）当座預金　　　500,000

♣手形を受け取ったときのチェックポイントは

支払手形振出時のチェックポイントは、手形受取時のチェックポイントともなります。

手形を受け取る際には、図表76の記載要件がもれなく記載されているかどうか確認が必要です。

さらに、図表77のような手形は要注意で、受け取ってはいけません。

【図表77　要注意の受取手形】

① 有害的記載事項のある手形	その文言があることにより、手形全体が無効となってしまう記載事項というのがあります。例えば、「商品の到着と引替えに支払う」とか「3回分割払い」といった文言です。 このような手形を発行する先は、始めから支払うつもりなどないかもしれません。
② 裏書が不連続な手形	Q36で説明しますが、手形は裏書することにより流通していくものです。受取人から被裏書人、また、その被裏書人と裏書が連続していれば問題ありませんが、裏書が連続していない場合には、たとえ手形をもっていても手形権利者として推定されなくなり、支払いを受けられなくなる恐れがあります。
③ 裏書手形	振出人が得意先でない場合、振出人が得意先の得意先であるかどうか、実態のある会社かどうか確認する必要があります。
④ サイトの長い手形	振出日から支払期日までの期間が長い手形は不渡りになる危険性が高いのです。

♣手形の現物管理は

営業担当者は、手形を回収するとすぐに経理部門に渡します。

経理部門では手形は、金庫で厳重に保管しますが、安全のために、なるべく早く取り立てに出すようにします。

なお、裏書は、取立に出すまで行ってはいけません。

♣受取手形記入帳の利用は

受取手形の残高を把握するために、受取手形記入帳に記帳します。受取手形記入帳の一般的な様式は、図表78のとおりです。

また、受取手形は資金化するまで、何か月か要します。資金繰りのためにも記入帳への記入は必要です。受取手形は、裏書したり割引くことによって期日前に支払手段としたり、資金化したりすることはできますが、最終的には期日までは決済されません。

そこで、期日管理のために、受取手形記入帳の作成が必要です。

【図表78 受取手形記入帳の例】

（手形を受け取った日）（手形番号）（手形を振り出した日）（平成20年10月31日の場合は次のように記載します）（取立・割引・裏表の別に記載します）

受取手形記入帳

| 年月日 | 番号 | 摘要 | 手形種類 | 振出人裏書人 | 支払人 | 手形日付 | 支払地 | 支払場所 | 期日 | 金額 | 備考 月日 摘要 |

♣受取手形の会計処理は

手形を受け取ったとき・受取手形が決済されたときの会計処理は、図表79のようになります。

【図表79 手形を受け取ったときの会計処理】

① 受取時：売掛金1,000,000円を手形で回収した。
　（借方）受取手形　1,000,000　　　　（貸方）売掛金　1,000,000
② 決済時：支払期日となり、受取手形が決済された。
　（借方）当座預金　1,000,000　　　　（貸方）受取手形　1,000,000

♣印紙税の問題

手形の発行には印紙税がかかります。印紙税は手形の金額によって異なります（図表80）。印紙税を節約するために、手形を何枚かに分割して発行することがあります。

例えば、1,200万円支払うために手形を発行する場合には、1枚の手形とすると2,000円必要になりますが、1,000万円と200万円の2枚の手形であれば1,400円ですみます。

【図表80 手形発行にかかる印紙税】

100万円以下	200円
200万円以下	400円
300万円以下	600円
1,000万円以下	1,000円
2,000万円以下	2,000円

Q35 受取手形を裏書・割引したときの処理は

A 手形は、裏書することによって仕入代金の支払いに充てたり、銀行で割り引くことによって資金を調達したりすることができます。
裏書や割引は、会計処理上、受取手形の減少として扱われますが、決済日まで管理が必要です。

♣ 手形の裏書というのは

手形を受け取った場合、期日まで持っていれば資金化されますが、これを手形の裏書といいます（図表81、82）。手形の裏面に必要事項を記入し、署名・押印して、仕入先に渡します。自分の仕入代金の支払いに充てることもできます。

【図表81　手形の裏書譲渡】

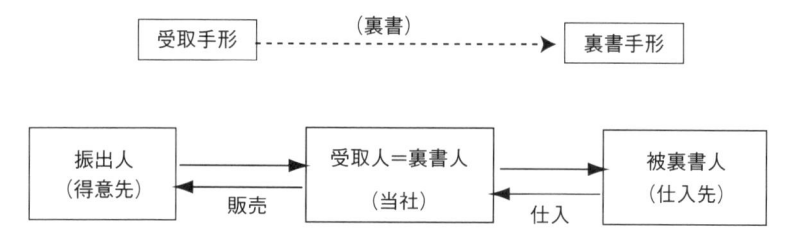

```
受取手形 ------(裏書)------> 裏書手形
```

```
振出人           受取人=裏書人         被裏書人
(得意先)  →販売→  (当社)    ←仕入←   (仕入先)
```

【図表82　手形の裏面】

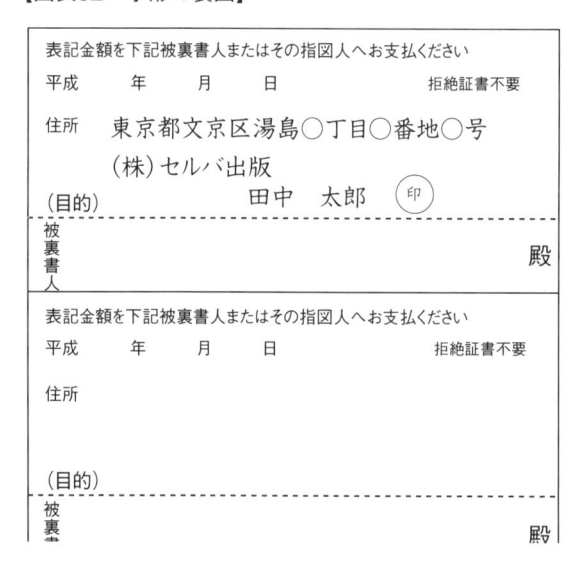

```
表記金額を下記被裏書人またはその指図人へお支払ください
平成　　年　　月　　日　　　　拒絶証書不要
住所　東京都文京区湯島○丁目○番地○号
　　　(株)セルバ出版
(目的)　　　　田中　太郎　㊞
------------------------------------------------
被裏書人　　　　　　　　　　　　　　　　殿

表記金額を下記被裏書人またはその指図人へお支払ください
平成　　年　　月　　日　　　　拒絶証書不要
住所
(目的)
------------------------------------------------
被裏　　　　　　　　　　　　　　　　　　殿
```

書人	
表記金額を下記被裏書人またはその指図人へお支払ください	
平成　年　月　日	拒絶証書不要
住所	
（目的）	
被裏書人	殿
表記金額を下記被裏書人またはその指図人へお支払ください	
平成　年　月　日	拒絶証書不要
住所	
（目的）	
被裏書人	殿
表記金額を受取りました	
平成　年　月　日	
住所	

♣ **裏書手形の会計処理は**

所有している手形を譲渡しましたので、支払手形の増加ではなく、受取手形の減少で処理します。

【図表83　裏書手形の会計処理】

① 裏書手形で買掛金1,000,000円を支払った。
（借方）買掛金　　　1,000,000　　　　　　　（貸方）受取手形　　1,000,000
ちなみに、裏書手形を受け取ったときは、「受取手形」で処理します。
② 売掛金1,000,000円を裏書手形で回収した。
（借方）受取手形　　1,000,000　　　　　　　（貸方）売掛金　　　1,000,000

♣ **手形の割引というのは**

受取手形を決済まで待たずに、金融機関に裏書譲渡し、資金化することを手形の割引といいます。

銀行に手形を割り引いてもらう際に、一定の利息を取られます。この利息のことを「割引料」といいます。銀行としては、期日まで現金化できません

ので、手形を担保に企業にお金を貸しているのと同じことになるのです。

銀行は、手形金額から割引料を差し引いて、残額を当座預金に入金します。利息は、割り引いてもらった日から手形の支払期日までの分です。

【図表84　手形の割引】

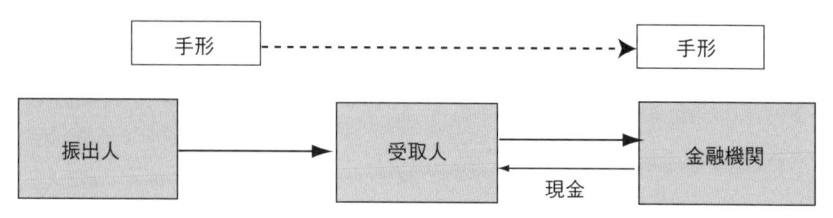

```
            手形  - - - - - - - - - - - - - - - >  手形
        ┌──────┐         ┌──────┐         ┌──────────┐
        │振出人│ ──────> │受取人│ <────── │金融機関  │
        └──────┘         └──────┘   現金   └──────────┘
```

♣割引手形の会計処理は

手形代金よりも低い価額で手形を売却したことになりますので、割引料相当額の「手形売却損」が生じることになります（図表85）。

【図表85　割引手形の会計処理】

3月31日期日の受取手形1,000,000円を、2月1日に割引に出した（割引率は4％）場合、処理は次のとおりとなります。

（借方）当座預金　　　993,535　　　　　（貸方）受取手形　　1,000,000
　　　　手形売却損　　　6,465

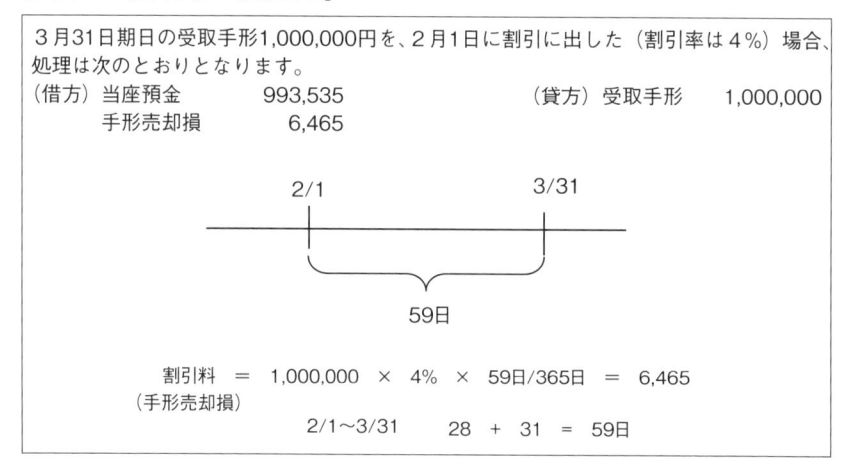

```
           2/1                    3/31
    ───────┼──────────────────────┼───────
           └──────────┬───────────┘
                     59日
```

　　割引料　＝　1,000,000　×　4％　×　59日/365日　＝　6,465
（手形売却損）
　　　　　　　2/1〜3/31　　28　＋　31　＝　59日

♣決済日までは管理が必要

手形を裏書したり割り引いたりしても、その手形については、最終決済されるまで安心できません。手形の振出人に支払資金がない場合には、裏書人に支払義務が生じるからです（Q37参照）。

貸借対照表を作成しても、裏書手形・割引手形はどこにも計上されることはありません。

しかし、不渡りになった場合にはその手形金額を支払わなければならないというリスクはあります。その情報を、貸借対照表に注記情報として載せなければなりません。

Q36 手形が不渡りになったときの処理は

A 手形が不渡りになったということは、振出人が資金不足となっているということです。直ちに、新規の取引を中止し、被害の拡大を防ぎます。
手形が不渡りになったからといって、すぐに資金回収を諦めることはありません。振出人や裏書人に対して、手形金額の請求していくこととなります。

♣手形の不渡りというのは

手形の不渡りとは、振出人に決済資金がなく、手形の決済ができないことをいいます（手形のしくみについては、Q11参照）

振出人の銀行に手形が回されたとき、振出人の口座に決済資金があれば無事決済されますが、決済資金がない場合には、手形を取立に出した人（受取人）に、手形が返却されてきます。この手形が不渡手形といわれるもので、「資金不足」「銀行取引なし」などと書かれた付箋が貼られています。

2回不渡りを出すと、その会社は銀行取引が停止となり、もはや通常の取引は困難となります。事実上の倒産です。

♣受取手形が不渡りになったときは

振出人が直接取引の相手先であった場合、一度手形が不渡りとなれば、次の手形も不渡りとなるケースが多いので、振出人との取引を中止し、被害が拡大するのを防がなければなりません。

特に、何の前触れもなく手形が不渡りになったような場合には、営業部門では問題を把握していないことが考えられます。経理から営業部門にすぐに連絡を入れて対応しなければなりません。

また、振出人に買掛金などの未払いの債務がある場合には、支払いをストップするといった措置も必要です。

♣返還された手形による請求は

不渡手形は付箋を貼られて戻ってきます。取引先が直接の振出人である場合には、資金不足となっていますので、その手形からの資金回収は難しいと考えられます。

不渡りになった手形が裏書された手形であった場合には、裏書人に対して請求できます。

まず、直前の裏書人（自社の取引先）に対して手形を提示し、手形の金額を請求することができます。裏書が複数の場合、どの裏書人に対しても請求することができます。裏書人から手形金額が回収できた場合には、その裏書人に不渡手形を返します。

手形は、不渡りが発生すれば直ちに資金回収ができなくなるというわけではありませんので、単なる紙切れとして捨てるのではなく、大切に保管し、請求できる先に対して請求を行っていくことが大切です。

手形の請求は3年間可能ですので、じっくりと請求していくことが必要です。

♣不渡手形の会計処理は

受取手形が不渡りになったときには、もはや通常の営業サイクルにある債権ではありませんので、会計上も別に取り扱います。

【図表86　受取手形が不渡りになったとき】

（借方）	不渡手形	1,000	（貸方）	受取手形	1,000

決算時に、回収が長期にわたると考えられる場合には、その他投資の内訳として、破産更生債権で処理します。回収が困難と考えられる場合には、貸倒引当金の計上も必要になります。

【図表87　回収が長期にわたるとき】

（借方）	破産更生債権	1,000	（貸方）	不渡手形	1,000

不渡手形が最終的に貸倒れてしまった場合には、図表89の処理をします。

【図表88　最終的に貸倒れてしまったとき】

（借方）	貸倒損失	1,000	（貸方）	破産更生債権	1,000

♣割引手形が不渡りになったときは

割引に出した手形が不渡りになった場合には、銀行から買戻しを請求されますので、その金額だけ資金を手当する必要があります。

割引手形が不渡りになった場合にも、振出人と裏書人に対して請求を行って手形金額の回収を図るとともに、取引中止などの債権保全手続をすすめます。

Q37 小切手・手形を紛失等したときの対応は

A まず、振出人に、支払銀行へ事故届を提出してもらい、当該小切手・手形の支払いを拒絶してもらうことが必要です。受取手形の場合には、裁判所に公示催告の申立を行い、除権判決を経てはじめて手形の権利を主張できるようになります。

♣小切手・手形を無効にする

受け取った小切手や手形は、紛失や盗難といった事故が発生しないよう、厳重に金庫に保管したうえで、なるべく早く銀行に取立に出さなくてはなりません。

紛失したり、盗難にあったりした場合には、その手形・小切手が無効にならない限り、得意先等振出人から改めて小切手や受取手形を発行してもらうことはできません。

なぜなら、その小切手・手形がどこかで流通し、誰かの手に渡り、その人に換金されてしまう可能性があるため、振出人には二重払いの危険があるからです。

♣小切手を紛失等したときは

小切手の場合には、銀行に持っていけばすぐに換金されますので、まず、支払銀行へ事故届を出してもらい、支払いを拒絶してもらわなければなりません。警察への届出も行います。

小切手の場合は、呈示期間（Q34参照）が経過すれば振出人に支払義務がなくなりますので、手形の場合のように、公示催告や除権判決は必要ありません。

♣小切手を受け取ったら線引を

小切手は、受取手形と違って、銀行の窓口に持っていけばすぐに現金が引き出されてしまいます。

線引小切手は、現金化するためには預金口座を経由して取り立てなければならない小切手です（Q34参照）。小切手を回収してきたらすぐに線引小切手にして、万が一盗難にあったり、紛失したりした場合でも、現金で引き出されるリスクをなくしておくことが大事です。

♣手形を紛失等したときは公示催告と除権判決

手形を紛失した場合には、まず、支払銀行と警察へ届け出ることが必要です。

その後、公示催告の申立を行い、除権判決を経てはじめて、手形は無効となります。そして、手形を紛失した人は、手形なしでも手形の権利を行使できるようになります。

なお、公示催告中に、手形の所持者が現れた場合には、その所持者と紛失者といずれが正当な権利者であるかが、裁判によって争われることとなります。

この場合、所持人が何も知らずにその手形を取得していたと主張する場合（善意の第三者といいます）、紛失者の側で所持者に悪意または重過失があったことを立証しなければなりません。

【図表89　手形を紛失したときの対応】

①	支払銀行への事故届の提出を依頼する	振出人から、振出人の取引銀行である支払銀行に対して事故届を提出してもらい、当該手形の銀行での支払いを拒絶してもらいます。 銀行と契約しているのは、あくまでも振出人ですから、紛失した受取人から支払いを拒絶してもらうように依頼することはできこのとき、振出人は、支払銀行に異議申立預託金を積んでおかません。 なければなりません。 もし、支払期日に手形の呈示がなされた場合に資金がなければ、不渡りとなってしまいます。 公示催告前に、振出人にこの手続も依頼しておく必要があります。
②	警察へ届け出る	所轄の警察へ紛失等の届けを行い、遺失受理証明書（または盗難証明書）を発行してもらいます。 この書類は、③の公示催告手続で必要になります。
③	公示催告手続	手形の支払地を管轄する簡易裁判所に公示催告を申し立てます。 公示催告とは、「この手形は紛失したものなので、所持人は届け出てください。届出がない場合にはこの手形は無効となります。」という内容の告知（公告）を行うことをいいます。 裁判所の掲示板や官報、広報、新聞に公告されます。
④	除権判決	6か月間の公示催告ののち、裁判所が手形を無効とする除権判決をします。 除権判決により、手形は無効となり、手形を紛失した人は、手形なしでも手形の権利を行使できるようになります。

Q38 賞与からの保険料控除と納付処理は

A 賞与からも社会保険料の控除は必要です。
労働保険料（雇用保険料のみ）も控除が必要です。

♣賞与からの控除額は

賞与からも社会保険料の控除は必要です。

控除する額は、賞与の支給額の1,000円未満を切り捨てた額（標準賞与額）に、保険率を掛けて求めます。

なお、保険料率については、通常の給与と同じです。

【図表90　賞与にかかる保険料を控除したとき】

賞与5,000,000円、社会保険料500,000円、住民税500,000円を控除して、支払った。
（借方）賞与手当　　5,000,000　　　（貸方）預り金（社会保険料）　　500,000 　　　　　　　　　　　　　　　　　　　　　　預り金（住民税）　　　　500,000 　　　　　　　　　　　　　　　　　　　　　　現金預金　　　　　　　4,000,000

♣賞与支払届の提出と納付は

賞与を支払った日から5日以内に、社会保険事務所に「健康保険・厚生年金保険被保険者賞与支払届」と「健康保険・厚生年金保険被保険者賞与支払届総括表」を提出します。

作成にあたっては、被保険者ごとに賞与額の1,000円未満を切り捨てた額を記載します。

賞与支払届等の提出後、賞与にかかる保険料と一般保険料が合算された納入告知書が社会保険事務所から送付されてきますので、毎月の保険料と同様に納付します。

【図表91　賞与にかかる保険料を納付したとき】

上記社会保険料500,000円を納付した。
（借方）預り金（社会保険料）500,000　　　（貸方）現金預金　　　　500,000

♣労働保険料の取扱いは

賞与からの雇用保険料は、毎月の給与計算と同様の方法で控除し、年1回、年度更新の際に申告して納付します。

Q39 報酬・料金の支払処理は

A 報酬料金についても、源泉徴収が必要になります。源泉徴収を差し引いた残額を支払い、翌月10日までに納付します。

♣源泉徴収が必要

会社は、弁護士や税理士、司法書士などの専門家を利用する場合があります。

このような社外の人に支払う報酬料金についても源泉徴収の対象となり、報酬・料金支払いの際に源泉徴収をする義務があります。

主な報酬・料金についての源泉徴収は、図表92のような税率を用いて行うことになります。

【図表92 社外の人に支払う報酬料金からの源泉徴収】

報酬・料金の種類	税率
① 原稿料、デザイン料、講演料、工業所有権の使用料	10% ただし1回の支払いが100万円を超える場合には、超える部分については20%。
② 弁護士・公認会計士・税理士・社会保険労務士等の業務に関する報酬・料金	
③ 司法書士・土地家屋調査士等の業務に関する報酬・料金	（支払報酬-1万円）の10%

♣報酬・料金を支払ったときの会計処理は

図表93は、報酬・料金を支払った際の仕訳のしかたです。

【図表93 報酬・料金を支払ったときの会計処理】

① 顧問税理士に対して、105,000円（消費税額5,000円）を支払った。
 （借方）顧問料　　　　100,000　　　（貸方）現金預金　　　94,500
　　　　仮払消費税　　　5,000　　　　　　　預り金　　　　10,500
 源泉所得税は、105,000×10％＝10,500円
② 契約書等で、消費税額が明記されている場合には、源泉所得税は100,000×10％＝10,000で、
 （借方）顧問料　　　　100,000　　　（貸方）現金預金　　　95,000
　　　　仮払消費税　　　5,000　　　　　　　預り金　　　　10,000
 となります。

Q40 役員退職金の支払処理は

A 役員退職金の支払いには、株主総会の決議が必要です。
実際には、取締役会に委任され、会社の内規によって計算された金額が支給されることが多いです。

♣役員退職金の金額の決定方法は

役員退職金は、役員退職慰労金といわれ、取締役・監査役が会社を退職するときに、役員の在任中の職務の執行に対する対価として支払われます。会社法上、役員報酬に該当しますので、支給するには、定款で定めるか、株主総会の決議を必要とします。

実務的には、定款で定めることはせず、株主総会の決議によるのが一般的です。株主総会の決議による場合でも、役員退職慰労金規定等の内規がある会社では、取締役会に支給金額と支給方法を一任するケースが多いです。

内規や慣行のない会社では、退任する役員ごとに金額をそのつど決定することになります。

♣税務上の取扱いは

税務上、どのようにしてこの額が決定されたか、ということを示せなくてはなりません。株主総会議事録を作成し、株主総会の決議に基づいた支給であることを示す必要があります。

金額の決定方法としては、退職時の報酬月額に役員の在任期間を乗じ、さらに一定の係数（功績倍率）を乗じて求められるケースが多いです。

役員退職金＝退職時の報酬月額×在任期間×功績倍率

過大と判断されないようにするため、役員退職慰労金規程を設けて、功績倍率等をあらかじめ定めておくことが望ましいです。

税務上、株主総会決議のあった事業年度または支払い日の属する事業年度の損金とすることができます。

♣中小企業でのメリットは

中小企業の多くは、同族会社で、会社の経営と同時に個人の財産形成や税金等についても合わせて、トータル的な判断が必要となってきます。

創業者が役員を退き、後継者に会社を任せるにあたって、「事業承継」の問題が生じます。創業者の保有する株式を後継者に引き渡し、会社の意思決定権限を引き継がせることですが、株式の譲渡には、譲渡税がかかるといった問題が発生します。

株式は基本的に会社の純資産（資産－負債）で評価されます。役員退職金を支給すると、それだけ会社の資産が減少することになりますので、株式の評価額が下がることになります。

役員退職金には、図表94のメリットがありますので、事業承継に役立てたいところです。

【図表94　役員退職金の支給メリット】

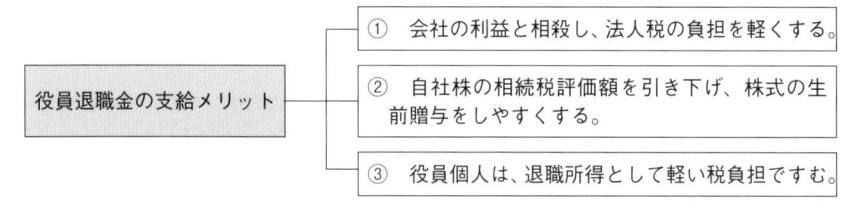

役員退職金の支給メリット
- ① 会社の利益と相殺し、法人税の負担を軽くする。
- ② 自社株の相続税評価額を引き下げ、株式の生前贈与をしやすくする。
- ③ 役員個人は、退職所得として軽い税負担ですむ。

♣資金繰りを悪化させない

役員退職金は、法人税の負担を軽くしたり、事業承継を円滑に行えるようにしたりとメリットがありますが、一番問題となるのは支給する原資をいかにして賄うかという点です。

退職金支給のために借入をしたり、運転資金を使ったりすると、今後の営業活動に事象が生じることになります。

役員退職金の支給を見越して内部に資金を留保させておくことが必要ですが、毎期税金を支払った後で資金をためることは大変です。そこで、よく利用されるのが、生命保険を利用する方法です。役員退職慰労金の支給時期を見越して生命保険の満期返戻金が入金するようにしておきます。

♣役員退職慰労金を支給したときの会計処理は

役員退職慰労金についても、従業員の退職金と同様、所得税・住民税を源泉徴収した額を支給します。

【図表95　役員退職慰労金を支給したときの会計処理】

役員退職慰労金10,000,000円、所得税及び住民税500,000円を控除して支払った。
（借方）役員退職慰労金　10,000,000円　　　　　　（貸方）預り金　　　500,000 　　　　　　　　　　　　　　　　　　　　　　　　　　　現金預金　9,500,000

4 7月の「経理」事務

　新たに7月の事務となる労働保険の年度更新手続き、最も重要な業務である売上取引に関する経理業務として、売上取引の概要の把握、売上計上から、請求、債権管理まで経理担当者として必要な仕事のポイントについてまとめています。

Q41 労働保険料の計算のしくみと納付処理は

> 労働保険は、労災保険と雇用保険の2つの総称です。
> 雇用保険は、本人負担と事業主負担がありますが、労災保険は全額事業主負担です。
> 1年間の給与額をもとに概算納付しておき、年間給与額が確定した段階で精算します。

♣労働保険というのは

　労働保険は、労働者災害補償保険（労災保険）と雇用保険の2つの総称です。

　労災保険とは、就業中あるいは通勤途中におきた病気やけが、あるいは、仕事が原因でおきた病気やけがに対する補償を目的とする保険制度です。労災保険は、労働者であれば、正社員はもちろん、パート・アルバイトも、違法就労の外国人までもが被保険者となります。

　雇用保険は、労働者が失業した場合に、生活を安定させるために一定期間生活費を支給することを目的にした保険制度です。被保険者は、役員を除く従業員となります。

　労働保険（労災保険・雇用保険）は、厚生労働省の所管で、労災保険は労働基準監督署が、雇用保険は公共職業安定所が窓口になります。

♣労働保険の対象となる給与は

　労災保険・雇用保険は、4月から翌年3月までに支払った給与総計に労災保険率と雇用保険率を合計した保険料率を乗じて計算します。

　労働保険料の対象となる賃金の範囲は、図表96のとおりです。

【図表96　労働保険の対象となる給与】

算入するもの	算入されないもの
時間外手当、賞与、通勤手当、休業手当	役員報酬、退職金、出張旅費、休業補償

♣労災保険の計算は

　労災保険料は、全額事業主負担です。

　保険料率は、業種により異なります。都道府県労働局から送られてくる申告書に保険料率が記載されています。

♣雇用保険料の徴収は

　雇用保険は、被保険者と事業主が負担します。

　保険料率は、業種により異なります。雇用保険も送られてきた申告書に記載されています。

♣労働保険料の納付は

　労働保険の申告手続のことを年度更新といいます。20年度分については4月1日から5月20日までの間に行います。21年度分の年度更新から申告・納付期限が、6月1日から7月10日までの間に変更になります。

　労働保険は、保険年度のはじめに向こう1年間の保険料について概算で賃金総額をもとに計算して納付（一定額以上の場合は、年3回の分割納付もできます）します。翌年に賃金総額が確定した段階で、保険料を精算することになります。

　概算保険料よりも確定保険料のほうが多ければ翌年の1期目の保険料に不足分を上乗せして支払い、概算保険料よりの確定保険料が少なければ、翌年の確定保険料に充当されます。

♣労働保険料の会計処理は

　労働保険料で会社が負担する部分は、法定福利費で処理します。

　従業員が負担する部分は、1年分を先に納付しますので、納付したときには立替金で処理しておきます。

　毎月の給与から天引で徴収する際に、立替金を回収するよう会計処理します。

【図表97　労働保険料を徴収・納付したときの会計処理】

```
① 納付時
　労災保険料500,000円（全額会社負担）及び雇用保険料を480,000円（会社負担分
　240,000円、従業員負担分240,000円）を支払った。
　（借方）法定福利費　　　740,000　　　　　（貸方）現金預金　　　　980,000
　　　　　立替金（雇用保険料）240,000
② 徴収時
　雇用保険料を、毎月の給与から徴収する。
　　　（借方）給与　　　5,000,000　　　　（貸方）現金預金　　　4,500,000
　　　　　　　　　　　　　　　　　　　　　　　　預り金（住民税ほか）480,000
　　　　　　　　　　　　　　　　　　　　　　　　立替金　　　注　20,000

　注：240,000÷12か月＝20,000
```

Q41　労働保険料の計算のしくみと納付処理は

Q42 売上取引の流れ・経理の仕事は

A 売上取引の流れは、受注→出荷→売上計上→請求→回収となります。
経理の仕事は、出荷に基づく売上の計上と、売掛金の回収になります。

♣売上取引の流れは

売上取引は、会社の最も重要な業務です。一般的な物品販売を行っている会社では、売上取引は、図表98のような流れになっています。

物品販売のような、日常反復的に大量に行われる取引の場合、会社は自社の業務に適合した販売システムを構築しているところも多いです。

売上取引の中には、受注や出荷など経理部門が関与しない業務もありますが、売上取引は事業活動の要ですので、会社全体の業務を把握し、理解しておくことが大切です。

【図表98　売上取引の流れ】

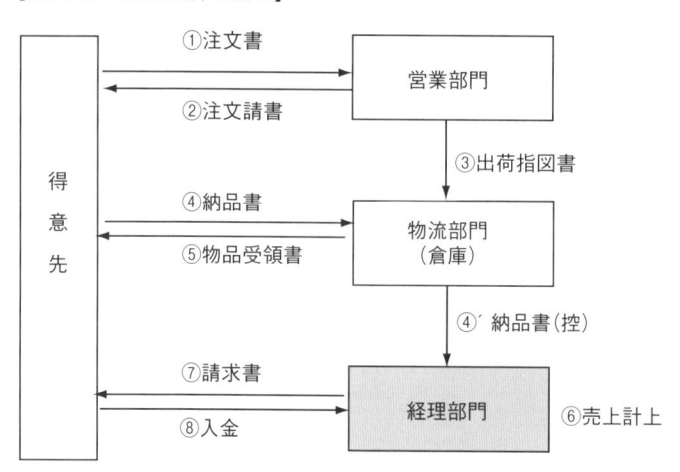

```
                    ①注文書
得    ←─────────────────→    営業部門
意         ②注文請書              │
先                                 │ ③出荷指図書
       ④納品書                    ↓
      ←─────────────────→    物流部門
       ⑤物品受領書            （倉庫）
                                   │
                                   │ ④′納品書（控）
                                   ↓
       ⑦請求書
      ←─────────────────→    経理部門      ⑥売上計上
       ⑧入金
```

♣受注というのは

営業部門で、得意先から注文書を入手し、注文を受けます。営業部門は、得意先に対し、注文請書を発行し、注文のあったこと、受注内容を確認します。

また、電話やファックスによる注文もあります。後日、注文について得意

先と問題が起こらないよう、受注の事実・注文内容を書面化しておくことが必要です。

得意先とデータ交換で受注する方法もあります。この場合は、受注から請求・回収に至るまで得意先と連動したデータで処理ができるため、事務処理の手間を省くことができます。

受注があっただけでは、経理処理は何もありません。

♣出荷というのは

得意先からの注文を受けて、営業部門は、倉庫部門に出荷指図書によって出荷の指示を出します。倉庫部門は、出庫伝票を発行し、製商品を出庫し、出荷の事実を営業部門と経理部門に報告します。

販売システムがあれば、倉庫部門が出庫データを入力することになります。

♣売上計上は

経理部門で、倉庫部門からの出庫のデータをもとに売上計上を行います。

【図表99 売上計上】

(借方) 売掛金 ××	(貸方) 売上高 ××

このように、出庫した時点で売上を計上するルールを出荷基準といいますが、売上計上のタイミングについてはQ44を参照してください。

♣請求は

得意先の締日になると、得意先に請求書を発行します。

請求書には、1か月間の売上がわかるように請求明細（出荷明細）を添付します。

♣代金回収は

売掛金の回収は、手形や振込みで行われるケースが多いです。受取手形は、銀行に取立依頼したり、割引や裏書により資金化することもあります。

【図表100 手形回収の経理処理】

① 受取手形による回収のとき 　（借方）受取手形　××	（貸方）　売掛金　××
② 振込みによる回収のとき 　（借方）現金預金　××	（貸方）　売掛金　××

Q42 売上取引の流れ・経理の仕事は

Q43 納品書・請求書の発行・整理のしかたは

> 納品書は、納品書（控）、物品受領書、請求明細とワンセットになって発行されます。
> 請求書は、納品書（控）や得意先元帳から作成します。
> 納品書（控）・請求書（控）は得意先ごとに、日付順に整理します。

♣納品書の発行のしかたは

　納品書は、出荷データをもとに、出庫の際に発行します。得意先名、納品日、納品する商品名、数量、単価、金額を記載します。

　納品書は、物品受領書、納品書（控）、請求明細等が複写式のワンセットになっていますが、社内で売上計上するための売上伝票がセットになっているものもあり、事務処理に便利なようにそれぞれの会計で工夫されています。

　納品書は得意先に渡します。物品受領書は得意先の受領印をもらい、商品の受渡しが行われたことの証拠書類として保管します。納品書（控）または売上伝票は、社内の売上証憑となります。請求明細は、得意先への請求書に添付されます。

♣納品書（控）の整理のしかたは

　納品書（控）は、商品を出荷したことを証明する重要な証憑になります。社内の売上計上のためだけでなく、後日、売上に関して得意先とトラブルになったときに必要となります。

　整理方法としては、得意先ごとに出荷日順に並べるのがわかりやすいです。

　また、納品書（控）と先方から返却された物品受領書も合わせて保管しておくことが望ましいです。物品受領書は、先方の検収印があるので、より強い証拠力を持つことになります。

　大企業に納品する場合などは、先方指定の納品書を使用するように要請されることがあります。この場合、先方の納品書を保管することになります。自社の納品書が出荷データから自動で作成されるのに、得意先に手書きで書き直して送ってこない場合には、不正防止のため、自社の納品書と先方へ送付した得意先の専用納品書を一緒に保管しておくことが望ましいです。

　納品書（控）の保管期間は、法人税法の規定によれば、原則7年です。

♣請求書の発行のしかたは

　締め日には、得意先の1か月間の納品書（控）を合計して請求書を発行します。
請求書の扉に請求明細を添付して請求します。請求書の扉には、当月請求額だけでなく、前月未入金との金額も合わせて請求できるようなフォームにしておくと、請求忘れ（請求もれ）が防げます。

　得意先元帳を作成している会社では、得意先元帳をもとに請求書を作成することができます。

　請求内容について、詳細を知っているのは担当の営業マンですが、担当者に任せるのは危険です。というのも、売上成績を伸ばしたいがために、実際以上の売上報告をし、請求は本来の額で行うといった不正が考えられるからです。

　請求内容の確認は営業担当者、請求書の発送は経理で行います。営業担当者が売上帳と異なった請求を行うよう希望したときは、その事情・営業責任者の承認を確認の上、請求書を修正して送付するようにします。

♣請求書（控）の整理のしかたは

　請求書（控）は、売上代金の回収に直接かかわるものですから、整理・保管に留意しましょう。

　後日、入金に関して先方とトラブルになったときや社内外での調査時などに、すぐに証拠書類として引き出せるように処理しておかなければなりません。

　整理方法は、得意先ごと（あいうえお順や担当者別、地域別）に、日付順に整理するのがわかりやすいと思います。

　請求書（控）の保管期間は、法人税法上7年となります。

♣請求用紙の管理は

　請求書を使った不正をできないようにしておくことも重要です。

　不正請求を防ぐのに最も有効な手段は、自社専用の請求用紙を作成することです。請求書には、入金口座をあらかじめ印字しておいて、会社の口座以外（例えば担当者の個人の口座など）に勝手に入金されないようにしておきます。また、訂正された請求書は無効である旨を印字しておくことも有効です。

　不正利用がないように、連番管理をしておきましょう。

Q43　納品書・請求書の発行・整理のしかたは

Q44 売上の計上のしかたは

A 売上計上は、商品やサービスの提供があったかどうかで判断します。
提供する商品やサービスによって、いくつかの売上計上基準があります。

♣売上計上基準というのは

しかし、商品やサービスの提供と現金の受取りは必ずしも一致するとは限りませんので、売上計上をいつにするかが問題となります。

前受金の形で先に現金を受け取ってから、商品やサービスを提供するようなケースあるいは、実際に商品やサービスを提供してから、半年以上先になって現金が回収されるケースでは、現金を受け取った時点で売上計上したのでは、実態をあらわしているとはいえません。

会計処理上、商品やサービスを提供し、請求する権利を得た時点で売上を計上することとされています。

♣売上計上基準の種類は

売上基準には、図表101のような基準があります。契約内容、取引形態などにより、もっとも適した基準を選ぶようにします。

【図表101　主な売上計上基準】

売上基準	説　　明
① 出荷基準 （商品の発送）	商品が工場や倉庫から得意先へ向けて出荷（発送）された日に売上を計上する方法。通常の商品販売では、この基準を用いるのが一般的です。
② 検収基準 （商品の検収）	得意先での品質・数量の検収をもって引渡しととらえ、先方の検収日に売上を計上する方法。大型機械などは、機械の据付けや試運転を行い、それに合格して初めて売上が計上できるという考えです。
③ 役務完了基準 （サービスの完了）	得意先へのサービスが完了した時点で売上を計上する方法です。
④ 工事完成基準 （工事の完成）	長期の請負工事では、工事が完成し、その引き渡しが完了した時点で売上計上します。工事の進行度合いに応じて売上を計上する、工事進行基準も選択することができます。
⑤ 回収基準 （代金の回収）	支払期日をもって売上に計上する。割賦販売の場合に認められる。

Q45 特殊な販売の処理は

販売形態は、業種によってさまざまです。特殊な販売形態をとっている場合には、通常の売上計上基準を適用すると不都合が生じる場合がありますので、別途売上計上基準が設けられています。

♣特殊な販売形態というのは

Q44で見たとおり、売上は、商品やサービスの提供を行った時点で計上されます。しかし、販売の形態には、図表102に示すような特殊な販売形態のものもあります。

特殊な販売形態について一般的な売上基準を適用すると、実態が適正に反映されなかったり、実務上煩雑であったりするため、特有の会計処理があります。

【図表102　特殊な販売形態】

項目		内容
①	委託販売	商品の販売を自社で行わず、第三者に商品を送り、手数料を支払って商品の販売を委託する販売形態。
②	試用販売	相手方に商品を送り、一定期間試用してもらったうえで、買い手に商品を購入するかどうか決定してもらう販売形態。
③	予約販売	あらかじめ顧客から購入の意思表示を受け、商品代金の一部または全部を受取り、後日商品の引渡しが行われる販売形態。
④	割賦販売	商品は引き渡しておき、分割払いで代金を回収する販売形態。

♣委託販売の売上基準は

委託販売というのは、商品の販売を自社で行わず、第三者に商品を送り、手数料を支払って商品の販売を委託する販売形態です。

【図表103　委託販売のしくみ】

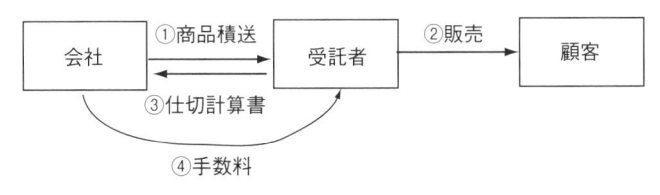

```
          ①商品積送          ②販売
  ┌────┐ ──────→ ┌─────┐ ──────→ ┌────┐
  │ 会社 │           │ 受託者 │           │ 顧客 │
  └────┘ ←────── └─────┘           └────┘
          ③仕切計算書
              ④手数料
```

委託販売では、原則として販売を委託された者（受託者）が委託品を販売

した日に売上計上をします。ただ、委託者が受託者の販売についてそのつど把握することは実務上困難な場合が多いと考えられます。

そこで、受託者の売上報告書（「仕切精算書」といいます）が委託者のもとに到着した日に売上計上することも認められています。ただし、恣意的に利益操作されないようにするため、仕切精算書が販売の都度送られてくることが採用の条件です。

なお、委託品は、受託者の手許にありますが、所有権は委託者が保有したままになります。受託者が販売できずに所有している商品は、委託者の貸借対照表に計上されることになります。委託品は「積送品」と呼ばれます。

【図表104　委託販売の会計処理】

```
①積送時
  委託先に商品1,000を積送した。
  （借方）積送品　　　1,000　　　　　　　　（貸方）仕入　　　　1,000
②売上計上時
  委託先が上記商品を1,200で販売した。販売手数料（売上の5％）を支払った。
  （借方）売掛金　　　1,200　　　　　　　　（貸方）積送品売上　1,200
  （借方）販売手数料　　60　　　　　　　　（貸方）現金預金　　　60
  （借方）仕入　　　　1,000　　　　　　　　（貸方）積送品　　　1,000
```

♣試用販売の売上基準は

試用販売とは、相手方に商品を送り、一定期間試用してもらったうえで、買い手に商品を購入するかどうかを決定してもらう販売形態のことをいいます。

商品を送った段階では、相手方が購入するかどうかはまだわかりません。相手方から商品を購入する意思表示を受けた時点で、売上を計上することになります。

【図表105　試用販売の会計処理】

```
①試送時
  得意先に商品1,000を試用目的で発送した。
  （借方）試用品　　　1,000　　　　　　　　（貸方）仕入　　　　1,000
②売上計上
  得意先が上記商品を1,200で購入することを決定した。
  （借方）売掛金　　　1,200　　　　　　　　（貸方）試用売上　　1,200
  （借方）仕入　　　　1,000　　　　　　　　（貸方）試用品　　　1,000
```

♣予約販売の売上基準は

予約販売とは、あらかじめ顧客から購入の意思表示を受け、商品代金の一部または全部を受け取り、後日商品の引渡しが行われる販売形態のことをい

います。

予約販売では、代金を受け取った時点では商品の引渡しが行われていません。商品の引渡しが行われた時点で売上が計上されます。

予約金受取額のうち、商品の引渡しが済んでいない分については、「前受金」として負債に計上されます。

【図表106　予約販売の会計処理】

```
①予約時
  予約金として500入金された。
  (借方) 現金預金    500         (貸方) 前受金    500
②売上計上時
  商品を1,200で販売した。
  (借方) 前受金     500         (貸方) 予約売上  1,200
        売掛金     700
```

♣割賦販売の計上基準は

割賦販売は、商品は引き渡しておき、分割払いで代金を回収する方法です。割賦販売においても、一般の販売と同様に商品を引き渡した時点で売上計上する「販売基準」が原則です。

ただ、割賦販売は、代金回収が長期間にわたる分割払いとなるため、代金回収のリスクが高くなります。このため、売上計上は慎重に行うことも認められています。

例外的な方法としては、「回収期限到来基準」と「回収基準」の2つがあります。

「回収期限到来基準」は、代金の回収期限が到来した日に売上計上を行います。「回収基準」は、代金が回収された日に売上計上を行います。

【図表107　割賦販売の設例】

1月に商品を1,000円、5回分割で販売、初回は1月末、以降毎月末200円ずつ回収するが、2月末分から回収ができずに3月の決算を迎えた場合、それぞれの基準での売上は次のようになります。

	販売基準	回収期限到来基準	回収基準
販売時点	1,000	—	—
1月末	—	200	200
2月末	—	200	—
3月末	—	200	—
当期合計	1,000	600	200

Q45　特殊な販売の処理は

Q46 返品・値引をしたときの処理は

A 売上返品・値引があったときには、売上を取り消す処理をし、売掛金を減額させます。
売上返品・値引は、その理由と金額、日付を明確にした報告書を担当者に作成させ、責任者の承認を受けた上で、処理しなければなりません。

♣売上返品の処理は

　売上が計上されたのち、販売した商品が返品されたり、販売価格の値引を要求されたりと売上の減額が発生することがあります。

　売上返品とは、販売した商品が品違いであったり、不良品であったりした場合に、得意先から返品されることをいい、「売上戻り」ともいいます。

　返品された商品は、通常の在庫品とは区分して保管され、倉庫担当者によって返品の検収が行われます。倉庫担当者は、返品された商品とその理由を確かめ、営業担当者に返品されたことを報告します。

　営業担当者は、返品を受け入れるかどうかを得意先と交渉して、返品を受け入れる場合には、売上をマイナスする伝票（赤伝）を起票します。

　売上返品の処理が遅れると、得意先への請求の締めに間に合わず、売上返品修正前の請求書が送られることになります。

【図表108　売上返品の取引の流れ】

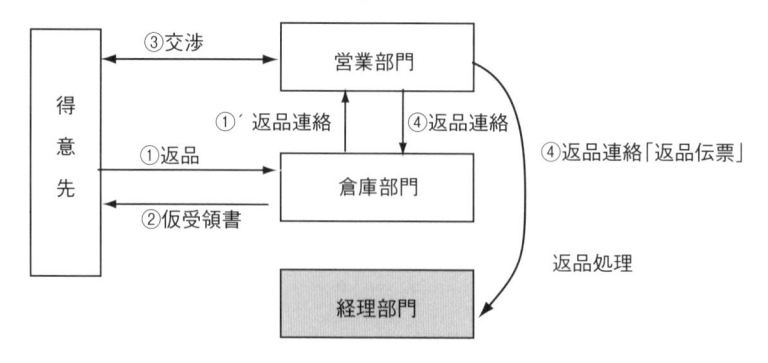

♣売上返品の処理は

　売上返品されたときは、売上を取り消す処理をします。

【図表109　売上返品の処理例】

得意先から商品100,000円が返品された。			
（借方）売上　　100,000		（貸方）売掛金　　100,000	

♣売上値引の処理は

　売上値引とは、販売した商品に傷や破損、品質不良、量目不足があったり、契約した納期までに商品を納められなかったりした場合に、得意先から販売価格を値引するように要求され、それにより売上金額を減額するものです。

　売上値引についても、売上を減額する赤伝票がきられますが、売上返品と同様、すぐに処理をしなければ得意先に売上値引前の金額で請求することとなります。営業担当者、経理部門のそれぞれが適切な処理が必要です。

　また、売上値引は、返品のように商品の動きがなく、値引の根拠は営業担当者と得意先の交渉だけとなります。営業担当者と得意先が結託して不正が行われる可能性もあります。

　売上値引の処理をする際には、営業担当者に値引理由を明確にした報告書等を作成させ、営業責任者の承認を得たうえで処理することが必要です。

♣売上値引の会計処理は

　売上値引が行われたときには、売上金額をマイナスする仕訳を入れます。

【図表110　売上値引の会計処理】

得意先から50,000円の値引を要求され、これを受け入れた。	
（借方）売上　　50,000	（貸方）売掛金　　50,000

♣売上返品・売上値引の表示方法は

　売上返品や値引の仕訳を行う際の勘定科目として、「売上」の代わりに「売上戻り」や「売上値引」を用いて処理すれば、返品や値引がどれだけあったかを把握、管理することができます。

　最終的な決算書（損益計算書）では、売上高から直接控除して表示されることとなります（図表111）。

【図表111　売上返品・売上値引の表示方法】

売上高	××
売上戻り	△××
売上値引	△××
総売上高	××

Q46　返品・値引をしたときの処理は

Q47 売上割引・割戻をしたときの処理は

A 売上割戻は、売上値引・売上割戻同様、売上代金を減少させる処理をします。
売上割戻は、不正を防止するため、適切に管理しなければなりません。
売上割引は、金融取引として、営業外費用で処理します。

♣売上割戻というのは

売上割戻とは、一定期間の多額の取引をした得意先に対して、売上代金を戻すことをいいます。いわゆるリベートです。

売上割戻は、契約に基づいて一定期間の取引高に応じて支払われるものと、そうでないものとがあります。

契約に基づいて行われる売上割戻は、取引条件を決定するときに、営業責任者等の承認を受けて行います。その後の取引高に応じて、契約で定められたとおりに処理します。

契約に基づかない売上割戻は、担当者と得意先の担当者の共謀による不正（売上割戻の一部を仕入先の担当者からキックバックしてもらうなど）のおそれがあるため、原則行わないのが望ましいです。慣行上やむをえない場合には、営業責任者の承認のもとに行うなど、十分な管理が必要です。

♣売上割戻と交際費の区分は

売上割戻の方法には、売掛金の一部を棒引にするほか、品物を贈ったり、旅行や観劇に招待したりすることもあります。金銭での支出以外の費用は、交際費として扱われることになりますので、注意が必要です（図表112）。

ただし、事業用資産や3,000円以下のものは、交際費とはなりません。

♣売上割戻の会計処理は

売上割戻も、売上値引と同様、売上金額を減額する方法と「販売促進費」として販売費及び一般管理費として処理する方法があります。

問題は、その計上時期です。契約の有無、契約の内容によって、計上時期は異なってきます。

まず、契約が定められており、算定方法が取引高に応じて決まってくる場

【図表112　交際費になるもの・ならないもの】

交際費とならない	交際費となる
① 売上高や販売代金回収高に比例して金銭で支給する費用 ② 売上高の一定額ごとに金銭で支出する費用 ③ 特殊事情や協力度合いに応じて金銭で支出する費用	① 得意先に対して物品（事業用資産、3,000円以下のものを除く）を交付する費用 ② 旅行・観劇等に招待する費用

合（例えば、100万円以上の取引については5％割戻しを行うなど）には、売上の計上時に、売上割戻も計上できます。また、1か月の取引高に応じて割戻を行う場合には、請求書の締日に計上することになります。

契約書に定めがない場合には、割戻を仕入先に通知した日あるいは実際に支払った日となります。ただし、割戻の基準が社内で決められている場合には未払金を計上しなければなりません。

税務上も、未払金を計上し、申告期限までに相手方に通知している場合には、当期の損金として認められます。

【図表113　売上割戻の会計処理】

得意先に対し、1,000,000円売り上げ、5％の割戻（50,000円）を行った。	
（借方）売上　　　　50,000	（貸方）売掛金　　　　50,000

♣売上割引というのは

掛取引で、通常の回収日よりも早く支払いしてくれたときに、売上代金を割り引くことがあります。

通常の支払いまで回収されなかったとすると、手許資金がそれだけ不足するわけですから、資金調達が必要となります。得意先から融資を受けたのと同じ効果があるといえます。

♣売上割引の会計処理は

売上割引は、支払利息の性格を有していますから、売上代金を減額する処理ではなく、金融取引と考え、営業外費用で処理します。

【図表114　売上割引の会計処理】

500,000円の売掛金を、期日前に現金で支払ってもらったので、10,000円割引をした。	
（借方）現金預金　　　　　　490,000 　　　　売上割引（営業外費用）　10,000	（貸方）売掛金　　　　500,000

Q47　売上割引・割戻をしたときの処理は

Q48 得意先元帳の管理は

A 得意先元帳は、得意先ごとの売掛金明細です。
得意先からの入金があれば、消込み作業を行い、入金差額の調整を行います。

♣得意先元帳というのは

得意先ごとに、毎月の、「前月残高」「当月売上」「当月回収」「当月残高」と「売上明細」をまとめた補助元帳で、売掛金元帳ともいいます。

売上計上時に、売掛金の総勘定元帳への記帳と同時に、納品書(控)に基づいて記録します。

【図表115　得意先元帳の例】

A商店

日付	摘要	金額
4/ 1	前月繰越	150,000
4/ 5	X商品　@100×100個	10,000
4/15	Y商品　@120×100個	12,000
	‥‥	‥‥
4/20	回収	△150,000
4/30	次月繰越	100,000

♣売掛金明細表の作成は

売掛金について、総勘定元帳の売掛金への記入と得意先元帳への記入とが正しく行われているかどうかを検証するには、図表116の売掛金明細表を作成することがあります。

売掛金明細表は、総勘定元帳の残高と得意先元帳の各得意先の残高の合計が一致するかどうか検証できるだけでなく、売掛金の取引先別残高一覧表としても利用できます

♣請求書の作成は

得意先元帳の記録があれば、売上代金の請求書をつくりやすくなります。請求金額は、納品書(請求明細)の合計金額となりますが、得意先元帳の当月売上金額と照合することで、請求漏れが発見できます。

また、前月までに回収不足がある場合には、その分も合わせて請求しなけ

【図表116　売掛金明細表の例】

得意先名	前月残高	当期売上高	当期回収高	当期残高
A商店	150,000	100,000	150,000	100,000
B商店	150,000	50,000	0	200,000
C商店	250,000	100,000	200,000	150,000
….	….	….	….	….
合計	××	××	××	××

（当期残高の合計）総勘定元帳の残高と一致

ればなりませんが、売掛金元帳があれば、前月までの未回収分もすぐにわかります。

♣回収状況の把握は

　得意先元帳から売掛金回収予定表や年齢調べ表を作成し、回収遅延の売掛金を把握することができます。

♣入金差額があるときの調査は

　請求したとおりの金額で入金がなされれば問題ありませんが、必ずしも請求どおりの金額で入金があるとは限りません。

　経理部門から入金額の連絡があると、営業部門は得意先元帳でどの商品代金が入金されたか1つひとつ照合していきます。この作業を「消込み」といいます。

　消込みの結果、未回収となっている売上については、得意先に連絡を取り、得意先または会社で適切な処理に改めます。この作業を早めにしておかないと、原因不明の滞留売掛金となり、回収できないことになってしまうおそれがあります。

♣総勘定元帳との照合は

　売掛金の補助元帳である得意先元帳の合計金額は、当然総勘定元帳の残高と一致していなければなりません。

　毎月末には、総勘定元帳の売掛金残高と得意先元帳の合計残高が一致していることを確認します。もし両者に差異があれば、原因を調整して、正しいほうの残高に合わせます。

Q48　得意先元帳の管理は

Q49 債権管理のしかたと貸倒処理は

A 正常に回収されている得意先については、サイトにより回収予定日と回収予定額を一覧表にまとめ、予定どおり回収されていることを確認します。
回収が遅れている先については、得意先の状況と今後の回収予定を見極め、回収が不可能であれば、貸倒処理を行います。

♣債権管理というのは

債権とは、相手方に金銭の支払いを要求できる権利です。債権は、受取手形や売掛金といった営業債権と、貸付金等の営業外の債権に分けられます。

いずれも、取引先の営業状況が悪化したり、資金繰りが悪くなったりすると、資金の回収ができず、会社に損失が発生することになります。このため、債権の管理は、重要な業務となってきます。

売掛金の回収としては、預金のほか、小切手（現金）、受取手形があります。受取手形は、未だ資金化されていないという点からは、依然として債権として管理する必要があります。

♣まずは信用調査で与信枠を設定

取引を開始するにあたって、取引を行おうとする企業の営業状況や資金繰り、中小企業の場合には社長個人の人格や資産背景等を調査し、調査結果によって、この企業と取引を行うかどうか、取引を行う場合にはいくらまでの取引とするかを決めます。この取引を行うことのできる金額の限度を与信限度枠といいます。

与信限度枠は、定期的に、例えば半年に一度、見直す必要があります。

♣取引サイトと回収予定表の利用は

取引サイトとは、売掛金の請求から回収までの期間のことです。「月末の翌々月末払い」のような言い方をしますが、これは、当月の月末までの売上を請求し、翌々月までに回収するという意味です。

取引先ごとに取引サイトに従って当月いくら入金できるかを一覧できる回収予定表を作成し、予定表どおりの回収ができているかチェックすることが必要です。回収予定表は、資金繰り表を作成するうえでも有用です。

回収が遅れている得意先については、回収の遅れている理由と今後の回収予定を営業担当者に確認し、貸倒れが発生しないようにすることが大切です。

【図表117　回収予定表の例】

回収予定表

得意先名	売掛金前月残高	当月回収予定額	回収チェック	回収見込み（営業記入欄）
A商店	150,000	150,000	150,000	回収遅延の理由、今後の回収見込み等を記載する。
B商店	150,000	130,000	0	
C商店	250,000	200,000	200,000	
‥‥	‥‥	‥‥	‥‥	
合計	××	××	××	

♣年齢調べ表による滞留債権の把握

上記の回収予定表によるほか、得意先元帳から図表118のような「年齢調べ表」を作成して滞留債権が発生していないかどうかを調べる方法もあります。

得意先ごとに売掛金がいつ発生したものかを一覧表にします。古くに発生して残っている売掛金については、取引先の取引サイトを確認して回収が遅れていないか確かめます。

【図表118　年齢調べ表の例】

年齢調べ表

得意先名	売掛金残高	当月	前月	前々月	それ以前
A商店	100,000	100,000	0	0	0
B商店	200,000	50,000	30,000	20,000	100,000
C商店	150,000	100,000	50,000	0	0
‥‥					
合計	××	××	××	××	××

取引条件に照らして、回収が遅れていることがわかります。

♣貸倒処理のための証拠書類は

税務上、貸倒損失を計上する基準は厳格ですので、貸倒処理をする場合には、証拠書類を十分に整えておく必要があります。

【図表119　貸倒処理のための証拠書類】

貸倒基準	証拠書類
①法律上の倒産	法的手続の書類
②事実上の貸倒	債権放棄の通知書（内容証明郵便の発送控え）
③形式上の貸倒	決算書等得意先の状況のわかるもの

♣税務上の貸倒処理は厳しい

　法人税法上、画一的で公平な取扱いが求められますので、貸倒損失が認められる基準は非常に厳しいものとなっています（図表120）。

【図表120　税務上の貸倒処理基準】

❶ 法律上の貸倒	① 会社更生法、民事再生法にかかわる会社更生計画の認可の決定。
	② 特別清算の協定の認可、整理計画の決定、強制和議の認可の決定。
	③ 債権者集会等の協議決定。
	④ 債務超過が相当期間継続している債務者に書面で債務免除を通知する。
❷ 事実上の貸倒	債務者の資産状況、支払能力からみて全額回収不能であることが明らかな場合。
❸ 形式上の貸倒（備忘価額1円を残します）	① 債務者と1年以上取引を停止している場合（担保のある場合は、担保を処分しないと貸倒として損金経理できません）。
	② 同一地域の売掛債権の総額が取立費用に満たず、督促しても払ってもらえない場合。

♣貸倒処理は

　上記のような管理をしても、貸倒れが発生することはあります。貸倒れとは、取引先が倒産したりして売掛金が回収できなくなることをいいます。

　貸倒れが発生した場合には、会計上は売掛金を減額して、「貸倒損失」を計上します。

　ただ、少しでも回収できる見込みがある場合には、安易に貸倒損失を計上するべきではありません。貸倒引当金を計上し、帳簿上、売掛債権を残しておくようにします。

【図表121　貸倒処理の例】

```
① A商店に対する売掛金1,000,000円と受取手形500,000円の貸倒れが発生した。
　（借方）貸倒損失　　　　1,500,000　　　　（貸方）売掛金　　　1,00,000
　　　　　　　　　　　　　　　　　　　　　　　　　受取手形　　　500,000
② 上記例で、前期に貸倒引当金を1,500,000計上していた場合
　（借方）貸倒引当金　　　1,500,000　　　　（貸方）売掛金　　　1,00,000
　　　　　　　　　　　　　　　　　　　　　　　　　受取手形　　　500,000
```

5　8月の「経理」事務

　仕入と在庫管理は、売上とともに会社の事業活動の最も重要な業務の1つです。仕入計上から代金支払いまで、そして在庫管理の方法と棚卸のやり方、関連する会計処理についてまとめています。

Q50 仕入取引の流れ・経理の仕事は

A 仕入取引の流れは、注文→検収→仕入計上→請求→支払いです。
経理部門では、検収の通知により仕入計上をし、請求書に基づき支払いを行います。

♣仕入取引の流れは

仕入取引は、卸売業・小売業では商品の仕入、製造業では原材料の仕入であり、重要な取引です。

仕入取引のおおよその流れは、図表122のとおりです。

この流れは、仕入取引だけでなく、固定資産の購入や経費の支払いにも通じるところがあります。

【図表122　仕入取引の流れ】

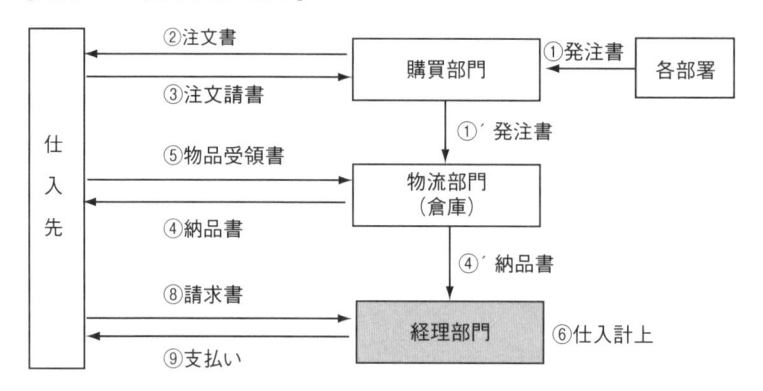

```
                  ②注文書
仕   ←――――――――――――― 購買部門 ←――①発注書―― 各部署
入    ③注文請書
     ――――――――――――――→
先                              │
     ⑤物品受領書                ①'発注書
     ――――――――――――――→        ↓
                         物流部門
     ④納品書             （倉庫）
     ←―――――――――――――
                               │
                          ④'納品書
                               ↓
     ⑧請求書
     ←――――――――――――― 経理部門  ⑥仕入計上
     ⑨支払い
     ――――――――――――――→
```

♣発注は

購買部門は、各部署からの購入要求に応じて仕入先に注文書をもって材料や商品の発注をします。

仕入先がいくつか競合している場合や非定型的な取引の場合には、購買部門で、複数の業者から見積書をとって一番低価で品質の良い業者を選ぶ作業も加わります。発注書の写しは、倉庫部門に回されます。

♣検収は

倉庫部門は、材料や商品が入荷すると、先方からの納品書と発注書（控）

とを照合し、数量・品質などに問題がないか確認します。物品受領書に受領印を押して仕入先に返送し、納品書は検収印を押して保管します。

入庫伝票を起票し、購買部門と経理部門に入庫の通知を行います。

在庫システムがある場合には、入庫データの入力をします。

♣仕入計上は

経理部門では、倉庫部門からの入庫の通知を受けて、仕入を計上します。

【図表123　仕入計上するときの会計処理】

（借方）仕入　××	（貸方）買掛金　××

このように検収した時点で仕入を計上するルールを検収基準といいます（仕入計上のタイミングについてはQ52参照）。

♣請求というのは

締日になると、仕入先から請求書が送付されてきます。請求書には、1か月間の仕入内容がわかるように請求明細（出荷明細）が添付されます。

購買部門は、先方の請求明細と会社の検収明細（買掛データ）との照合を行ない、経理部門に請求書を回し、支払依頼をします。

♣代金を支払ったときの処理は

買掛金の回収は、手形や振込みで行われるケースが多いです。

手形で支払う場合には、支払依頼に基づき手形を作成し、仕入先に送付します。

そして、経理部で手形振出の経理処理を行います。

仕入先から、手形の領収書が送られてきたら、経理部で保管します。

【図表124　代金を支払ったときの会計処理】

① 手形で支払ったとき
　（借方）買掛金　××　　　　　　　　　　（貸方）支払手形　××
振り込んだときは、次の仕訳を行います。
② 銀行振込みで支払ったとき
　（借方）買掛金　××　　　　　　　　　　（貸方）現金預金　××

Q51 見積書・発注書・注文書(控)・納品書・請求書の整理のしかたは

A それぞれ取引の流れに沿って、利用しやすい形で整理します。後日必要となったときに、探し出せるよう検索可能な整理方法を考えます。

♣見積書・発注書・注文書(控)の整理は

仕入注文に先立って、価格交渉のため、見積書を取り寄せます。一定期間にわたり、その見積書が契約の基本となるのであれば、基本ファイルをつくって、仕入先別に綴じます。契約のつど、見積書を取るケースでは、見積書と発注書をワンセットにして保管します。見積書をいくつかとった場合(相見積りといいます)は、一緒に保存して、発注に至った経緯を残しておきます。

発注書は、仕入検収の際に必要となります。検収しやすいよう、発注書番号の順に並べて整理しておきます。

注文書(控)は、品目違いや、数量違いといったトラブルが発生したときに必要です。仕入先別に整理しておきます。

♣納品書の整理は

納品書は、仕入先が発行し商品納入時に添付してくる書類です。検収が済むと、検収済印を押して経理部門に回し、経理部門で仕入計上します。

納品書は、後日請求書が送られてきたときに、仕入先の請求内容に誤りがないか確かめるときに使われます(実際には、買掛金元帳と請求書を照合し、問題があったときに納品書に遡るという方法になります)。

仕入先別に、納品日順に整理しておきます。

♣請求書の整理は

預金支払いの証憑として整理する方法と、請求書だけのファイルを別につくって仕入先別に整理する方法の2とおりがあります。

預金支払いの証憑綴りは、支払日ごとに整理されますので、仕入先の支払日によって検索することができます。

ただ、仕入品目が多種多様にわたり、大量の請求書が届き、請求書と買掛金元帳の照合作業に時間を要するような場合には、請求書だけのファイルを別に作って仕入先別にファイルするほうが利用しやすいです。

Q52 仕入の計上のしかたは

A 仕入の計上は、基本的に品物を検収したときです。検収は倉庫担当者が検収伝票を発行しますので、それに基づいて仕入の計上がされます。

♣仕入の計上基準は

仕入の計上基準は、図表125のとおり、いろいろな基準がありますが、検収基準が一般的です。

商品や材料などの種類、性質、契約内容、取引形態などにより、もっとも適した基準を選ぶようにします。

【図表125 仕入の計上基準】

	項目	説明
①	発送基準(商品の発送)	仕入先の倉庫や工場から発送されたときに仕入に計上する。
②	納入基準(商品の到着)	商品等が倉庫や工場などの指定納入場所に納入されたときに仕入に計上する
③	検収基準(商品の検収)	商品等の受領後に品質や数量を検査して合格したときに仕入に計上する。
④	支払基準(代金の支払い)	現金や手形で支払ったときに仕入に計上する。

♣仕入金額の計算は

仕入金額は、商品価格に、商品を引き取るために要した費用（外部副費といい、引取運賃、購入手数料、関税等購入に要した費用をいいます）と付随費用を加えた金額で行います。

付随費用の合計額が購入対価のおおむね3％未満である場合には、取得価額に算入しないことができます。

【図表126 仕入金額の計算】

購入代価		
商品代金	＋	購入に直接要した費用(外部副費) 引取運賃、荷役費、運送保険料、購入手数料、関税

＋

付随費用
(1)買入事務、検収、整理、選別、手入れ等に要した費用の額
(2)販売所等から販売所等へ移管するために要した運賃、荷造費等の費用の額
(3)特別の時期に販売するなどのため、長期にわたって保管するために要した費用の額

Q53 返品・値引品の処理は

A 仕入返品・値引があったときには、仕入を取り消す処理をし、買掛金を減額させます。

♣仕入返品の処理は

仕入返品とは、いったん仕入れた商品が品違いであったり、不良品であったりした場合に、仕入先へ返品することをいいます。

仕入返品の処理は、仕入を取り消す処理をします。

【図表127 仕入返品の処理の例】

仕入先へ単価100円の商品10個を返品した。			
（借方）買掛金	100,000	（貸方）仕入	100,000

♣仕入値引の処理は

仕入値引とは、商品に傷や破損、品質不良、量目不足があったり、契約した納期までに商品を納められなかったりした場合に、仕入先に販売価格を値引するように要求し、仕入金額が値引されるものです。

また、仕入先の販売政策で、値引されることもあります。

仕入値引は、仕入代金をマイナスする処理をします。

♣在庫元帳への記載は

4月3日の仕入に対して、仕入返品、仕入値引きがあった場合に、在庫元帳への記載は図表128のようになります。

【図表128 仕入返品・値引の処理】

日付	摘要	受入			払出			残高		
		数量	単価	金額	数量	単価	金額	数量	単価	金額
4/1	繰越	100	100	10,000				100	100	10,000
4/3	仕入	200	120	24,000				{100	100	10,000
								200	120	24,000
4/4	返品	△10	120	△1,200				{100	100	10,000
								190	120	22,800
4/20	値引			△1,900				{100	100	10,000
								190	110	20,900

Q54 仕入割引・割戻の処理は

A 仕入割戻は、仕入値引・仕入返品同様、仕入代金を減少させる処理をします。仕入割戻は、不正防止のため、適切に管理しなければなりません。
仕入割引は、金融取引として、営業外収益で処理します。

♣仕入割戻というのは

仕入割戻とは、一定期間の多額の仕入をした場合などに、仕入代金の一部を返してもらうことをいいます。いわゆるリベートです。

仕入割戻は、契約に基づいて一定期間の取引高に応じて支払われるものと、そうでないものとがあります。契約に基づかない売上割引は、会社が取引を把握しにくく、不正につながる危険があるため、原則として行わないようにするのが望ましいです。

慣行上やむをえない場合には、営業責任者の承認のもとに行うなど、十分な管理が必要です。

♣仕入割戻の会計処理は

仕入割戻も、仕入値引と同様、仕入金額を減額する処理を行います。

【図表129　仕入割戻の会計処理】

1,000,000円仕入れ、5％の割戻し（50,000円）を受けた。			
（借方）買掛金	50,000	（貸方）仕入	50,000

♣仕入割戻の計上時期は

仕入割戻の計上時期は、契約者の有無、割戻の算出方法により異なります。

契約が定められており、算定方法が取引高に応じて決まってくる場合（例えば、100万円以上の取引については5％割戻を行うなど）には、仕入の計上時に、仕入割戻も計上できます。

また、1か月の取引高に応じて割戻を行う場合には、請求書の締日に計上することになります。

契約書に定めがない場合には、割戻の通知を受けた日に計上することになります。契約者に定めがないものについては、税務上問題となることが多いので、根拠となる文章をきちんと準備しておくことが必要です。

♣仕入割戻の処理方法と税務対策は

　売上割戻については、Q47で、売上高の控除として処理する方法と「販売促進費」等で販売費及び一般管理費として処理する方法があると説明しました。

　同様に仕入割戻も、仕入高を減額する処理のほかに、「販売奨励金」等で営業外収益として処理する方法も考えられます。

　いずれを選択するかですが、営業外収益として処理した場合には、すべて益金に算入されることになりますが、仕入の控除項目として処理した場合には、売上原価と在庫に配分されますので、益金に算入される額が少なくなり、税務上有利になります。

　特に、1年間の取引高に応じて算定される場合には、目標数量または目標金額達成に向けて決算期末に多額の仕入を行うことが多くなります。このような場合には、多くが期末在庫として残ると考えられますので、仕入の控除項目として処理したほうが節税効果があるといえます。

♣仕入割引というのは

　掛取引で、通常の回収日よりも早く支払いをしたときに、仕入代金を安くしてもらうことがあります。

　仕入にすれば、早期支払いがなければ、それだけの資金調達が必要となったわけですが、早期支払いにより資金調達が不要となり、調達による支払利息の支払いを免れたということになります。

　仕入先に、支払日から通常支払日までの利息相当分を仕入代金から引いてもらったことになります。

♣仕入割引の会計処理は

　仕入割引は、受取利息の性格を有していますから、仕入代金を減額する処理ではなく、金融取引と考え、営業外収益で処理します。

【図表130　仕入割引の会計処理】

500,000円の買掛金を、期日前に現金で支払ったので、10,000円の仕入割引を受けた。
（借方）買掛金　　　500,000　　（貸方）現金預金　　　　　　　　490,000 　　　　　　　　　　　　　　　　　　　仕入割引（営業外収益）　　10,000

Q55 買掛金元帳の記帳と管理は

A 買掛金元帳とは、仕入先ごとの買掛金明細です。
買掛金元帳を記録することで、仕入先から来た請求書に従って支払ってよいかどうか確認することができます。

♣買掛金元帳というのは

　買掛金元帳とは、仕入先ごとに、前月残高・当月仕入・当月支払・当月残高と仕入明細を月次でまとめた補助元帳です。

　仕入計上のときに、納品書に基づいて記録されます。

　買掛金元帳を記録していれば、仕入先から請求書が来たときに、先方の請求書と照合することができます。請求金額が正しければ、請求書どおり支払います。請求書と一致していない場合には、会社の記録が間違っているのか、先方の記録が間違っているのか、調査して支払いします。

　買掛金元帳がなければ、いちいち納品書を合計するか、先方の請求書どおりに支払うか、どちらかになってしまいます。

♣滞留買掛金の処理は

　通常、買掛金等の支払いは、先方の請求書に基づいて行われます。したがって、先方が請求漏れをしている場合には、会社の買掛金のほうが多くなり、そのまま長期滞留してしまうケースがあります。

　先方に連絡して請求してもらい支払うか、そのまま商事債務の時効を待って雑益計上することになります。

　ただ、少額の場合には、管理に手間取りますので、早い時期に雑益で計上してしまってもよいかもしれません。

♣総勘定元帳との照合は

　仕入先元帳の総合計が、総勘定元帳の買掛金残高と一致していることを確認します。毎月末には、総勘定元帳の買掛金残高と買掛金元帳の合計残高が一致していることを確認します。もし両者に差異があれば、原因を調整して、正しいほうの残高に合わせます。

　売掛金と同様、買掛金明細表の作成も買掛金の状況把握に便利です（Q48参照）。

Q56 在庫品の管理のしかたは

A 在庫を適正な水準に保つことは、会社の事業上大きな影響を持ちます。
在庫の受払いを帳簿で管理する方法を「継続記録法」といいます。

♣適正在庫の確保は

会社が事業を行ううえでは、一定量の在庫を持つことになります。商品売買を行っている会社では商品を、製造業であれば原材料や仕掛品、製品を持つことになります。

在庫品の管理では、適正な水準の在庫を保有していることが重要です。商品を必要とする時期に、必要な量だけ、適正な価格で購買し出荷することが全社的なコストダウンの決め手になります。

在庫品は多すぎても少なすぎても、問題があります。

【図表131　在庫品の問題】

在庫が多すぎると	①倉庫料や保管料、保険料がかかります。
	②売れ残りが生じ、陳腐化して不良在庫となりやすいです。
	③資金繰りが悪化します。
在庫が少なすぎると	得意先からの注文にこたえられず、機会損失を生みます。

♣在庫元帳による管理－継続記録法と棚卸計算法は

在庫を適正な水準に保つためには、在庫の受払いの記録を適時に行い、現在どれだけの在庫を持っているかを把握することが重要になってきます。

入庫があれば入庫伝票を発行し、出庫があれば出庫伝票を発行するように、在庫の動きがあるたびに伝票を動かし、適時に在庫元帳に反映させることが大切です。

在庫元帳を作成し、いつでも、あるべき在庫数量（帳簿棚卸数量）を把握できる管理を継続記録法といいます。

一方、小規模な小売業等では、商品の受払台帳を付けていないところもあります。このような会社では、期末に棚卸を行い、在庫金額を算定することになります。この方法を棚卸計算法といいます。

継続記録法によると、帳簿棚卸数量と実地棚卸数量を比較すれば、盗難・

破損・減耗などの棚卸差異を把握することができます。

【図表132　在庫元帳の例】

〔取引〕①3月3日に、商品200個＠120円で仕入れた。
　　　　②3月10日に、商品を250個売り上げた。
　　　　②払出単価は先入先出法により100個は＠100円、150個は＠120円であった。
　　　　③3月31日に、実施棚卸を行った結果、45個であった。5個減耗。

(先入先出法)

月日	摘要	受入			払出			残高		
		数量	単価	金額	数量	単価	金額	数量	単価	金額
3月1日	繰越	100	100	10,000				100	100	10,000
3日	仕入	200	120	24,000				200	120	24,000
10日	売上				100	100	10,000			
					150	120	18,000	50	120	6,000
31日	棚卸減耗				5	120	600	45	120	3,600
31日	繰越				45	120	3,600			

♣棚卸資産の払出単価は

在庫元帳を記録する際の在庫の単価について、受入は仕入単価で問題ありませんが、払出単価はどうやって求めるのでしょうか。

払出単価の計算方法には、①個別法、②先入先出法、③後入先出法、④総平均法、⑤移動平均法があります（計算方法については、Q106を参照）。

♣在庫金額に応じた管理

在庫金額は、期末に棚卸を実施し、評価単価を掛けて求めます。売上原価は、期末在庫金額を確定させることにより求められますから、期中では、在庫は数量だけの管理で、金額の把握は不要でしょうか。確かに、小売店などでは、顧客に販売するための一定数量の品物を持っているかどうかが重要で、数量だけの管理で足りるといえます。

しかし、製造業では、主要な材料から細かな部品までさまざまで、すべてを同じレベルで管理するのではコストがかかりすぎます。高価な在庫は数量を厳密に把握して、余分に持たないように管理することが大切です。

在庫金額の大きいものについては、定期的に棚卸を実施したり、在庫金額に変動がないかどうか注意しておくことが必要です。

Q57 棚卸の目的・やり方は

A 棚卸は、期末在庫を確定し、適正な期間損益を計算するために行われます。滞留在庫・不良在庫等のチェックも行い、経営計画や資産管理等に有用な情報も収集できます。
正確で効率的な棚卸を行うためには、棚卸の目的と重要性を従業員に理解させ、棚卸の具体的な手順を示した指示書を作成し、担当者に周知徹底させることが必要です。

♣実地棚卸の目的は

　決算日など一定の日に、在庫の現品を確認し数量をカウントして集計する作業を実地棚卸といいます。

　実地棚卸の目的は、期末の在庫金額を確定することです。棚卸資産残高は「数量×単価」によって計算されますが、このうちの実際数量を確定する手続が、実地棚卸手続です。実地棚卸により棚卸資産の残高が確定すれば、費用が確定することとなります。

　継続記録法を採用していれば、在庫の払出のたびに払出原価が把握できます。しかし、実際にはロスや出庫ミスが発生します。

　そこで、期中では払出数量のみを記録しておき、期末時点の棚卸資産残高を算出することにより、期中の払出原価を確定するという手続がとられます。

　受払記録の信頼性を検証し、誤りがあれば訂正することのできる実地棚卸手続は、棚卸資産残高の確定に必要不可欠なものです。

　継続記録を行っていない会社では、帳簿上で棚卸残高を把握できませんので、この実地棚卸が期末の棚卸残高を確定する唯一の方法となります。

♣棚卸手順書の作成と周知は

　棚卸は、倉庫部門以外の人員も動員して行われることが多いです。棚卸手続が、できるだけ短時間で正確に行われるように、棚卸の手続を示したマニュアルを作成する必要があります。

　また、棚卸がもれなく行われるように、誰がどの区域を担当するかを明確にした配置図も作成します。

　そして、事前にこれらの棚卸手順書を配布し、説明会を実施し、従業員に棚卸の重要性を理解させ、手順について周知徹底を図ることが大切です。

♣棚卸の手順と留意点は

棚卸を正確に行うための手順と留意点について、図表133にまとめます。

【図表133　棚卸の手順と留意点】

	実施事項	手順と留意点
①	在庫を整理整頓	棚卸前には、在庫を整理整頓します。同じ商品は同じ棚に整理します。 　不良品・長期滞留品については、良品と別管理するようにします。 　他社からの預かり品がある場合にも、明確に区分しておきます。
②	入出庫の停止	棚卸当日の入出庫はできるだけ行わないようにし、前日までの入出庫のデータは棚卸前までに反映させておきます。 　当日やむをえず入出庫がある場合には、保管場所を設けて別管理し、棚卸対象か否かの区分を明確にするようにし、棚卸作業中には一切の在庫を移動させないようにします。
③	棚卸原票の準備	棚卸原票（棚札、棚卸表ともいいます）は、複写式のものやもぎ取れるものを用意し、すべて連番を付します。連番を付すことで、後で、棚卸原票がもれなく回収されたかどうか確認できるようになります。 【棚卸原票の例】 ｜棚卸原票(正)　　　No　　　｜ ｜記号｜　｜ロット｜　｜ ｜品名｜　　　　　　　　　｜ ｜規格｜　　　　　　　　　｜ ｜数量｜　　　　　　　　　｜ ｜製品　　仕掛品　　原材料｜ ｜場所｜　　　｜棚番｜　　｜
④	カウント	数量カウントはできれば2回、担当者を代えて1度めの結果を見ずに行うことがベストですが、担当者と担当者以外の第三者と二人組で実施し、後で経理部等が抜き取りチェックする方法も考えられます。 　ボールペンを用い、訂正は二重線で行うなど、後で改ざんの疑いがもたれないような記入方法にします。書損じも処分することなく、書損じとして残しておきます。
⑤	棚卸原票の回収	カウントが終われば、すべての在庫に棚札が貼られていることを確認し、棚札（副）を回収します。書損じの棚札もすべて回収するようにします。

⑥ 棚卸合計表を作成	連番によりすべての棚札が回収されたことを確認した後、棚卸合計表を作成し、棚卸数量と帳簿数量の一致を確認しながら、在庫金額を集計します。 棚卸数量と帳簿数量とが一致しない場合には、もう一度棚卸現場に行って、数え間違いがないか確認します。このため、現場の荷動きは止めておき、棚札を付けたままにしておく必要があります。
⑦ 預け品	倉庫業者や外注先への預け品に関しては、棚卸日の在庫証明書等を入手します。また、倉庫業者の管理状態を確かめるため、一部自社倉庫と同様棚卸をしてみます。

♣棚卸に過不足があったときは

　棚卸が終了すれば、棚卸合計表を作成し、現物の数量と帳簿の数量とが一致しているかどうかを確かめます。数量不足があった場合には、帳簿数量を実際数量に修正します。会計処理は、図表134のようになります。

　棚卸減耗損は、通常の範囲で発生したものについては、売上原価となります。一方、災害等臨時的に発生したものは、特別損失となります。

【図表134　在庫不足のときの会計処理】

単価1,000円のA在庫が10個不足していた。 （借方）棚卸減耗損　　　　10,000　　　　（貸方）棚卸資産　　　　10,000

♣棚卸減耗の発生原因は

　棚卸の過不足の発生原因は、減損、入出庫伝票や帳簿の記入誤り、盗難等が考えられます。その原因を分析して資料を作成し、今後の在庫管理に役立てるようにします。

♣滞留品や不良品の処理は

　棚卸は、倉庫や工場内にある滞留品や不良品を発見する機会にもなります。発見された滞留品や不良品は、販売不能の場合は早期に廃棄処分します。

　手直し等で再販が可能であれば、手直しにかかる費用を見積もった一定の評価で評価しなおすことが必要です。

【図表135　在庫を廃棄処分したときの会計処理】

単価1,000円のB在庫10個については、今後、販売の見込みがないため、廃棄処分した。 （借方）棚卸資産廃棄損　　　10,000　　　　（貸方）棚卸資産　　　　10,000

Q58 原価計算ってなに・そのやり方は

A 原価計算は、製造業で、製品1個をつくるのにいくら原価がかかったかを計算する手続です。原価は、材料費、労務費、経費からなります。
原価計算は、財務諸表を作成するため、原価管理のため、長短期の経営計画のため等の情報を提供する目的があります。

♣原価計算というのは

原価計算とは、製品の1単位あたりの原価を計算することをいいます。

原価計算は、製造業において製品を1つつくるのにいくら原価がかかったかを計算する手続ですから、製品の製造にかかった費用（原価）を集計し、当期の製造費用と期末の在庫にかかる原価を求め、製品1個あたりの原価を計算することになります。

①費目別計算、②部門別計算、③製品別計算の3ステップで計算します。

決算は通常1年ごとですが、原価計算は、通常1か月ごとに行われます。これは、原価計算が、価格を決定したり、予算編成や予算統制に用いられたりもしますので、1年経たないと製品の原価がわからないというのでは困るからです。

♣工業簿記と原価計算

簿記は、商品販売業やサービス業で用いられる商業簿記と製造業で用いられる工業簿記に分けられます。

工業簿記では、材料を購入し、製品を製造し、完成した製品を販売するといった一連の流れを記録することになります。

♣原価の分類は

原価計算では、製品の生産においてかかった費用をすべて集計することになりますが、原価は形態別に分類し、これを直接費と間接費とに大別します。

図表136と図表137に原価の分類とその主なものについてまとめておきましょう。

【図表136　原価の分類】

❶	形態別分類	①	材料費：製品をつくるのに投入された原料や材料
		②	労務費：製品をつくっている従業員やパートの給与や賞与
		③	経費：材料費、労務費以外の経費すべて
❷	直接費と間接費	①	直接費：特定の製品の製造に消費されたことが明らかな経費
		②	間接費：複数の製品の製造に共通して消費された経費

【図表137　原価の分類とその主なもの】

	項目	該当する費用
①	材料費	直接材料費　原料費、買入部品費 間接材料費　工場消耗品費
②	労務費	直接労務費　直接賃金（製品の生産に直接かかった人の給与賃金） 間接労務費　間接賃金、間接部門従業員の賃金
③	経費	直接経費　外注加工賃 間接経費　修繕費、電力料、賃借料、減価償却費、雑費など

♣原価計算の目的は

原価計算の目的には、図表138の5つがあります。

【図表138　原価計算の5つの目的】

	項目	説明
①	財務諸表作成目的	財務諸表を作成するために必要な製品の単位原価を求めること。
②	価格計算目的	製品の販売価格を決定するために必要なデータを提供すること。
③	原価管理目的	原価管理に必要なデータを提供すること。原価管理とは、標準的な原価と実際にかかった原価を比較して、その差異の原因を分析し、製造効率を改善することをいいます。
④	予算編成・予算統制目的	予算の編成及び予算統制に必要なデータを提供すること。
⑤	計画設定目的	経営の基本計画を設定するのに必要なデータを提供すること。

♣原価計算の流れは

図表139は、原価計算の流れです。材料費は、期首在庫と当期購入したものの中から、当期製造工程に払い出され、残りが当期末の在庫となります。この払い出された分が当期の材料費です。労務費、経費は、当期の発生額がそのまま労務費、経費となります。

原価のうち、直接費はそのまま各製品の原価として集計されていきます。一方、間接費は直接にはどの製品にかかったものか不明なので、一定の基準により製品ごとに分けます（これを配賦といいます）。

仕掛品勘定で、直接集計された直接費と配賦計算された間接費、それに当期首分の合計を、当期完成分と期末の仕掛品に分けます。

期首製品と当期完成高は、当期販売されて売上原価となり、販売されなかったものは、期末製品在庫となります。

【図表139　勘定連絡図】

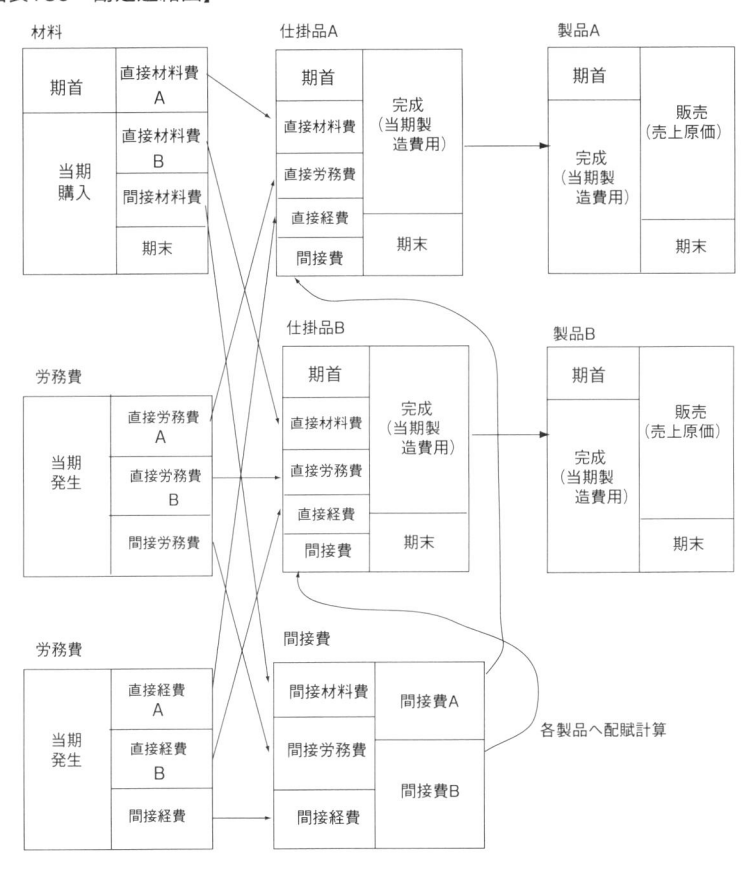

♣生産形態と原価計算方法は

製造業には、大きく分けて2つの生産形態があります。同種の製品を反復連続的に大量に作る生産形態と個別受注生産形態です。生産形態によって、原価計算の方法は変わってきます。

大量生産では、「総合原価計算」が行われます。単一の製品が生産されま

すので、原価計算期間中（例えば1か月間）に発生した原価を集計し、原価計算期間中の生産量で割って製品1個あたりの原価を求める方法です。

一方、個別受注生産では、「個別原価計算」が行われます。個別受注計算では、製品ごとの原価を把握する必要があるため、製品ごとに原価が集計されます。

♣標準原価計算と実際原価計算は

これまで見てきた原価計算は、実際に発生した原価を集計して製造原価を求める手続で、実際原価計算といいます。

原価実績を早く把握するために、価格面だけ標準的な価格（予定価格といいます）を用いることもあります。

実際原価計算は、次の算式によります。

> 実際原価＝実際単価×実際使用量 または、予定原価＝予定単価×実際使用量

これに対し、製品単位当たりの標準消費量と標準価格を定めて計算する標準原価計算という原価計算方法もあります。標準原価は、標準的な製造原価ということで、原価管理を効果的に行うことができますし、財務諸表目的においても棚卸資産や売上原価の算定の基礎とすることができます。

標準原価計算の算式は、 標準原価＝標準単価×標準使用量 によります。

♣原価差異とその分析・会計処理は

上の計算式を見ればわかりますが、標準原価計算を行うと、実際の製造原価と標準の製造原価の間に差異が発生します。この差異を、原価差異といいます。原価差異が発生する原因としては、価格面の差異と数量面の差異に分けられます。

価格面の差異とは、材料価格や賃率が標準と実際とで異なることにより生じる差異のことです。数量面の差異とは、材料の使用量や作業時間が標準と実際とで異なることにより生じる差異のことです（差異原因の分析については、Q80参照）。

発生した原価差異は、価格面の差異であって異常な状態に基づくものである場合には営業外損益として処理されますが、それ以外の差異については、当期の売上原価と期末の在庫に配分します。

税務上は、原価差異（税務では「原価差額」といいます）を原価と在庫に配分しますが、当期の製造費用のおおむね1％以内であれば、明細を添付することによって調整を行わなくてもよいこととなっています。

6 9月の「経理」事務

　9月は、経費処理のうち、主な経費の会計処理の方法と、各経費でそれぞれ問題となるポイントについてまとめています。

Q59 経費処理のポイントは

A 経費は物品やサービスの提供を受けた段階で計上します（発生主義）。会計上の費用と税務上の損金は必ずしも一致しません。
税務の取扱いには、注意が必要です。

♣経費にかかる取引は

　会社は、外部の業者から事務用品を購入したり、人材派遣を受けたりと、物品やサービスの提供を受けています。このような物品やサービスに対する支払いが経費です。

　経費にかかる取引は、図表140のようになります。

【図表140　経費の取引】

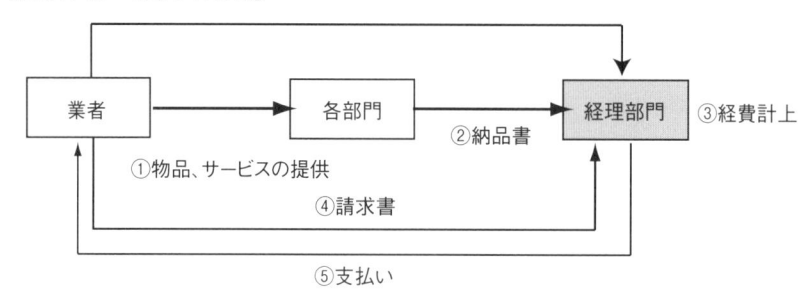

```
┌─────────────────────────────────────────────┐
│                                             ↓
│ ┌──────┐       ┌──────┐       ┌──────┐
│ │ 業者 │──────→│各部門│──────→│経理部門│  ③経費計上
│ └──────┘       └──────┘ ②納品書 └──────┘
│     │       ①物品、サービスの提供      ↑
│     └─────────────④請求書─────────────┘
│     ↑
      └────────────⑤支払い
```

♣経費計上のタイミングは

　経費の計上は、各部門から納品書が回ってきた段階で行います。このように、物品やサービスの提供を受けた時点で費用計上する方法を発生主義といいます。

　業者から請求書が届いた段階で経費計上する方法ですと、締日から月末（期末）までに受けた物品やサービスについて費用計上がなされませんので、多額になると適正な経理処理とはいえなくなるのです。

♣会計上の費用と税務上の損金は違う

　会計上は、発生主義により計上された経費はすべて費用となります。しかし、税務上では、すべての経費が損金として認められるわけではありません（Q27）。差異のある部分については、税務申告で調整が必要になります。

例えば、交際費（詳しくはQ64参照）。会計上は全額費用となりますが、税務上は損金として認められません。また、接待のあった日の属する年度の費用となりますが、税務上は支出のあった期の損金となります。

また、修繕費についても、会計上は費用処理とすることに問題はありませんが、税務上は、固定資産として計上しなければならない場合があります（Q67参照）。

中小企業では、税務申告に主たる目的をおいているところが多いと思います。特に不合理な結果が出ない限り、税務上損金になるか否かといったことを念頭において、経理処理を行っていくほうが効率的です。

♣製造経費と販売費及び一般管理費の関係は

経費には、製品の製造にかかる「製造経費」と販売や管理にかかる「販売費及び一般管理費」があります。

「製造経費」は、工場で発生する費用です。外注費や水道光熱費などがあります。

「販売費及び一般管理費」の経費は、営業部門や管理部門で発生する費用です。販売にかかる経費として、販売促進費や販売手数料、広告宣伝費、荷造運賃などがあります。管理にかかる経費としては、賃借料、修繕費、租税公課などがあります。

♣経費の按分は

工場経費と販売費及び一般管理費がそれぞれいくらかかったか直接把握できる場合には問題ありませんが、会社全体として一括でしか把握できない場合もあります。例えば、事務所と工場が一体となっている建物全体を借りている場合の賃料やそこで発生する水道光熱費などは、工場経費と販売費及び一般管理費が一括でしか把握できません。

このような場合には、何らかの合理的な基準によって、分けてやる必要が出てきます。この基準を「按分基準」といいます（図表141）。

【図表141　経費の按分基準の例】

経　費	按分基準
家賃	敷地面積の割合
建物減価償却費	〃
システムのリース料	人員の割合

Q60 人件費の処理ポイントは

A 人件費には、給料・賞与・各種手当をはじめ、福利厚生費、教育訓練費等、いろいろな項目が含まれます。
販売部門や管理部門に所属する人に支払われるものは給料、製造部門の人に支払われるものは賃金と区分されます。
経理処理だけでなく、源泉税の徴収や社会保険の業務も処理する必要があります。

♣人件費というのは

人件費とは、給与や手当、賞与以外にも、法定福利費や法定外の福利厚生費があり、教育訓練費や募集費も広い意味では人件費に含まれます。

【図表142　人件費の構成】

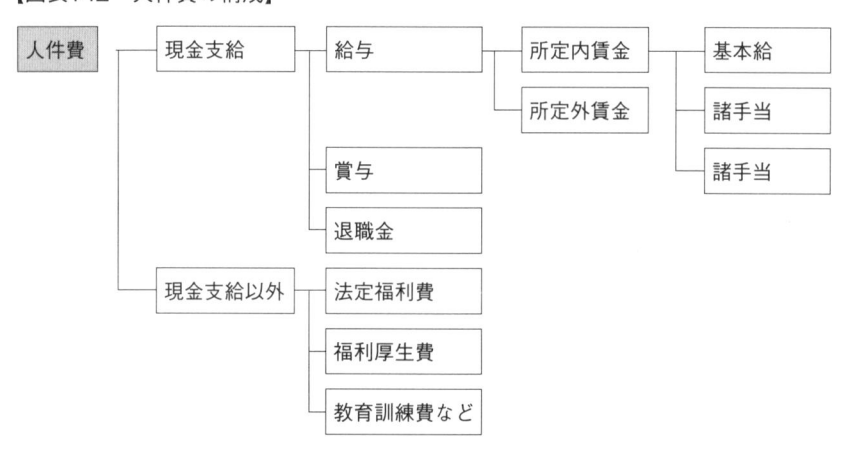

```
人件費 ─┬─ 現金支給 ───┬─ 給与 ───┬─ 所定内賃金 ─┬─ 基本給
        │              │          │              └─ 諸手当
        │              │          └─ 所定外賃金 ─── 諸手当
        │              ├─ 賞与
        │              └─ 退職金
        └─ 現金支給以外 ─┬─ 法定福利費
                        ├─ 福利厚生費
                        └─ 教育訓練費など
```

♣給与支給時の会計処理は

給与を支給するときは、源泉所得税、住民税、社会保険料等を天引します。また、同時に通勤費等を支給します。その処理は、図表143のとおりです。

【図表143　給与支給時の会計処理】

(借方)			(貸方)		
	給料手当	1,000,000		現金預金	995,000
	通勤交通費	100,000		預り金	80,000
	仮払消費税等	5,000		立替金	30,000

預り金というのは、所得税の源泉徴収、住民税の特別徴収、厚生年金保険料の天引分です。立替金は、雇用保険料の天引分です。給与からこれらの天

引分を差し引き、通勤手当と合わせて従業員に支給します。

通勤手当にかかる消費税は、通常必要であると認められる部分の交通費に関しては、課税仕入となり、消費税等部分は仮払消費税等で処理されます。

♣給与の計算期間は

給与には、会社の給与規定で定められた締日と支払日があります。例えば、20日締の25日払いといった場合、当月の25日に支給された給与は、先月の21日から当月の20日までの労働に対して支払われているということになります。

3月決算の会社では、3月21日から3月31日までの分は、未払給与を計上しなければなりません。

【図表144 給与の計算期間】

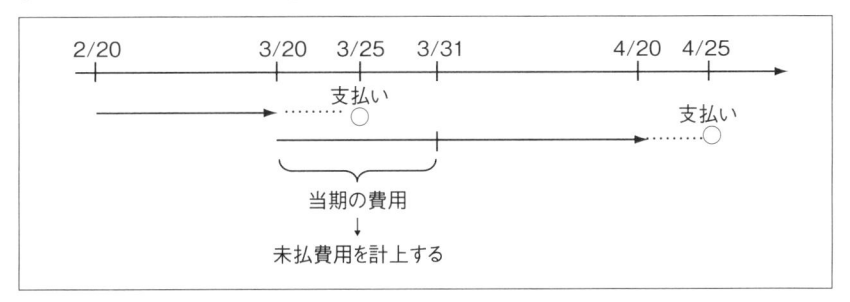

最近では、給与の計算期間を暦どおりにする（月末までの分を25日に支給してもらうことになります）会社が増えてきました。この場合、基本給など所定内賃金での未払計上はありません。

ただ、残業手当など所定外賃金部分は勤務実績の集計が必要になりますので、当月分は翌月25日に支給されることとなり、未払計上が必要となります。

♣給料の表示区分は

営業や管理部門の人件費は「給与」として販売費及び一般管理費で処理されますが、製造業などで製造部門に所属する人の人件費は賃金となり、原価計算の対象になります。また、役員に対する給与は、一般の従業員とは区分して役員給与とされます。

【図表145 決算書の表示区分】

給与	損益計算書の販売費及び一般管理費
賃金	製造原価報告書の人件費
役員報酬	損益計算書の販売費及び一般管理費

Q61 役員給与の扱いは

A 販売部門や管理部門に所属する人に支払われるものは給料、製造部門の人に支払われるものは賃金と区分されます。
役員給与は、取締役や監査役に支払われるものですが、税務上の取扱いに注意が必要です。

♣役員報酬というのは

　役員報酬とは、取締役や監査役に支払われる報酬のことです。会社法で役員報酬といえば、役員の職務に対する対価すべてをいい、役員退職金も役員報酬に含まれます。ここでは、月々支払われる給与と業績に従って支払われ役員賞与について説明します（役員退職金については、Q41参照）。

♣役員給与の決め方は

　役員は、会社のオーナーである株主から経営を委任されており、報酬については、定款または株主総会の決議により決定されることとなっています。
　ただ、算定基準が内規等で定められている場合には、定款や株主総会で総額を決定すれば、個々の役員にいくら支給するかまで決定する必要はなく、総額の上限を定めれば、個々の配分については取締役会で決定することができます。

♣役員給与の税務上の取扱いは

　税務上、役員報酬の取扱いは厳しいものとなっております。役員報酬は、企業（特に中小企業）で、利益が出たら役員報酬を上げるというように利益の調整弁として使われやすいと考えられますので、それを防止するという趣旨です。
　役員報酬の税務上の取扱いについては、平成18年度税制改正で大きく変更されました。
　改正前までは、役員報酬は役員報酬と役員賞与に区分され、定期的な支給（役員報酬）については損金可、臨時的な支給（役員賞与）については損金不可という取扱いで、基本的には役員へのボーナスは損金不算入となっていました。
　改正後では、役員報酬・賞与が役員給与として一体化され、あらかじめ事

前に定めた金額で支給した給与は損金算入を認めることに変更されました。これは、一見役員に対するボーナス支給も認められるようになったとみえますが、規定の内容や手続をみてみると、改正前の規定よりもむしろ厳しくなっている点に注意が必要です。

図表146は、損金算入が認められる3つの役員給与です。

【図表146 役員給与の税務取扱い】

項目	説明
① 定期同額給与	支給時期が1か月以下の一定期間ごとで、各支給時期における支給額が同額である給与。 期首より3か月以内の変更しか認められない（期首に遡って増額改定し、増額部分を一括支給する場合は一括支給部分については損金算入不可）、経営の著しい悪化による場合しか減額が認められない、といった制約があります。
② 事前確定届出給与	定期同額給与と利益連動給与を除く給与で、所定の時期に確定額を支給する給与で、事前に所轄の税務署に届出をしている給与。 役員のボーナスが損金算入できるという道を開きましたが、届出の記載はかなり詳細であり、また、定期ではなく別途支給する必要性について記載する必要があるため、利用しづらいという点があります。
③ 利益連動給与	企業が役員に対して支給する利益連動給与で、利益に関する指標に基づいて支給し、支給額の算定方法などが有価証券報告書に開示されていることが要件となります。 同族会社には認められず、上場企業向けの制度であることから、中小企業では採用されにくい制度です。

♣特殊支配同族会社の役員給与の損金不算入は

平成18年度改正で新しく設けられた制度に、「特殊支配同族会社の役員給与の損金不算入」があります。

事業年度終了のときに特殊支配同族会社（判定については図表146参照）にあたる企業が、業務主催役員に対して支給する給与の額のうち給与所得控除相当額は損金算入できないという制度です。

会社法の成立により、最低資本金制度が撤廃されるなど、簡単に会社が設立できるようになりました。本来個人で事業をやっていた人が、会社組織を作ることにより、税務上のメリットを得ることができます。

例えば、個人では事業所得を1,000万円であったものが、法人になると、全額役員給与として法人の課税所得はゼロとなる一方、個人の所得は給与所得となり給与所得控除が受けられるようになります。

Q61 役員給与の扱いは

そこで、実質的に社長1人でやっているような特殊支配同族会社については、給与所得控除相当額は損金算入できないという制度が設けられたのです。

【図表147　実質的な1人会社のオーナーへの役員給与の損金不算入制度】

```
                    ┌─────────────┐
                    │   内国法人    │
                    └──────┬──────┘
                           ↓
    ┌─────────────────────────────┐   No
    │        同族会社か              ├──────→ 摘
    └──────────────┬───────────────┘        要
                   │Yes                      な
  実                ↓                        し
  質 ┌─────────────────────────────┐   No  （
  的 │オーナー（「業務を主宰する役員」：1人）および │       租
  な │その同族関係者等が常務に従事する役員の過半数を├──→   税
  1  │占有しているか                              │       回
  人 └──────────────┬───────────────┘        避
  会                │Yes                      に
  社                ↓                        該
  の ┌─────────────────────────────┐   No  当
  判 │オーナーおよびその同族同族関係者等が常務に     ├──→   し
  定 │従事する役員の過半数を占有しているか          │       な
    └──────────────┬───────────────┘        い
                   │Yes                      場
                   ↓                        合
    ┌─────────────────────────────┐   No  に
    │実質的な1人会社（「特殊支配同族会社」）に該当    ├──→   限
    └──────────────┬───────────────┘        る
- - - - - - - - - -│- - - - - - - - - - - - -       ）
                   ↓
  適 ┌─────────────────────────────┐
  用 │基準所得金額（当該事業年度の開始前3年以内      │   No
  除 │に開始した各事業年度の所得等の金額［法人の     ├──→
  外 │所得（欠損）金額＋オーナーへの役員給与］の     │
    │平均額）が年1,600万円超か                   │
    └──────────────┬───────────────┘
                   │Yes
                   ↓
          ┌──────────────┐ No  ┌──────────────┐ No
          │基準所得金額が │────→│基準所得金額に占め├──→
          │年3,000万円超か│    │るオーナーへの役員│
          └──────┬───────┘    │給与の額の割合が  │
                 │Yes         │50％か           │
                 │            └────────┬────────┘
                 │                     │Yes
                 ↓                     ↓
          ┌─────────────────────────────┐
          │              適用あり                      │
          │（オーナーへの役員給与の給与所得控除相当額の損金不算入）│
          └─────────────────────────────┘
```

Q62 福利厚生費の処理は

A 福利厚生費は、従業員の労働環境を整備するための費用で、法定福利費とその他の福利厚生費からなります。
一定の限度を超えて支払うと、給与所得となり、源泉徴収の義務が生じます。

♣福利厚生費というのは

福利厚生費は、従業員の福利厚生のための費用で、法定福利費とその他の福利厚生費とに分けられます。

法定福利費は、健康保険料、厚生年金保険料、雇用保険料の事業主負担分と児童手当拠出金、労災保険料です。

その他の福利厚生費は、従業員の労働環境を整備するための費用で、従業員の健康診断等医療衛生や保険、慰安のために会社が負担した費用です。

♣法定福利費の範囲は

法定福利費は、広義の社会保険（Q19参照）の会社負担分です。

【図表148　社会保険のしくみ】

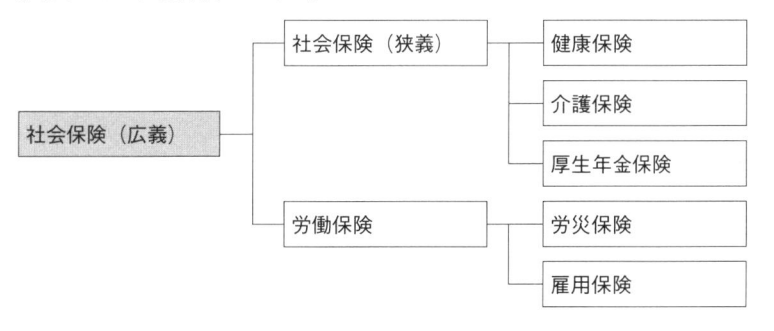

```
社会保険（広義）─┬─社会保険（狭義）─┬─健康保険
                 │                   ├─介護保険
                 │                   └─厚生年金保険
                 └─労働保険─────────┬─労災保険
                                     └─雇用保険
```

♣その他の福利厚生費

その他の福利厚生費とは、従業員の労働環境を整備するための費用です。

【図表149　福利厚生費の分類】

項目		該当費用
①	医療関係	常備医薬品、定期健康診断、医務室関係の費用、人間ドック費用
②	厚生施設関係	食堂給食費、社宅、保養所、体育館関係の費用

③	親睦活動関係	サークル活動に関する補助金、運動会・文化祭の費用、親睦旅行費用
④	慶弔関係	結婚祝、香典、見舞金、永年勤続表彰祝
⑤	消耗品関係	制服、作業服、茶やコーヒーの費用
⑥	保険料関係	従業員の生命保険料、損害保険料（Q70参照）

♣給与や交際費とみなされる場合もある

　福利厚生費でも、一定の額を超えたり、一部の従業員だけを優遇したりすれば、給与とみなされることがあります。給与とみなされれば、所得税がかかり、源泉徴収しなければならなくなるので、注意が必要です。

　また、通常要する範囲を超える場合には交際費となりますので、こちらにも注意が必要です。

【図表150　福利厚生費の取扱い】

項　目	取　扱　い
① 勤務時間内の食事代	従業員等の負担が50％以上で、会社負担が3,500円以下のものは非課税。
② 残業食事代・宿日直者の食事代	現物支給が原則。現金支給すると全額給与課税となります。
③ 宿日直料	1回4,000円以内は非課税。
④ 慰安旅行	4泊5日以内の期間で、全従業員の50％以上が参加。特定の従業員だけを対象としたものや、自己都合の不参加者に金銭を支給した場合には、参加者を含め全員が給与課税されます。
⑤ 忘年会・新年会	全社員を対象とし、内容、金額とも常識的なもので、1次会のみ。特定の社員のみの場合は給与扱い、または交際費とされます。
⑥ 福利厚生施設の利用	原則福利厚生費ですが、①役員のみを対象とするもの、②利用実績を確認しないもの、③現金支給のもの、④ゴルフクラブのプレー代は給与扱いになります。また、得意先を接待した場合には交際費となります。
⑦ 健康診断（人間ドック）	社会一般に行われるものは福利厚生費。特定の社員を対象とした場合は給与とされます。
⑧ 社宅の家賃	会社の支払う賃借料が50％以下の場合は福利厚生費。50％を超える場合、会社負担と本人負担との差が給与とされます。
⑨ 創立記念品等	記念品としてふさわしいもので、価額が10,000円以下のもの。
⑩ 永年勤続者の記念品等	記念品の支給、旅行、観劇などへの招待で、社会通念上相当であり、勤続10年以上のものを対象とし以後おおむね5年以上の間隔をおいて行われるものは非課税。
⑪ 商品等の値引販売	取得価額以上の販売で、通常販売価額の70％以上で、通常消費量と認められる数量である場合。
⑫ 慶弔費	一定の基準に従って支給する金品。割増支給の場合には割増分が給与課税されます。

Q63 旅費交通費・通勤費の処理は

A 旅費交通費は、業務遂行のために要した交通費や出張に対して支給した宿泊費や日当、食事代等をいいます。
通勤費も、旅費交通費で処理されますが、一定金額を超えると給与とみなされ、源泉徴収が必要になります。

♣旅費交通費というのは

　旅費は、役員や従業員が業務遂行のために遠隔地に出張した場合に旅費規定等によって支給される金額をいい、交通費は、一般に近距離の業務遂行のために要した電車、バス、タクシー等の実費をいいます。損益計算書の表示上は、旅費交通費として一括して記載されることが多い費目です。

　旅費交通費に含まれる支出は、業務上必要な、通常の航空料金、鉄道運賃、船賃といった交通機関の運賃や、自動車代、日当、宿泊料、食事代等で、合理的な金額の範囲内のものをいいます。

　旅費規定等に基づいて支給されるものは、その支給基準が社会通念に照らして相当である限り、その規定に基づく支払いが容認されます。

♣通勤費の取扱いは

　通勤のための交通費も、一般的に旅費交通費で処理されます。ただ、税務上、一定の金額を超えるものは、従業員等の給与所得とされ、源泉徴収をしなければならなくなりますので注意を要します。

　最も経済的で合理的な通勤経路、通勤方法であるならば、月に10万円までは、旅費交通費として損金計上が認められます。

　マイカー通勤については、通勤距離に応じて、非課税の枠が定められています（図表151）。

【図表151　通勤費の非課税扱い例】

片道35km以上	20,900円
片道25km以上35km未満	16,100円
片道15km以上25km未満	11,300円
片道10km以上15km未満	6,500円
片道2km以上10km未満	4,100円
片道2km未満	全額課税

Q64 交際費の処理は

得意先、仕入先その他の事業に関係ある者に対する営業上必要な接待及び交際に要した費用を処理する科目です。
税法上、一定限度を超えて支出した金額の損金算入が認められていません。実務的には、税務を考慮した処理が必要となります。

♣交際費というのは

交際費とは、会社が、得意先、仕入先、従業員その他事業に関係する人に対する接待や供応、慰安、贈答等の行為のために支出する費用をいいます。

♣税務上損金にならない

法人税法上、交際費は損金に算入されません。本来利益となる資金を使っての飲み食いは損金と認められない、という趣旨です。

販売促進費や会費、福利厚生費などは、交際費扱いとならないか注意が必要です。

資本金が1億円以下の中小法人については、400万円までは損金算入が認められますが、支出額のうち10％は損金算入が認められません。

【図表152　資本金1億円以下の中小法人の交際費の損金算入の例】

年間300万円の支出	300万円×10％＝30万円が損金不算入
年間500万円の支出	400万円×10％＋100万円（500万円－400万円）＝140万円が損金不算入

♣会議費の区分は

会議費とは、会社の事業活動を推進する目的で行う会議のための室料、茶果代、資料代等をいいます。飲食物を供与する点で、交際費と類似しますが、会議費は、税務上、損金算入することが認められていますので、交際費と明確に区分しておく必要があります。

飲食物を供与するために通常要する費用の基準として5,000円以下の飲食であれば、会議費として認められることになりますが、会議を行うにふさわしい場所で、そのような参加者で、どのような議題で会議が行われたかを議事録にして残すなど、明確に記録しておく必要があります。

Q65 消耗品費の処理は

A 消耗品費とは、会社の事業活動の中で消費されてしまうものや少額の工具や備品の購入費用をいいます。
金額と耐用年数によっては固定資産に計上したり、期末に未使用の在庫があれば貯蔵品に振り替えたりする必要があります。

♣消耗品費というのは

消耗品費とは、会社の事業活動の中で消費される消耗品や備品のために支払われる費用です。

消耗品費には、製造過程の中で使用される工場消耗品、事務用品、日常の使用品のほか備品費があり、必要に応じて勘定科目が細分化されます。

♣固定資産「工具器具備品」との関係は

税務上、耐用年数が1年以上で、1件の取得価額が10万円以上(特例の場合には30万円以上)の備品は、工具器具備品として固定資産に計上しなければなりません(Q77参照)。

耐用年数が1年未満もしくは1件10万円より小さいものについては、資産に計上せず、消耗品費として費用処理できます。

会計上は消耗品費として費用処理したとしても、ある程度の期間にわたって使用する場合があります。そのような場合には、備品台帳を作成し、備品の現物管理を行う必要があります。

特に、最近は情報管理の面から、パソコンの取扱いが厳しく要求されるようになっています。パソコンについては、どの部署あるいはどの人がどのパソコンを保管しているのか管理する必要があります。

♣期末に未使用のものは貯蔵品として資産に

消耗品を大量に購入し、期末に未使用の状態で残った場合には翌期の費用となりますので、貯蔵品として計上する必要があります。

【図表153　消耗品が期末に未使用の状態で残ったときの処理】

①	決算時	(借方)貯蔵品	××	(貸方)消耗品費	××
②	翌期首	(借方)消耗品費	××	(貸方)貯蔵品	××

Q66 広告宣伝費の処理は

A 不特定多数の人に対して宣伝的効果を期待して支出する費用をいいます。
取引の内容によっては、資産計上することになります。

♣広告宣伝費というのは

不特定多数の人に対して宣伝的効果を期待して支出する費用をいいます。チラシやポスターのほか、テレビCM、雑誌新聞への掲載のほか、製品カタログ制作費などの費用は広告宣伝費として処理します。

♣資産計上となる広告宣伝費は

広告宣伝のための費用であっても、図表154のような支出は、資産計上処理となります。

【図表154 資産計上となる広告宣伝費】

取引の内容	処理ポイント
① 社名や商品名を表示した陳列ケースや看板そのもの等の広告宣伝用資産を無償又は低廉な対価で販売店等に譲渡する場合の支出	その効果が1年を超えると考えられるため、税務上は繰延資産とされ、企業会計では長期前払費用とされます。
② 交通機関に看板を設置する等、一定の契約に従い、継続して役務の提供を受ける場合の支出	いまだ提供されない役務に対し支払った対価は、前払費用とされます。
③ 広告塔やネオンサインなどを製作又は購入する支出（少額なものを除く）	構築物、器具備品等の有形固定資産。
④ 販売代理店に配布するための見本帳やカタログ等を期末に未使用のまま在庫している場合	貯蔵品として処理します（少額なものは費用処理でも認められます）。

♣インターネットの利用は

広告宣伝のためのホームページ制作や保守運用にかかる費用も広告宣伝費として処理します。

ただし、税務上、単なる広告宣伝のものは全額損金処理できますが、ソフトウェアを用いることによりデータベースにアクセスできるようなしくみになっているものは、制作費用の中に含まれるプログラムの制作費部分を「ソフトウェア」として無形固定資産に計上し、5年で償却する必要があります。

Q67 修繕費の処理は

A 修繕費は、有形固定資産の使用価値を維持するために支出した費用のことです。
固定資産の価値を高めたり、性能を向上させるための支出は、資本的支出として固定資産に計上されます。
大規模修繕工事は、引当金の対象となります。

♣修繕費というのは

　有形固定資産を使用していると、資産が故障したり擦り減ったり汚れたりします。また、時の経過により、機能や性能が低下する場合もあります。このような場合に、現状回復し、本来の機能を維持のための支出を修繕費といいます。

　また、故障や劣化を未然に防ぐために行われるメンテナンスや保守のための費用も修繕費として処理されます。

♣資本的支出と修繕費の区分は

　固定資産について、通常行われる修理・保守のための支出は、修繕費として処理します。

　一方、その支出によって当該固定資産の価値が増加し、または耐用年数が延長するときは、その支出額を取得原価に加えなければなりません。このような支出を資本的支出といいます。

　例えば、建物の増築・改築が行われた場合には、建物という資産の価値の増加または耐用年数の延長をもたらすため、このための支出は資本的支出として建物の帳簿価額に加算されます。

【図表155　建物の改修をしたときの処理】

建物の改修に1,000（消費税別）を支出した結果、見積残存耐用年数が10年から15年に延長した。			
（借方）建物　　　　　666（注）		（貸方）現金預金　　1,050	
修繕費　　　　334			
仮払消費税　　50			
（注）1,000×10年/15年＝666			

　修繕費か資本的支出かの判定は、法人税基本通達に定められています。規定をまとめると、図表156のフローチャートのようになります。

【図表156　修繕費か資本的支出かの判定】

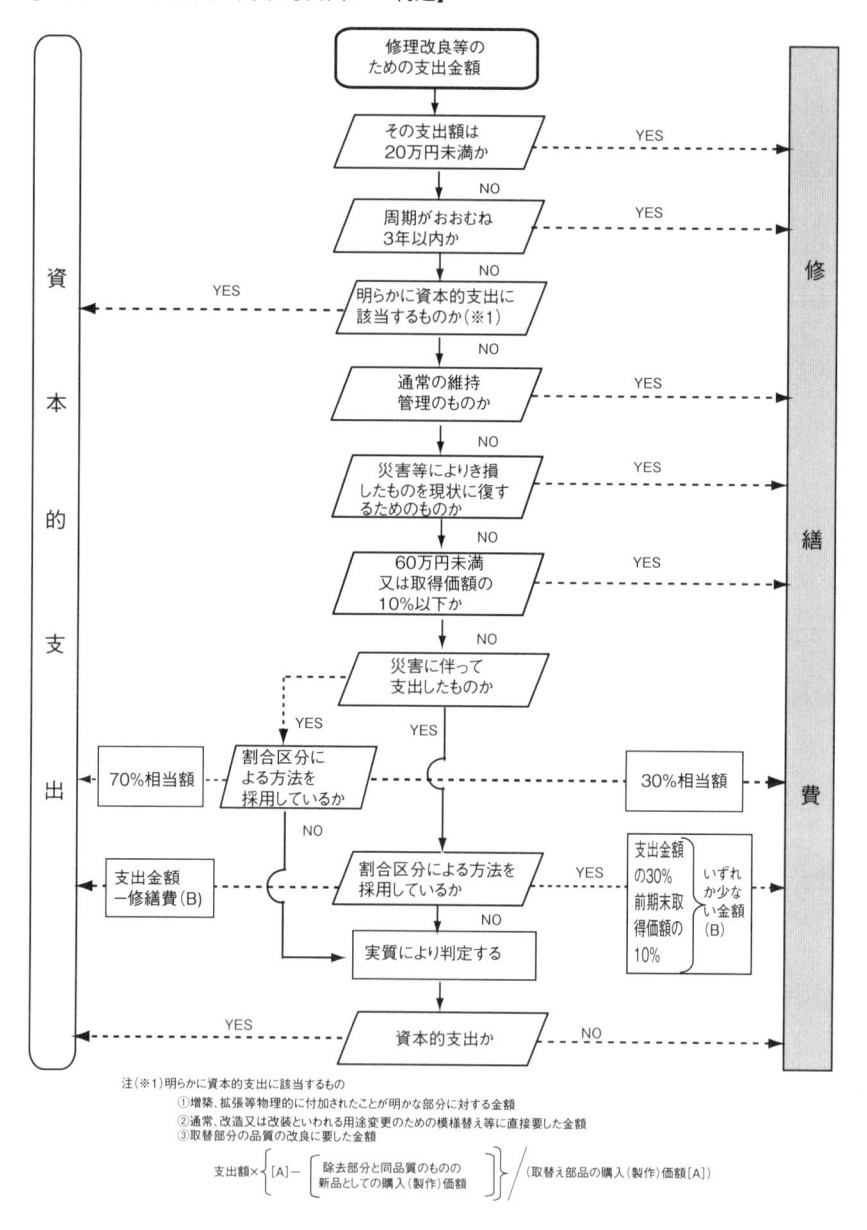

```
                    ┌──────────────┐
                    │ 修理改良等の │
                    │ ための支出金額│
                    └──────┬───────┘
                           │
                    ┌──────▼───────┐     YES
                    │ その支出額は ├──────────→ 修繕費
                    │ 20万円未満か │
                    └──────┬───────┘
                           │ NO
                    ┌──────▼───────┐     YES
                    │ 周期がおおむね├──────────→ 修繕費
                    │ 3年以内か   │
                    └──────┬───────┘
                           │ NO
         YES        ┌──────▼───────┐
資本的支出 ←────────┤ 明らかに資本的支出に│
                    │ 該当するものか（※1）│
                    └──────┬───────┘
                           │ NO
                    ┌──────▼───────┐     YES
                    │ 通常の維持   ├──────────→ 修繕費
                    │ 管理のものか │
                    └──────┬───────┘
                           │ NO
                    ┌──────▼───────┐     YES
                    │ 災害等によりき損├────────→ 修繕費
                    │ したものを現状に復│
                    │ するためのものか │
                    └──────┬───────┘
                           │ NO
                    ┌──────▼───────┐     YES
                    │ 60万円未満   ├──────────→ 修繕費
                    │ 又は取得価額の│
                    │ 10%以下か   │
                    └──────┬───────┘
                           │ NO
                    ┌──────▼───────┐
                    │ 災害に伴って │
                    │ 支出したものか│
                    └──┬────────┬──┘
                   YES │        │ YES
           ┌───────────▼──┐  ┌──▼──────────┐
           │ 割合区分に   │  │             │→ 30%相当額 → 修繕費
           │ よる方法を   │  │             │
           │ 採用しているか│  │             │
70%相当額 ←┤ (YES)        │  └─────────────┘
           └──────┬───────┘
                  │ NO
           ┌──────▼───────┐     YES   ┌──────────┐
支出金額   │ 割合区分による ├──────────→│支出金額  │→ いずれか
－修繕費(B)│ 方法を       │            │の30%    │  少ない
←─────────┤ 採用しているか │            │前期末取  │  金額(B)→修繕費
           └──────┬───────┘            │得価額の  │
                  │ NO                 │10%      │
           ┌──────▼───────┐            └──────────┘
           │ 実質により判定する│
           └──────┬───────┘
                  │
           ┌──────▼───────┐
     YES   │              │     NO
資本的支出←┤ 資本的支出か ├──────→ 修繕費
           └──────────────┘
```

注（※1）明らかに資本的支出に該当するもの
　①増築、拡張等物理的に付加されたことが明かな部分に対する金額
　②通常、改造又は改装といわれる用途変更のための模様替え等に直接要した金額
　③取替部分の品質の改良に要した金額

$$支出額 \times \left\{ [A] - \begin{bmatrix} 除去部分と同品質のものの \\ 新品としての購入（製作）価額 \end{bmatrix} \right\} \Big/ （取替え部品の購入（製作）価額[A]）$$

Q68 賃借料の処理は

A 不動産や動産の賃借に要する費用をいいます。
リース取引については、リースの種類によって、処理方法が異なります。

♣賃借料というのは

　土地建物などの不動産や機械装置などの動産を賃借することにより、所有者に対して支払う賃料のことです。

　土地の賃借料には、消費税はかかりません。

　不動産賃借料は、毎月支払う場合と１年分等をまとめて支払う場合とがあります。後者の場合には、期末に前払いとなっている月数分相当額を、前払費用として資産の部に計上します。期末に未払いがある場合は、月数分相当額を、未払費用として負債の部に計上します（Q108参照）。

　賃借料は、賃借した不動産等が製造部門で使用されている場合には、製造経費（製造原価）に含まれ、それ以外の部門で使用される場合には、販売費及び一般管理費区分に計上されます。

♣リース取引の取扱いは

　リース取引には、会計処理方法が「賃貸借処理」と「売買処理」の２つあります。月々の支払リース料を賃借料として計上する方法を「賃貸借処理」といい、取得原価相当額を固定資産として計上し、支払リース料を減価償却費と支払利息に分けて計上する方法を「売買処理」といいます。

　リース取引には、「ファイナンス・リース」と「オペレーティング・リース」とがあります。ファイナンス・リースとは、資産の賃貸借で、賃貸借期間中の契約解除が禁止されており、かつ、賃借人が当該資産の使用に伴って生ずる費用を実質的に負担する等の要件を満たすものをいい、ファイナンス・リース以外のリース取引は、オペレーティング・リースとなります。

　ファイナンス・リースは、さらに「所有権移転ファイナンス・リース」と「所有権移転外ファイナンス・リース」に区分されます。リース契約時にリース物件が無償または安い価格で入手できる契約になっているものを所有権移転ファイナンス・リースといいます。

　所有権移転ファイナンス・リースは売買処理により、所有権移転外ファイ

ナンス・リースとオペレーティング・リースは賃貸借処理により処理します。

なお、税制改正により、平成20年4月から、「所有権移転外ファイナンス・リース取引」については、売買処理されることとなりました。

【図表157 リースの種類】

リースの種類	H20年3月以前	H20年4月以降
① 所有権移転ファイナンス・リース	売買処理	売買処理
② 所有権移転外ファイナンス・リース	賃貸借処理	売買処理
③ オペレーティング・リース	賃貸借処理	賃貸借処理

【図表158 賃貸借処理か売買処理かの判定表】

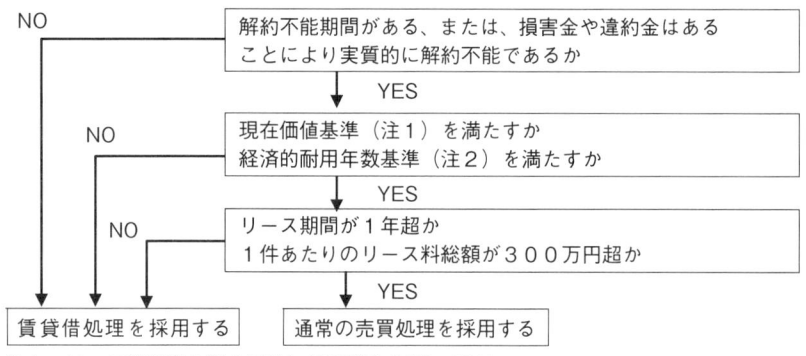

```
        NO      解約不能期間がある、または、損害金や違約金はある
     ┌────────  ことにより実質的に解約不能であるか
     │                       ↓ YES
     │          現在価値基準（注1）を満たすか
     │  NO      経済的耐用年数基準（注2）を満たすか
     │ ┌──────
     │ │                     ↓ YES
     │ │  NO    リース期間が1年超か
     │ │ ┌──── 1件あたりのリース料総額が300万円超か
     │ │ │                   ↓ YES
 ┌───┴─┴─┴──────┐   ┌──────────────┐
 │賃貸借処理を採用する│   │通常の売買処理を採用する│
 └────────────┘   └──────────────┘
```

注1：リース料総額の現在価値≧見積購入価額×90％
注2：解約不能リース期間≧経済的耐用年数×75％

♣リースの会計処理は

リース取引を売買処理した場合の会計処理は、図表159のようになります。ここでは、簡単にするため利息等は無視します。

【図表159 リースの会計処理の例】

```
毎月30,000円、60回（合計1,800,000円）のリース契約を処理します。
①契約時：リース資産を計上します。貸方はリース債務です。
　（借方）リース資産　　1,800,000　　（貸方）長期リース債務 1,800,000
②リース料支払い時：リース債務を取り崩して支払います。
　（借方）長期リース債務　　30,000　　（貸方）現金預金　　　　　30,000
③決算時：リース資産の減価償却費（耐用年数5年、定額法）を計上します。リース債
　務は、1年以内の分を短期に振り替えます。
　（借方）減価償却費　　　360,000　　（貸方）減価償却累計額　　360,000
　（借方）長期リース債務　360,000　　（貸方）リース債務　　　　360,000
```

Q69 通信費・荷造運賃の処理は

A 通信費は、電話料や郵便切手代等をいいます。荷造運賃は、商品の発送や配達のための材料費や車代をいいます。
期末に、郵便切手や荷造材料で未使用のものがあれば、貯蔵品として資産計上します。

♣通信費というのは

電話料や郵便切手代等をいいます。最近は、従業員に貸与している携帯電話の料金やインターネットの接続料なども通信費として計上されます。

♣切手等の管理は

切手や収入印紙、電車のプリペイドカードは、「現金同等物」として、簡単な記録で十分なので受払管理をする必要があります。

会計上は、購入時点で、「通信費」、「租税公課」、「旅費交通費」といった経費で処理されてしまうので、帳簿に資産として残りません。一方で、金券ショップで換金することもでき悪用される危険の高いものです。

切手や収入印紙は、シートでなく、ばらばらにして保管するようにします。期末には現金実査（Q104参照）と合わせて、切手の実査も行い、未使用残高を把握します。

♣荷造運賃というのは

荷造運賃とは、商品を顧客に届ける際に、梱包したり包装したりする資材に支出する費用や、車代・配送代をいいます。

♣仕入にかかる運賃の処理は

販売にかかる運賃は、荷造運賃で処理されますが、仕入にかかる運賃（引取運賃）は、外部副費として、棚卸資産の取得価額に算入しなければなりません（Q57参照）。

♣期末に未使用のものは貯蔵品として資産計上

切手や印紙、荷造材料に期末未使用のものがあるときは、貯蔵品として資産に計上します（Q65を参照）。

Q70 支払保険料の処理は

A 掛捨の火災保険料やその他の損害保険料を処理する費用科目をいいます。
生命保険の場合には、内容に応じ、福利厚生費又は資産勘定で処理します。

♣損害保険の処理は

会社は、万一の場合に備えて、建物、機械装置等の固定資産及び商品、製品、原材料等の棚卸資産を対象に火災保険を掛けます。

保険事故がない限り掛捨となる火災保険料（建物、機械装置等の固定資産及び商品、製品、原材料等の棚卸資産が対象）や、その他の損害保険料（海上保険、運送保険、自動車保険、傷害保険、盗難保険等）は、支払保険料として処理します。

損害保険は、契約期間が１年以上にわたる場合もあります。１年以内の分は前払費用、１年を超える分については長期前払費用で処理します。

♣生命保険の処理は

生命保険は、大きく分けて２種類のタイプがあります。会社が契約者で、従業員・役員を被保険者とする生命保険料の処理は、図表160のようになります。

【図表160　生命保険の処理方法】

保険の種類	死亡保険金受取人	満期保険金受取人	処理
① 定期保険　一定期間内に被保険者が死亡した場合にのみ保険金が支払われるもの。保険料は掛捨となります。	会社	―	支払保険料
	従業員の遺族	―	支払保険料、ただし役員のみを対象とするものは給与
② 養老保険　被保険者が死亡しなかった場合、保険期間が終われば、満期保険金が支払われるもの。	会社	会社	全額資産計上
	従業員の遺族	会社	1/2は支払保険料、1/2は資産計上
	従業員の遺族	従業員	給与

7 10月の「経理」事務

　資金繰りは、会社の存続にとって最も重要なものといっても過言ではありません。資金ショートを起こせば、会社はたちまち倒産です。
　資金繰り表の作成、資金繰りがうまくいかないときの対応などについてまとめています。

Q71 資金繰りってなに・その目的は

A 資金繰りとは、予定される入金と出金のタイミングのズレなどによって生じる不足額の支払いに困らないようにやりくりすることです。
資金不足が生じ、不渡りを出すと、会社は事実上倒産ですので、資金繰りは重要な業務です。

♣資金繰りというのは

資金繰りとは、予定される支払い（資金の出）と入金（資金の入り）のタイミングなどを見計らい、資金が不足するときは借入れなどによりやりくりすることをいいます。

資金繰りは、会社の運営を資金面で支えることが目的ですから、経理の重要な仕事の1つです。

【図表161　資金繰りのしくみ】

当月（4月）計上
売上代金の回収　　　翌々月末　　　　　1,000
仕入代金の支払い　　翌月末　　　　　　　300
従業員への給与支払い　当月末　　　　　　200
月初の資金　　　　　　　　　　　　　　　500
利益は100計上されますが、月々の資金残高を見てみると5月にマイナスとなり資金ショートを起こします。

	3月	4月	5月	6月
収入		—	—	1,000
支出仕入 人件費		200	300 200	— 200
月末資金残高	500	300	△200	600

5月末になれば、一時的な借入を行って、6月末の売上代金の回収資金で返済すればよいことがわかります。

♣なぜ資金繰りは重要か

"黒字倒産"とか"勘定合って銭足らず"という言葉があります。会計上は利益が出ているのに、資金が不足し倒産してしまうことです。

信用取引のもとでは、売上を計上したからといってすぐに入金されるわけではなく、仕入を計上したからといってすぐに支払いが生じるわけではありません。

こうした入金と出金のタイミングのズレにより資金不足が生じることがあります。
　したがって資金不足を把握できないと、支払いが遅延して取引先の信用をなくすことになります。
　小切手や手形の支払期日に資金不足となれば、不渡りを出すことになります。不渡りを２回出せば銀行取引停止となり、正常な取引は不可能となります。事実上の倒産です。
　そこで、資金繰りが必要になるわけです。

♣資金繰りが行き詰まる遠因は
　資金繰りが行き詰まるとは、資金の入りが出に追いつかなくなった状態のことで、じわじわと効いてくる慢性的なものと突然ショートしてせっぱ詰まるものがあります。

【図表162　資金繰りが行き詰まる遠因】

項目	資金繰りに与える影響
① 売上の不振	売上が減少すれば、当然資金が回収されませんので、資金繰りは苦しくなります。
② 利益の減少	資金繰りは会計上の利益と必ずしも一致しませんが、密接に連動しています。利益が減少すれば入金も減少し、資金繰りは苦しくなります。
③ 赤字の累積	赤字の累積は、売上の減少、利益の減少が慢性的になっているということです。資金繰りは当然厳しくなります。
④ 不良債権の増加	債権は回収されれば資金となりますが、不良債権となって代金が回収されなければ資金繰りは苦しくなります。
⑤ 不良在庫の増加	在庫は販売されることにより、資金回収されますが、不良在庫となって滞留すれば、資金を固定することになり、資金繰りを苦しくします。
⑥ 設備投資の過剰	過剰な設備投資は、資金の固定化を招きます。設備投資の資金回収は、設備を利用して製造した製品を販売することによってしか回収できません。設備投資資金は通常長期借入金で賄いますが、販売不振などで当初見込みどおりの資金が回収できなくなると資金繰りは厳しくなります。
⑦ 仕入債務の増加	買掛債務の増加は、取引サイトの改善を意味し、一時的には資金繰りを楽にします。しかし、収益の伸びがみられなければ、将来的な支払金額の増加につながることになります。
⑧ 借入金の増加	借入金を増やすことは、一時的には資金繰りを楽にしますが、長い目で見れば、返済及び支払利息の負担が資金繰りを困難にします。賞与支給や税金支払いといった短期的かつ明確な目的を持つ借入金は、売掛金の回収などで返済のめどが立つ状態にありますが、赤字の補てんのために借入金を膨らませることは、将来的には必ず資金繰りを厳しくすることになります。

Q72 資金繰り表の種類・作成は

A 資金繰り表は、一定期間の資金の収支を集計して、過不足や調達、繰越の状況を表すものです。
この資金繰り表の作成により、現在の資金状況で将来のやりくりができるか否か、できないときはどうするかなどの対策がとれます。

♣資金繰り表の種類は

　資金繰り表は、図表163のような種類があります。

【図表163　資金繰り表の種類】

資金繰り表の種類
- ① 年次資金繰り表
- ② 3か月・6か月資金繰り表
- ③ 月次資金繰り表
- ④ 週次資金繰り表
- ⑤ 日次資金繰り表

♣資金繰り表の作成は

　図表163の資金繰り表作成のねらいは、図表164のとおりです。

【図表164　資金繰り表作成のねらい】

項目	説明
① 年次資金繰り表	利益計画や要員計画、設備計画をもとに、必要となる資金はいくらほどで、それをいかに調達するか、逆に資金に余裕のあるときはそれをどのように運用するかといったことをまとめたものです。
② 3か月・6か月資金繰り表	3か月あるいは半年後の資金は足りるかどうか、足りない場合にはどうやって調達しようかといったことをまとめたものです。
③ 月次資金繰り表	来月の資金は足りるかどうか、足りない場合にはどうやって調達しようかといったことをまとめたものです。
④ 週次資金繰り表	月次資金繰り表を週単位にしたものです。⑤の日次より厳しくはないものの、向こう1週間の資金の入りと出をやりくりに使うものです。

| ⑤ 日次資金繰り表 | 月次資金繰り表を日単位にしたものですが支払いに追われているときに日単位でやりくりに使うものです。 |

♣資金繰り実績表の作成は

事前の資金繰り予定表に対して、資金繰り実績表の作成も行います。

１か月間の収入・支出の実績を当初の資金計画と比較して、資金計画の見直しを行うことが大事です。

資金繰りの第一の目的は、支払資金が不足することがないようにすることです。

資金繰りの第二の目的は、資金調達に必要なコストをできるだけ安くあげることです。実績と当初の資金計画とを比較して、その差異が発生した原因を調査し、借入が本当に必要だったか、資金は余裕があったのに借入したのではないかといろいろ検討してみることが大切です。

資金繰り表の金額が正確に見積もれるほど、必要な資金調達の回数が減って、借入コストや借入にともなう事務処理のコストが節約できるようになります。

資金繰り実績表を作成し、予算と実績の差異を分析することによって、次月以降の見積もりがより正確に行えるようになるのです。

♣資金繰り表を使いこなすポイントは

資金繰り表を使いこなすポイントは、図表165のとおりです。

【図表165　資金繰り表を使いこなすポイント】

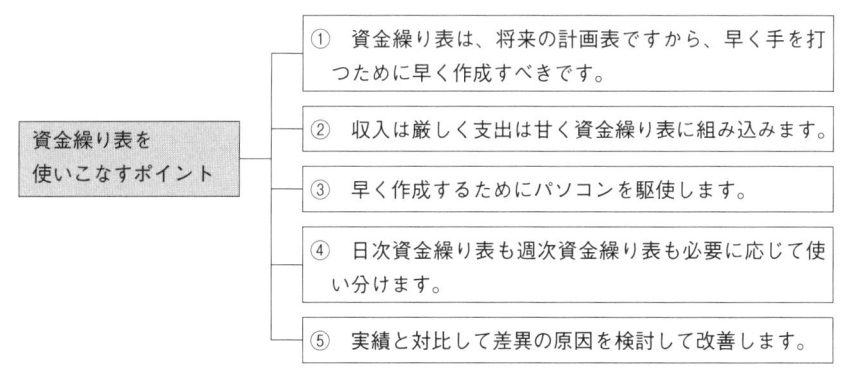

資金繰り表を使いこなすポイント
- ① 資金繰り表は、将来の計画表ですから、早く手を打つために早く作成すべきです。
- ② 収入は厳しく支出は甘く資金繰り表に組み込みます。
- ③ 早く作成するためにパソコンを駆使します。
- ④ 日次資金繰り表も週次資金繰り表も必要に応じて使い分けます。
- ⑤ 実績と対比して差異の原因を検討して改善します。

Q73 資金繰りの入出金の予測のしかたは

A まず取引条件から、入金・出金のわかるものを上げます。次に、売上や仕入・経費の見積りをし、将来の入金予想をします。財務項目や非経常項目についても、予測に入れます。

♣取引条件を洗い出す

売掛金は取引先ごとに決済条件が決まっていますので、現時点で保有する売掛金がいつ入金されるかは簡単に予測できます。売掛金回収予定表が作成されていれば、いつどれだけの入金予定があるか一目瞭然です。

買掛金も同様に取引条件が決まっていますので、いつ支払わなければならないかが明確に予測できます。

受取手形、支払手形は、支払期日に入金・出金になります。

♣売上高を予測する

資金繰りの予想の中で最も難しいのが、売上の予測を立てることです。売上は業種によっても異なり、月々の変動が少ない業種もあれば、季節的な変動の多い業種もあります。

変動の大きい業種では、前年同月など過去のデータを参考にして、当期の動向を踏まえながらできるだけ正確な予測を行うように心掛けましょう。

予算編成の際に月別の売上高を予測していることも多いと思われます。この場合には、当初の予算と期首から当月までの状況を踏まえて、予測を立てるようにします。

♣原価・経費を予測する

原価は、売上高と同じように推移しますので、売上高の予測に平均的な原価率を掛けていけばおおよその予測ができます。

製造業の場合は、生産に要する時間（リードタイム）を考慮して材料調達や外注費などの発生を予測します。

経費には、販売手数料や荷造運賃といった売上高に応じて変動する変動費と賃借料や保険料といったほとんど変動しない固定費があります。変動費は売上高予測に応じて予測し、固定費は昨年実績を参考に予測します。

♣財務活動の入出金を予測する

　財務活動による入出金も織り込む必要があります。財務活動による入金には、定期預金の満期による入金や貸付先からの返済による入金、借入の実施などがあります。財務活動による出金には、借入金の返済や利息の支払い、定期預金の預け入れや、貸付の実施による出金があります。

　これらは、毎月定額であったり、契約で明示されたりしているため、その金額と日付で表を作成します。

♣1年間の資金需要に対する予測

　会社では、年間を通じて一時的に資金が必要になるときが決まっています。どの時期に、いくらの資金が必要となるかを予測しなければなりません。

【図表166　年間の資金予測のしかた】

時期	項目	予測のしかた
4月 7月 12月 2月	固定資産税の納付	固定資産税は、大きな地価の変動がなければほぼ昨年並みに発生すると予測されます。4月に一括で納付することもできますし、4、7、12、2月と4期に分けて納付することもできます。
5月	法人税、法人住民税、事業税の納付	利益計画から計算される利益に必要となる税務調整を加味して所得を算出し、納付する金額を求めます。
	消費税の納付	利益計画で予測される売上、経費から消費税額を見積り、納付税額を見積もります。
	自動車税の納付	自動車の増減を考慮に入れて金額を見積もります。
7月	夏の賞与支給	当期の予算に基づいて、支給額を予測します。
11月	法人税等の中間納付	前年度の納付額の2分の1が予測されます。特に中間で仮決算した金額で申告をすると考えている場合には、その数字を用います。
12月	冬の賞与支給	当期の予算に基づいて、支給額を予測します。

♣その他非経常的な入出金を予測する

　通常の営業活動以外の入出金も織り込む必要があります。イレギュラーな入出金としては、固定資産の取得や売却、有価証券の取得や売却があります。

　投資計画や契約書をもとに、日付と金額を予測します。

Q74 資金繰り表の作成手順は

A 資金繰り表は、原則として社内の検討のために作成するものですから、自社にあった使いやすいものにします。
経理は、各部署からの資金繰り情報を集め、実績表をつくるとともに来月以降の予定は"資金の出は甘く入りは厳しく"見積もります。

♣資金繰り表の作成手順は

資金繰り表の作成手順は、図表167のとおりです。

【図表167 資金繰り表の作成手順】

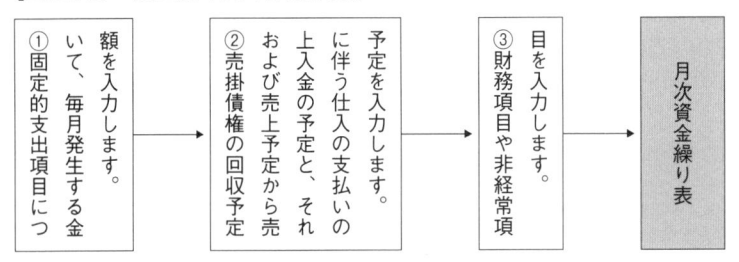

① 固定的支出項目について、毎月発生する金額を入力します。 → ② 売掛債権の回収予定および売上予定から売上入金の予定と、それに伴う仕入の支払いの予定を入力します。 → ③ 財務項目や非経常項目を入力します。 → 月次資金繰り表

♣資金繰り表作成に必要な資料は

経理が資金繰り表作成のために各部署から集める必要資料は、図表168のとおりです。

【図表168 資金繰り表作成に必要な資料】

	部署	管理資料
①	営業	売上日報　売掛金回収日報　残高確認　滞留債権　クレーム等
②	購買	仕入日報　支払予定　残高確認など
③	製造	生産日報　ロス率報告　設備購入稟議書　設備修繕報告　不良発生等
④	物流	入出庫報告　在庫報告　配送記録　滞留品　事故等
⑤	総務人事	人事配置図　固定資産　リース資産　付保状況　火災・盗難等

♣フォームは自由

資金繰り表は、決まった様式はありませんので、自社にあった使いやすいものを作成できます。金額も、円単位でなく、千円・万円で十分です。
図表169は、一般的な月次資金繰り表です。

【図表169　月次資金繰り表の例】

項目		4月		5月		6月	
		予算	実績	予算	実績	予算	実績
前月繰越（A）							
営業収入	現金売上入金						
	売掛金回収						
	受取手形決済						
	その他						
	経常収入合計（B）						
営業支出	買掛金支払						
	支払手形決済						
	役員報酬						
	従業員給料						
	従業員賞与						
	地代家賃						
	租税公課						
	リース料						
	支払保険料						
	修繕費						
	その他						
	経常支出合計（C）						
経常収支（D）＝（B－C）							
財務収入	借入金入金						
	手形割引						
	その他						
	財務収入合計（E）						
財務支出	借入金返済						
	その他						
	財務支出合計（F）						
財務収支合計（G）＝（E－F）							
その他	設備投資						
	その他						
	その他の収支合計（H）						
当月差引金額(I)＝(D＋G＋H)							
翌月繰越金額（A＋I）							

♣銀行用資金繰り表の作成ポイントは

　新規の融資を申込む際、あるいは定期的に、銀行に資金繰り表の提出を求められることがあります。

　短期的な資金需要については、通常の資金繰り表の提出で足ります。売上高に対して仕入が大きくなっていないか、売掛金・受取手形の回転期間が悪くなっていないか、経費に無駄な支出はないかといった観点から資金繰りがチェックされます。

　長期の資金需要に関しては、長期的な利益計画の基づいた資金計画の資金繰りが求められます。長期的にみても利益計画は実行可能で、借入金の返済原資は営業からのキャッシュで無理なく賄えるかどうかといった観点で、チェックされます。

Q75 資金繰りがうまくいかないときの対応は

A 先行き3か月～6か月の資金繰り表を作成し、資金ショートが判明した場合には、すぐに対策を取らなければなりません。短期的な対策だけでなく、長期的な資金繰りを安定させるように、資金繰りが苦しい原因を探り、対応していくことが必要です。

♣資金繰りと貸借対照表の関係は

資金繰りと貸借対照表には、深い関係があります。貸借対照表の借方は、資金の運用項目が計上され、貸方には資金の調達項目が計上されています。借方の運用項目は、資金そのものである現金預金と、回収されて資金になるのを待っている項目のふたつからなっています。

貸借対照表は、貸借が一致するしくみとなっているので、借方項目が大きくなると資金項目は小さく、すなわち資金繰りは苦しく、貸方項目が大きくなると資金項目は大きく、すなわち資金繰りは楽になります。

貸方項目を増やす方法としては、社外からの資金調達、買掛債務の支払延期などが考えられます。

借方項目を増やす方法としては、売掛債権の早期回収、不良資産・遊休資産の処分が考えられます。

【図表170　資金繰りと貸借対照表の関係】

貸借対照表

現金預金　　　資金	負債　　　資金の調達
その他の資産　将来資金となるもの（今は資金が寝ている状態）	純資産

♣社外からの資金調達は

資金繰り表を作成し、資金不足が予想されるときは、早めに対応を取らな

ければなりません。

一番手っ取り早い対応策として、銀行借入など、社外から資金を調達する方法です。図表171は、社外から資金を調達する方法をまとめたものです。

【図表171　社外からの資金調達方法】

調達方法	内　　容
① 手形割引	支払期日前に手形を銀行に持込み、資金化してもらう方法です。すぐに資金化できますが、割引料を支払う必要があります。当社の信用だけでなく、取引先も信用のある手形であることが必要です。
② 短期借入金	手形借入と当座借越があります。いずれも比較的すぐに資金調達できるというメリットがあります。 特に当座借越は、あらかじめ契約を結んでおくと資金が不足するときに銀行が自動的に貸し付けてくれるので便利です。利息の支払い、銀行からの信用が必要になります。
③ 長期借入金	証書貸付がメインで、長期にわたる借入となりますので、設備投資などを目的とする場合の借入となります。
④ 社長からの借入	社長に資金さえあれば、最も簡単な資金調達方法です。ただ、対外的な信用が低下するおそれがあります。
⑤ 取引先からの借入	当社が主要な取引先である場合には、取引先からの借入も比較的簡単に行えますが、交換条件として、取引内容を厳しくされる可能性もあります。
⑥ 社債の発行	多数の引受人を対象とする公募債の発行は大がかりなものとなり、中小企業での利用は難しいかもしれません。 最近、中小企業の資金調達で、私募債の発行が多くなっています。これは、取引金融機関を引受人として社債を発行するもので、実質的には銀行借入と同様です。ただ、銀行に対して、利息のほか社債の発行手数料を支払うこととなります。
⑦ 株式の発行	いわゆる増資です。新株式を発行し、資金を払い込んでもらいます。返済も利払いも不要で安定した資金となりますが、出資者は株主となって、会社運営に口出ししてくる可能性があります。

♣社内の対応策―根本原因を探る

外部からの資金調達と並行して、社内の資金改善により、資金繰りが楽になる手だてを講じます。

なぜ、資金が不足するのか、その根本原因を把握することが大切です。資金の手当だけして一時的な資金ショートは防げたとしても、原因を解明しなければ、今後も資金不足の不安からは解消されないからです。

貸借対照表をみてみましょう。借方の資産は、資金と資金以外の資産からなっています。資金以外の資産は、資金が投下されたもの（在庫、固定資産

等）や資金となるのを待っているもの（受取手形、売掛金）です。

現金預金以外の資産が多いということは、将来的には資金となるものの、今は資金となるのを待っているものが多いことですから、資金不足になる原因といえます。

逆に、貸方は資金の調達を表しています。貸方項目を増やすということは、それだけ資金繰りを楽にすることになります。

社内で行える主な対応策は、図表172のとおりです。

【図表172　社内で行える対応策】

対　応　策	説　　　　明
❶ 売掛債権の圧縮	① 売掛金の早期回収 ② 受取手形のサイト短縮 ③ ファクタリングの活用 　いずれも取引先との合意が必要になり、交換条件を出される可能性もあります。
❷ 買掛債務の拡大	① 買掛期間の延長 ② 支払手形のサイト延長 ③ 手形のジャンプ 　いずれも取引先との合意が必要になり、交換条件を出される可能性もあります。 　また、手形のジャンプなどは、信用不安につながりますので、対応策としては考えられても、とるべき方法とはいえません。
❸ 在庫の圧縮、不良在庫の処分	① 不良在庫の処分セール ② 不良在庫の廃棄 　倉庫料の節約にもつながります。ただ、過度の在庫圧縮は、機会損失につながる可能性があります。
❹ 固定資産の売却	① 遊休資産の売却 ② セールアンドリースバック 　使用中の固定資産を売却は、今後賃借が必要となりますので、その点考慮が必要です。 　売却損益が決算に与える影響、税務上の損得について検討が必要です。
❺ 有価証券の売却	固定資産の売却と同様、売却損益が決算に与える影響、税務上の損得についても検討が必要です。
❻ 諸経費の圧縮	① 役員給与の引下げ ② 保険の解約 　出金を抑えるという点からは、経費削減はもっとも有効な手段です。

8　11月の「経理」事務

　11月は、有価証券取引や固定資産取引といった非定例的な取引の会計処理をみていくこととします。
　また、原価管理についても説明します。

Q76 有価証券を取得・売却したときの処理は

A 有価証券を取得したときには、取得原価により資産計上します。
有価証券台帳に記載し、保有数量を明確にしたり、売却時の払出単価を求める基礎としたりします。

♣有価証券を購入したときの処理は

有価証券を取得した場合には、有価証券の購入価額に、手数料など有価証券を取得するために支出した費用（付随費用といいます）を加えた額を取得原価として計上します。

【図表173　有価証券を購入したときの処理の例】

100円の株価の株式を5,000株取得した。取得に要した手数料は、2,000円であった。
（借方）有価証券　　502,000　　　　（貸方）現金預金　　502,000

♣有価証券台帳の作成は

有価証券の管理のために有価証券台帳を作成します。有価証券台帳は、図表174のような形式で、有価証券の数量と帳簿価額を記録し、①有価証券の残高を明確にする、②有価証券の払出単価を計算するためのものです。

【図表174　有価証券台帳の例】

有　価　証　券　台　帳

種類		銘柄			所管		分類	
異動年月日	増減事由	証券の記号及び番号	増加		減少		残高		備考
			数量	価格	数量	価格	数量	価格	

♣有価証券を売却したときの処理は

有価証券を売却した場合には、有価証券の帳簿価額と売却価額の差が有価証券売却損益になります。

売却価額が帳簿価額よりも大きければ有価証券売却益が計上され、売却価額が帳簿価額よりも小さければ有価証券売却損が計上されることになります。

【図表175　有価証券を売却したときの処理の例】

```
図表173で取得した株式を90円で売却した。売却に要した手数料は2,000円であった。
  （借方）現金預金        450,000        （貸方）有価証券        502,000
      有価証券売却損     52,000
  手数料は、有価証券売却損益に加減する形で処理します。
```

♣移動平均法による単価の計算方法は

有価証券の帳簿価額を算出する際の単価の計算方法として、移動平均法と総平均法があります。

移動平均法は、有価証券の購入のつど、直前の取得原価と購入金額の合計金額を購入後数量で割って総平均単価を計算し直す方法です。期首保有分と一期間の購入分との合計金額をその合計数量で割って総平均単価を算出する方法です。

総平均法によると、同一期間において、一部売却後に追加取得があれば、いったん売却時に計算した売却損益を期末時に計算しなおすことになり、繁雑です。したがって、移動平均法を採用するのが一般的です。

【図表176　移動平均法による単価の計算】

```
① 移動平均法によって、一連の有価証券取引を仕訳します。
       7月10日 100株  10,000 （@100）で取得
       8月10日 100株  12,000 （@120）で取得
       9月10日 100株   9,000 （@90） で売却
      10月10日 100株   8,000 （@80） で取得
      11月10日 100株  10,000 （@100）で売却
② 仕訳
 7月10日（借方）       有価証券      10,000    （貸方）現金預金      10,000
 8月10日（借方）       有価証券      12,000    （貸方）現金預金      12,000
 9月10日（借方）       現金預金       9,000    （貸方）有価証券 注1  11,000
            有価証券売却損   2,000
10月10日（借方）       有価証券       8,000    （貸方）現金預金       8,000
11月10日（借方）       現金預金      10,000    （貸方）有価証券 注2   9,500
                                          有価証券売却益     500
注1：{(10,000＋12,000)÷200}×100株＝11,000円
注2：{(11,000＋ 8,000)÷200}×100株＝ 9,500円
```

Q77 固定資産を取得したときの処理は

A 固定資産にかかる支出は、建設仮勘定で処理しておき、引渡しを受けた時点で、各勘定に振り替えます。
資産の種類、取得原価、耐用年数を確定し、固定資産台帳に登録します。

♣固定資産として計上されるものは

　工場や機械、車両のように、収益獲得のために、何年かにわたり継続して使用するものは、その使用可能な期間（耐用年数といいます）中は資産として帳簿に記録し、使用に応じて費用化（減価償却といいます。詳しくはQ109参照）していくことになります。

　固定資産の会計処理については、使用期間や費用化する金額など見積りの要素が多くなるため、法人税法で画一的な処理が規定されており、会計処理もその規定に従うのが一般的です。

　有形・無形固定資産として計上されるのは、耐用年数が1年以上で、取得価額が10万円以上のものとされています。ただし、資本金が1億円以下の中小企業は、平成15年4月1日から平成20年3月31日までに取得した30万円未満の固定資産については費用として処理することができます。ただし、平成18年4月1日以降は、年間300万円が限度となっています。

♣有形固定資産の勘定科目は

　有形固定資産の勘定科目には、図表177のようなものがあります。

【図表177　有形固定資産の勘定科目】

建物	事務所、店舗、倉庫、工場など
建物附属設備	電気設備、水道設備、冷暖房設備など
構築物	庭園、舗装道路、広告塔など
機械装置	工場にある機械設備など
車両運搬具	トラック、乗用車、オートバイなど
工具器具備品	事務所用の机・いす、商品の陳列棚、応接セット、各種の事務機器など
土地	事務所用、店舗用、倉庫用、工場用の敷地など

♣投資不動産の計上は

　本来の事業に使用するものではなく、賃貸収益または物件の値上がりを目的として、保有する場合もあります。このような固定資産は、本来の事業目的に使用される有形固定資産とは区分して「投資不動産」として一括で計上します。

　投資不動産にかかる減価償却費は、本来の営業活動ではありませんので、営業外費用として計上されます。

♣有形固定資産の取得価額は

　有形固定資産の取得原価は、その買入価額に、仲介手数料や引取運賃など、その固定資産を使用するまでに要した費用（付随費用）を加えた金額になります。土地や建物を取得するために支出する立退料や取壊費用も取得原価に含めなければなりません。

　逆に、取得価額に含めなくてもよい費用としては、不動産取得税、登録免許税があります。

♣固定資産税の処理は

　固定資産税は、当該固定資産を1月1日に保有している人に課税されるものです。4月頃に賦課決定通知があり、4、7、12、2月に分割して（あるいは4月に一括して）支払います。

　固定資産の売買があった場合、売主は1年間の固定資産税を支払うことになりますので、売主が支払った1年分の固定資産税を所有期間に応じて買主に負担させるように精算することが多いです。

　この固定資産税の精算分は、取得原価に含めなければならないことになっています。

【図表178　固定資産税の負担】

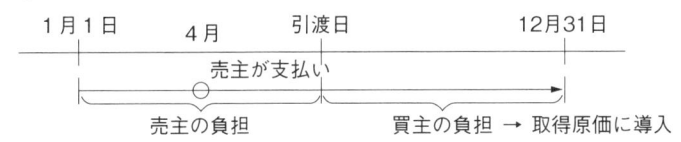

```
 1月1日    4月      引渡日              12月31日
   |-------|---------|-------------------|
           売主が支払い
   |←――――――――――――――→|←―――――――――――――→|
       売主の負担          買主の負担 → 取得原価に導入
```

♣耐用年数の適用は

　資産の種類に応じて、法定耐用年数が図表179のように「減価償却の耐用年数等に関する省令」の別表に規定されています。

【図表179　耐用年数表（抜粋）】

別表第1　機械及び装置以外の有形減価償却資産の耐用年数表

種類	構造又は用途	細目	耐用年数(年)	償却率 定額法年率	償却率 定率法年率
建物	鉄骨鉄筋コンクリート造又は鉄筋コンクリート造のもの	事務所用又は美術館用のもの及び左記以外のもの	50	0.020	0.045
		住宅用、寄宿舎用、宿泊所用、学校用又は体育館用のもの	47	0.022	0.048
		飲食店用、貸席用、劇場用、演奏場用、映画館用又は舞踏場用のもの			
		飲食店用又は貸席用のもので、延べ面積のうちに占める木造内装部分の面積が三割を超えるもの	34	0.030	0.066
		その他のもの	34	0.025	0.055
		旅館用又はホテル用のもの			
		延べ面積のうちに占める木造内装部分の面積が三割を超えるもの	31	0.033	0.072
		その他のもの	39	0.026	0.057
		店舗用のもの	39	0.026	0.057
		病院用のもの	39	0.026	0.057

♣中古資産を取得したときは

取得した固定資産が中古資産の場合、図表180の中古資産の耐用年数を用いることができます。

【図表180　中古資産の耐用年数】

```
①　耐用年数の全部を経過した資産を取得した場合
　　　　法定耐用年数×20％
②　耐用年数の一部を経過した資産を取得した場合
　　　　法定耐用年数－経過年数）＋経過年数×20％
```

♣固定資産台帳への記帳は

固定資産は、勘定科目、資産名、資産の所在場所、使用年月日、取得価額、耐用年数を決定して固定資産台帳に記入します。

固定資産台帳は、今後の資産管理のもととなるとともに、減価償却費、帳簿価額（簿価）が計算されます。

資産番号は、資産の種類や設置場所で区分するなど一定のルールで、連番でとるようにします。

固定資産の現物には、資産番号を付したシールを貼り付けて、固定資産台帳と突き合わせすることができるようにしておくと、後々の現物管理が行いやすくなります。

【図表181　固定資産台帳の例】

固定資産台帳

資産名	製造機		
資産番号	40-0123	償却方法	定率法
勘定科目	機械装置	耐用年数	10年
取得年月日	平成19年4月	償却率	0.25
数量	1	設置場所	A工場

→ 取得時に記入します。

年　月　日	摘　要	取得原価	償却額	帳簿価額
平成19年4月1日	取得	1,000,000		
平成20年3月31日	減価償却実施		250,000	750,000
平成21年3月31日	減価償却実施		187,500	562,500
平成22年3月31日	減価償却実施		140,625	421,875
平成23年3月31日	減価償却実施		105,468	316,407
平成24年3月31日	減価償却実施		79,101	237,306
平成25年3月31日	減価償却実施		59,326	177,980
平成25年3月31日	売却		177,980	0
減価償却累計額			822,020	

→ 減価償却の実施
← 売却時

注：減価償却の計算方法については、Q109参照。

♣**機械装置を取得したときの処理は**

支出の際、建設仮勘定で処理しておき、引渡しを受けた時点で、本勘定に振り替えます。

【図表182　機械装置を取得したときの処理】

機械装置の取得にあたり、18年12月に800,000円支払っていた機械装置を19年4月1日に引渡しを受け、残金200,000円を支払った。
① 18年12月（借方）建設仮勘定　800,000　　（貸方）現金預金　　800,000
② 19年4月（借方）機械装置　1,000,000　　（貸方）建設仮勘定　800,000
　　　　　　　　　　　　　　　　　　　　　　　　　　現金預金　　200,000

♣**リース資産の管理は**

リース資産は、所有権はリース会社にありますが、借り手のもとで保管・使用されており、その点では通常の固定資産と変わりありません。資産台帳を作成し、資産番号を付して、通常の固定資産と同様、現物の管理を行う必要があります。

平成20年4月から、ファイナンス・リース取引の場合には、リース資産を固定資産に計上することとされました（会計処理についてはQ68参照）。

Q78 固定資産を売却・除却したときの処理は

A 売却の場合は、固定資産の簿価と売却価額の差額が固定資産売却損益になります。
除却の場合は、固定資産の簿価が除却損になります。

♣固定資産の帳簿価額は

　固定資産は、使用や時の経過により、劣化していきます。固定資産の劣化は、客観的に測定することができませんので、一定の仮定のもとに規則的に減価させます（この手続を減価償却といいます。Q77参照）。

　固定資産の会計上の価値を帳簿価額といいます。帳簿価額は、資産ごとに、固定資産台帳（図表181）により計算されます。

　帳簿価額＝取得価額―減価償却累計額（毎年の減価償却費を積み上げたもの）

　固定資産を売却・除却したときは、この帳簿価額を基準に損益を把握することになります。

♣固定資産を売却したときの処理は

　固定資産を売却した際、売却価額が帳簿価額より高い場合には、当該固定資産の勘定の貸方に帳簿価額を、売却価額と帳簿価額との差額を固定資産売却益勘定（収益）の貸方に記入します。

　これと反対に、売却価額が帳簿価額より低い場合には、当該固定資産の勘定の貸方に帳簿価額を記入すると同時に、売却価額と帳簿価額との差額を固定資産売却損勘定（費用）の借方に記入します。

　固定資産を売却・廃棄した場合には、固定資産台帳に除却・売却を記録し、固定資産台帳から外します。

【図表183　固定資産を売却したときの処理】

帳簿価額177,980円（取得価額1,000,000円、減価償却累計額822,020円）の機械を150,000円で売却した。			
（借方）減価償却累計額	822,020	（貸方）機械	1,000,000
現金預金	150,000		
固定資産売却損	27,980		

♣固定資産を除却したときの処理は

　固定資産を廃棄することを除却といいます。

除却の処理は、固定資産の簿価をゼロにし（貸方に帳簿価額を記入）、固定資産除却損を計上します。

【図表184　固定資産を除却したときの処理】

帳簿価額177,980円（取得価額1,000,000円、減価償却累計額822,020円）の機械を除却した。
（借方）減価償却累計額　　822,020　　　　　　（貸方）機械1,000,000 　　　　固定資産除却損　　177,980

♣税務上の取扱いは

　会計上は、固定資産の現物を処分しないでも、除却損を計上することが認められますが、税務上は、実際に現物を処分しなければ損金に算入されません。

　したがって、税務上損金処理する場合には、固定資産を確かに廃棄したということを証明する書類（社内稟議書、業者の引取り証明書、廃棄資産の写真等）を整備して保管しておく必要があります。

♣有姿除却というのは

　税務上、除却損の計上は、固定資産の物理的な廃棄を必要としますが、次のような固定資産については、廃棄していない場合でも、帳簿価額から処分見込額を控除した金額を、除却損として損金算入することができます。
(1)その使用を廃止し、今後通常の方法により事業の用に供する可能性がないと認められる固定資産
(2)特定の製品の生産のために専用されていた金型等で、当該製品の生産を中止したことにより将来使用される可能性のほとんどないことがその後の状況等からみて明らかなもの

【図表185　有姿除却の処理】

帳簿価額177,980円（取得価額1,000,000円、減価償却累計額822,020円）の機械を有姿除却した。当該機械の処分見込額は、30,000円であり、撤去に要する費用は、100,000円と見積もられている。
（借方）減価償却累計　　822,020　　　　　　（貸方）機械　　970,000 　　　　固定資産除却損　　147,980（*1）
（*1）177,980－30,000＝147,980 （*2）撤去費用は処分見込み額に反映させません。実際に撤去したときの費用となります。

Q78　固定資産を売却・除却したときの処理は

Q79 設備投資をしたときの処理ポイントは

設備投資は、多数の資産を取得することになりますので、会計処理が複雑になり、処理に注意を要します。
設備投資については、税務上の優遇措置がありますので、適用できるものがないか検討します。

♣固定資産の振分けは

車1台やパソコン1台といった形で資産を取得した場合には、取得原価は簡単に求められます。しかし、事務所の新築工事、工場の新設工事など、複数の勘定科目にまたがる形で取得する場合もあります。

このような場合には、工事の見積書または請求書で、取得原価を各勘定に振り分ける必要が出てきます。

図表188のような見積書の工事で、固定資産計上するときの計算方法をみてみましょう。

まず、工事全体の値引を各工事に按分します。次に、共通架設工事と設計費を各工事に按分しますが、これらの工事は撤去費には関係ありませんので、撤去費には按分しません。

こうして按分された各工事は、新築工事→建物、電気設備工事、空調設備工事、給排水設備工事→建物附属設備として計上されます。撤去費については、固定資産除却損として損失処理します。

図表188の設備投資の会計処理は、図表186のようになります。

【図表186　設備投資時の会計処理】

工場の設備投資42,000,000円を行った。				
(借方)	建物	33,132,505	(貸方)　建設仮勘定	42,000,000
	建物附属設備	6,084,333		
	固定資産売却損	783,162		
	仮払消費税	2,000,000		

♣固定資産の計上の単位は

大きな資産の取得があった場合には、固定資産の振分けも手間を要します。資産の計上する単位も大まかになりがちですが、図表187のような観点で、できるだけ細分化して固定資産台帳に計上するようにしましょう。

【図表187 資産計上のポイント】

項　目	説　明
① 今後除却されることを見越して、除却しやすい単位で計上しておく。	資産を一括して計上してしまうと、将来改修工事が行われ、一部が撤去されたとしても除却損が計上できないことになります。除却損として計上できるように区分して計上できるものは区分計上します。
② 耐用年数が短縮できるように細分化して計上する。	建物一括で計上すると建物の耐用年数が適用されます。より短い耐用年数で償却できるように建物附属設備や構築物として計上できるものがないかを検討します。

【図表188　固定資産の振分け】

見積書		按分計算				勘定科目
工事名	金額	値引按分	小計	共通仮設工事設計費按分	合計	
共通仮設工事	650,000	△13,681	636,319	△636,319	0	―
建築工事	33,000,000	△694,566	32,305,434	827,071	33,132,505	建物
電気設備工事	1,400,000	△29,466	1,370,534	35,088	1,405,622	建物附属設備
空調設備工事	2,100,000	△44,200	2,055,800	52,632	2,108,432	建物附属設備
給排水設備工事	2,560,000	△53,882	2,506,118	64,161	2,570,279	建物附属設備
設計費	350,000	△7,367	342,633	△342,633	0	―
小計	40,060,000	△843,162	39,216,838		39,216,838	―
撤去費	800,000	△16,838	783,162		783,162	固定資産売却損
小計	40,060,000	△860,000	40,000,000		40,000,000	
値引	△860,000	860,000	0		0	
消費税	2,000,000		2,000,000		2,000,000	
合計	42,000,000		42,000,000		42,000,000	―

♣旧設備の除却処理も忘れずに

　大規模な設備投資を行った場合には、旧設備の除却も同時に行われます。旧設備のうち、廃棄されたものを明確にして、除却処理を行います。

♣設備投資と消費税の還付は

　多額の設備投資を行った場合には、「支払った消費税＞預かった消費税」

となり、消費税が還付される場合もあります。

　免税事業者や簡易課税を選択している事業者では、この還付を受けることができません。多額の設備投資を予定する場合、「消費税の課税事業者」となることで還付を受けられないかについて検討します。

　課税事業者になりたい場合には、原則として適用を受けようとする事業年度の開始前に「課税事業者選択届出書」を提出する必要があります。

　また、課税事業者を一度選択すると2年間強制適用となりますので、還付がどの程度見込まれるのか、2期目の納税額がどの程度になるかについても慎重に検討します。

♣消費税の仕入税額控除の時期は

　建設工事の場合は、通常、工事の発注から完成引渡しまでの期間が長期に及びます。そのため、工事代金の前払金や部分的に引渡しを受けた工事代金や経費の額を一旦建設仮勘定として処理し、これを目的物の全部が引き渡されたときに固定資産などに振替処理を行います。

　消費税については、建設仮勘定に計上されている金額であっても、原則として物の引渡しや役務の提供があった日の課税期間において課税仕入に対する税額の控除を行うことになります。

　ただし、建設仮勘定として経理した課税仕入について、物の引渡しや役務の提供や一部が完成したことにより引渡しを受けた部分をその都度課税仕入としないで、工事の目的物のすべての引渡しを受けた日の課税期間における課税仕入として処理する方法も認められます。

♣設備投資減税の利用を考える

　中小企業が平成22年3月31日までに、事業基盤強化設備（各種事業用資産ですが、説明は省略します）で、一定額以上（機械装置は280万円以上、器具備品は160万円以上）のものを取得した場合には、特別償却や税額控除といった減税措置が設けられています。

　この恩典が活用できるかどうか検討します。なお重複しての適用はできません。

　特別償却は、課税が繰り延べられますが、法人税額の支払いトータルは適用のない場合と同じです。一方、税額控除は、金額は小さくなりますが、永久に免税です。

Q80 原価管理のポイントは

A 原価管理とは、標準原価計算により、実際原価と標準原価との差異を分析し、原価効率を改善することです。
直接原価計算を原価管理に生かすこともあります。

♣原価管理というのは

　原価管理とは、標準的な原価と実際にかかった原価を比較して、その差異の原因を分析し、原価の標準を設定し、原価の実際の発生額を計算記録、標準と比較し、その差異の原因を分析、その分析資料を経営者に報告し、製造効率を改善することをいいます。

　原価管理は、図表189のように計画→実行→分析→改善の流れに従って行われます。

【図表189　原価管理の考え方】

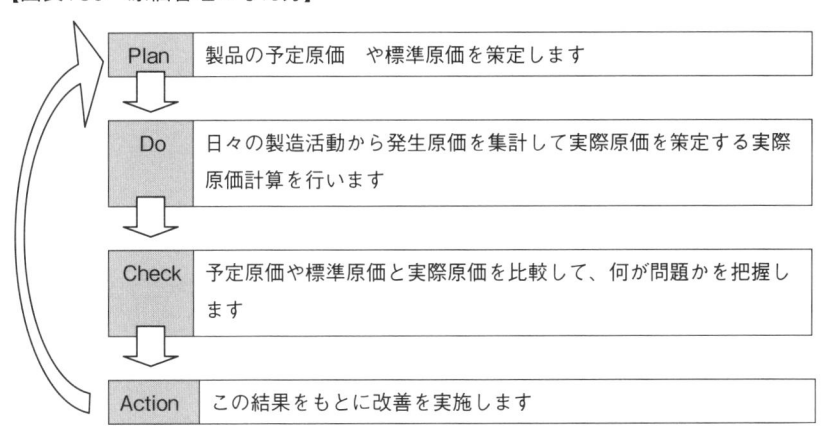

Plan	製品の予定原価　や標準原価を策定します
Do	日々の製造活動から発生原価を集計して実際原価を策定する実際原価計算を行います
Check	予定原価や標準原価と実際原価を比較して、何が問題かを把握します
Action	この結果をもとに改善を実施します

♣原価管理が必要なわけは

　製造業では、一定の品質を保ちながら、原価を低く効率よく生産するということが大切です。現場では、現場監督者が原価効率、ロスの大小を感覚的に把握しているかもしれません。

　しかし、経営者や管理者レベルで、今月は原価が抑えられて儲かったか、どの製品が貢献したのか、どの原価要素が低く済んだのかということがわからないと意味がありません。

　そこで、原価管理が行われることになります。

♣標準原価計算での原価差異とその分析は

　原価管理のために、標準的な原価を定め、実際にかかった原価と標準的な原価との差異を計算し発生原因を分析します。このような管理目的のための原価計算を標準原価計算といいます。

　標準的な原価は、製品単位あたりの原価要素の標準的な消費量（使用量、作業時間）と各原価要素の標準的な価格（原料仕入価格、賃率）とを掛け合わせることにより求めます。実際の原価は、実際の価格と実際の使用量をかけて求めます。

> 実際原価＝実際単価×実際使用量

> 標準原価＝標準単価×標準使用量

　Q58で述べたとおり、標準原価計算では、実際の製造原価と標準の製造原価の間に「原価差異」が発生することになります。原価管理では、価格面の差異と数量面の差異に分け、原価計算期間における製造面の効率性を分析します。標準原価よりも直接原価のほうが高い場合の原価差異を「不利差異」、低かった場合の差異を「有利差異」といいます。

　価格面の差異とは、原材料価格や賃金、その他経費の製品当たり単価が予定よりも高かった（不利差異）あるいは低かった（有利差異）ことにより発生します。

　数量面の差異とは、歩留りや作業効率が悪かった（不利差異）あるいは良かった（有利差異）ことにより発生します。

　これらの分析結果は、工場長や製造部長といった管理責任者及び経営者に提供することにより、原価管理が有効に行われることになります。

♣直接原価計算による原価管理は

　直接原価計算とは、原価を変動費と固定費に分け、変動費部分のみを製品の原価として計算する方法です。

　直接原価計算は、損益分岐点分析など利益管理のための原価計算ですが、直接原価計算に標準原価計算を導入することにより、原価管理に用いることもできます。

　変動費については、実際発生額を標準原価と比較分析することにより、対策を講じることが可能となります。

　固定費については、一定期間の予算額を決定し、予算額と実際発生額とを比較分析します。

Q81 コストダウンのポイントは

A コストダウンは、経費を節約して利益を上げることです。品質を下げずに、コストダウンする方法を考えます。
製造原価報告書や損益計算書をもとにして、コスト削減の余地がないかを探ります。

♣コストダウンというのは

コストダウンとは、文字どおりコスト（経費）を削減することです。

当り前のことですが、売上－経費＝利益ですから、経費の削減がそのまま会社の利益につながります。

事業を行っていくうえでは経費は必ず発生しますし、あまりコストを削減しすぎて商品の品質を下げてしまっては元も子もありません。品質を維持したうえで、コスト削減を考える必要があります。

発生する経費は、製造過程における原価と販売・管理にかかる経費とがあり、何にコストがかかっているかは、会社によって異なってきます。製造原価報告書や損益計算書を見渡し、自社のコストの発生状況を分析し、コスト削減の余地がないかどうかを検討します。

【図表190　コストダウンの着眼点】

```
コストの発生状況の把握
    ↓
金額の大きいコスト・ムダのあるコストの発見
    ↓
削減方法の検討
```

♣材料調達コストの削減は

価格面の削減として、まず材料費の調達コストを削減することが考えられます。調達コストを削減する方法としては、図表191の方法があります。

【図表191　調達コストを削減する方法】

調達コストを削減する方法
- ① 仕入業者をまとめて、単価引下げを依頼する。
- ② 相見積りを取り安く提供できる業者を選定する。
- ③ 1回あたりの仕入数量を増やし単価を引き下げてもらう。

それぞれ、品質・性能の問題や在庫の問題がありますので、それらも踏まえて検討することが必要です。

♣固定費の削減・変動費化は

生産量と関係なく発生する費用を固定費といいます。固定費は、売上高にかかわらず発生しますので、売上が減少している状況では、収益を圧迫します。固定費を削減するためには、2つの方法があります。

1つは、固定費そのものを削減することです。例えば人件費引下げのため、希望退職者を募り、人員構成の若返りを図る方法が考えられます。

もう1つは、固定費を変動費化することです。人件費でいうと、正社員を減らし、内製を外注に出したり、アルバイトを雇ったりすることで、生産量に応じただけの費用で押さえることができます。

ただし、これらの方法は、従業員の同意があってはじめてできる点に留意が必要です。

♣その他のコスト削減は

製品あたりの固定費は、操業度を上げ、設備効率を上げることで、相対的に低くなります。これは、遊休している設備や手待ちにしている従業員をなくすということです。

製造設備が古く効率が悪いために、それにかかる人件費が多くかかっているという場合には、設備更新することでコスト削減ができることもあります。

♣コストダウンへの意識づけをする

コストの削減手法については、あくまでも1つの例であって実践できるかどうか不明なものもあります。特に、材料調達コストや人件費については、いずれもコントロール不能なものが多く、製品の品質の確保といった点からも限界があります。

こういった要素は、コストを削減するより、むしろ製品価格へ転嫁して回収する努力をするものといえます。

コスト削減の最も大切な点は、社長はじめ役員・従業員がコスト削減の意識を持つというところにあります。社長が交際費を使い放題に使っているようなところでは、コストダウンはなかなか成果が上がらないでしょう。

9 12月の「経理」事務

　12月は、比較的多くあらわれる仕事のうちパソコン経理・税務調査・従業員退職などについてまとめています。

Q82 パソコン経理と非パソコン経理の違いは

A 非パソコン経理では、すべて手作業で行われますが、パソコン経理は、仕訳を入力すれば、決算書の作成や経営管理資料まですべて自動処理されます。

♣非パソコン経理の流れは

会計ソフトを利用しない非パソコン経理は、ひとことでいうと、人の手による集計・転記を行う、旧来の経理です。

図表192をみてください。まず、取引が発生すると、仕訳伝票を作成し、総勘定元帳に転記し、試算表を作成します。複雑な企業活動をすべて手書きで集計し、貸借を一致させることは困難なことで、経理業務に精通し、経験を積んだ経理マンによる職人芸のようなものです。

基本的には、仕訳伝票から総勘定元帳、総勘定元帳から試算表への転記作業は人の手によりますので、転記ミスが起こりやすいという問題は残ります。

【図表192 パソコン経理と非パソコン経理の比較】

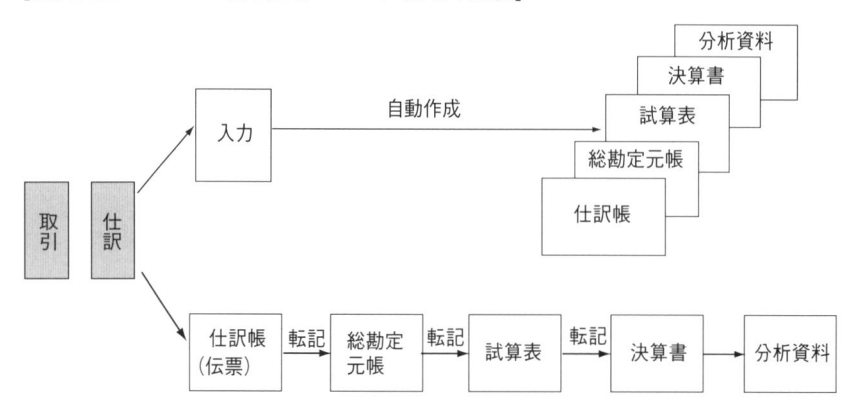

取引 → 仕訳 → 入力 → 自動作成 → 仕訳帳／総勘定元帳／試算表／決算書／分析資料

取引 → 仕訳 → 仕訳帳（伝票） →転記→ 総勘定元帳 →転記→ 試算表 →転記→ 決算書 → 分析資料

♣パソコン経理の流れは

パソコン経理では、図表191のように会計ソフトにいったん仕訳を投入すれば、試算表まで自動的に転記され、決算書も自動的に作成されます。このため、作業量が激減し、転記や集計のミスがなくなります。

帳簿の保存は、電子データで行われますので、ペーパレス化が図れます。

紙代や倉庫等スペースの節約もできます。

　また、各種の検索機能があるため、必要なデータをすぐに取り出すこともできます。会社の意思決定をするのに必要な経営管理書類についても、自動です。

♣パソコン経理のメリットは

　パソコン経理のメリットとしては、図表193のような点があります。

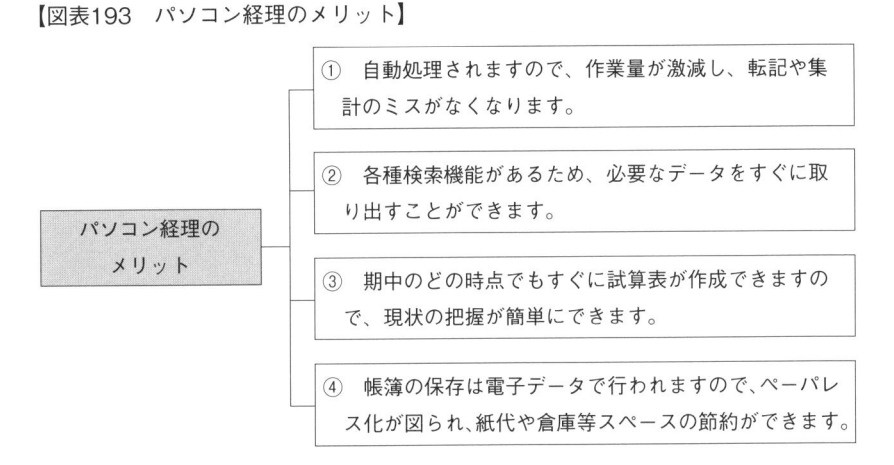

【図表193　パソコン経理のメリット】

パソコン経理のメリット	
	①　自動処理されますので、作業量が激減し、転記や集計のミスがなくなります。
	②　各種検索機能があるため、必要なデータをすぐに取り出すことができます。
	③　期中のどの時点でもすぐに試算表が作成できますので、現状の把握が簡単にできます。
	④　帳簿の保存は電子データで行われますので、ペーパレス化が図られ、紙代や倉庫等スペースの節約ができます。

♣パソコン経理での注意点は

　パソコン経理でも、仕訳の入力は人が行います。仕訳入力の際、借方と貸方の金額が不一致である場合にはエラーとなり、入力ミスが防止できますが、勘定科目や日付を間違えていたり、貸借逆に入力したりした場合には、エラーとはならず、そのまま決算書が作成されます。

　パソコン経理では、データの消失等が起こりえますので、バックアップをこまめに取るなどして、事故に備えることが必要です。

♣人材の確保が不可欠

　パソコン経理は、市販の会計ソフトを活用することになりますが、活用にあたってはパソコンに詳しい人が必要です。

　通常の処理をする分には、特別なパソコンの知識は不要ですが、導入当初や何かトラブルが発生した場合に、パソコンに詳しい人がいなければ、たちまち日々の業務が滞ってしまうことになります。

Q83 パソコン経理の進め方は

A パソコン経理の導入にあたっては、自社にあった会計ソフトを選ぶようにします。
最初は、従来の手書処理と並行させますが、慣れればパソコン経理に一本化し、徐々にデータを一元化していきます。

♣会計ソフトを導入する

パソコン経理を導入するにあたって、まず、どの会計ソフトを使用するかを決めなければなりません。

使いやすさや機能、サポート体制、アフターサービス、価格面などを考慮に入れて、自社に合ったソフトを選ぶことが大切です。

♣勘定科目等を設定する

パソコン経理を導入する際には、自社のデータを登録したり、勘定科目を登録したりと、初期設定に手間がかかります。操作マニュアルには、手続が詳しく説明されていますが、パソコンに不慣れな人にとっては、日々の経理業務も行わなければなりませんので、かなりの負担になると思われます。

十分なIT担当者や時間がない場合は、代理店や会計事務所など外部の業者等に設定してもらうことも考えましょう。

♣導入当初は手書処理も並行で進める

パソコン経理を導入したからといって、すぐにパソコン経理だけで会計処理を行うのは危険です。少なくとも2～3か月は、従来の手書処理も同時に行い、それぞれの結果を突き合わせて、パソコン経理でも正しく処理されることを確認したほうが無難です。

♣サブメニューやサブシステムの活用は

会計ソフトには、会計処理だけでなく、各種分析資料を作成する機能があったり、固定資産システムや給与計算システムが付随してデータを連動させられるようになったりしています。

会計ソフトに慣れた段階で、これらの機能を活用し、データの一元化を図るようにします。

Q84 パソコン経理にあたっての注意点は

A パソコン経理では、自動転記がなされ、自動的に決算書が作成されるため、チェックが掛かりにくくなります。異常値を発見するための手続を設ける必要があります。
データの信頼性・安全性確保のための手続が必要になります。

♣残高を確認し整理する

　パソコン経理になると、仕訳入力だけで、とりあえずつじつまの合う決算書ができてきます。1つの仕訳で総勘定元帳へも補助元帳へも同時に正確に転記されますので、帳簿間の突合せをする手続もおろそかになりがちです。

　その結果、補助元帳に内容不明の残高が残り、調査もできないような状況に陥ることがあります。

　1年に1度は、勘定残高の内訳を確認し、整理する必要があります。

♣データの締切・修正の方法は

　データがいつまでも入力でき、いつでも修正が可能という状態であれば、パソコン経理によるデータの信頼性が問題となります。

　月次入力の締切日を決め、それ以後の仕訳入力を禁止するとともに、いったん月次を締めれば、データの上書修正はできないように設定しておかなければなりません。

♣電子データによる保存は

　パソコン経理になると、アウトプットして紙ベースで保存するものはあるにしても、かなりの部分が電子データで保存されることになります。

　電子データは、サーバを物理的に安全な場所に置き、定期的にバックアップを取るようにします。

♣パスワード管理は

　パソコン経理になると、いろいろな人が入力できるようになります。

　仕訳入力が可能な人を定め、その人にだけアクセス権限を与えるとともに、パスワードは定期的に変更することが大切です。

Q85 会社にかかる税金は

A 会社には、いろいろな税金がかかっています。種類に応じた納付、会計処理が必要です。
会社が負担するものではなくても、会社に徴収義務のある税金もあります。

♣会社が負担する税金は

会社が存続し、営業活動を続けていくにはいろいろな税金がかかります。会社にかかる税金としては、消費税や法人税、地方税のほかにも、固定資産税や印紙税などがあります。

会社にかかる主な税金をまとめると、図表194のようになります。

【図表194　会社にかかる主な税金の種類】

納付先 課税対象	国	都道府県	市町村
① 所得	法人税	住民税（都道府県民税）（※2） 事業税　（※3）	住民税（市町村民税）（※2）
② 保有資産		自動車税	固定資産税 都市計画税 償却資産税 軽自動車税
③ 取引	消費税 関税 自動車重量税 印紙税	不動産取得税	
④ その他	源泉所得税 登録免許税	事業所税	

※1：太字で記載されているものは申告方式です。
※2：所得に係る所得割のほか、均等割もあります。
※3：資本金1億円以上の会社には、外形標準課税制度の適用があります。

♣損金となる税金は

税金の中には、損金になるものとならないものがあります。物税（物にかかる税金）は損金、人税（人に着目して、担税力に応じて課せられる税金）は損金不算入となります。損金となるのは、事業税、事業所税、固定資産税、印紙税、登録免許税などがあります。

損金となる時期は、申告方式の場合には申告書を提出した日が属する事業年度、賦課決定方式の場合には賦課決定日の属する事業年度です。

♣税金の会計処理は

税金は、種類によって会計処理が異なります。

法人税や住民税、事業税といった所得を課税対象とする税金は、損益計算書の末尾の「法人税、住民税及び事業税」という勘定科目で処理されます。事業税のうち、外形標準課税の分は「販売費及び一般管理費」の「事業税」として処理されます。

保有資産や取引を課税対象とする税金は、「販売費及び一般管理費」の「租税公課」で処理されます。ただし、不動産取得税や関税など取引にかかる税金は、固定資産や棚卸資産の取得原価に含められることもあります。

消費税は、税抜方式を採用するか、税込方式を採用するかにより、処理が異なります。税抜方式を採用した場合には損益に影響はありませんが、税込方式を採用した場合には、「租税公課」で費用処理することになります。

♣従業員等にかかる税金

会社が負担する税金ではありませんが、会社が従業員等に代わって納付する税金に源泉所得税や特別徴収による住民税があります。

源泉所得税は、通常の給与や報酬の支払い以外に、配当を支払う場合や従業員が退職した場合にも源泉徴収が必要となります。このように不定期に発生する場合には、源泉徴収漏れのないようにすることが必要です。

源泉徴収義務を怠った場合あるいは源泉徴収した税金を納付しなかった場合には、会社が負担しなければならなくなります。

♣自社の配当にかかる所得税

自社が実施する配当にかかる所得税を源泉徴収する義務もあります。配当は、定時株主総会の承認により決定され、翌日が支払確定日となります。

支払確定日の翌月10日までに納付します。配当にかかる源泉所得税は、専用の納付書を用いて納付します。

【図表195 配当にかかる源泉所得税の会計処理】

```
配当1,000,000円の実施にあたり、200,000円を源泉徴収する。
  (借方) 利益剰余金    1,000,000    (貸方) 未払配当金    800,000
                                          預り金        200,000
```

Q86 印紙税がかかる文書は

A 領収書を発行したとき、契約書を作成したとき、定款を作成したときなど、文書を作成した場合に収入印紙を貼る必要があります。

♣印紙税というのは

印紙税とは、領収書や契約書等経済的取引に関連する文書に対して課税されるものです。それくらいの経済的取引をするなら相応の担税力があるだろうという発想で課されるものです。

作成した文書に収入印紙を貼り、消印をすることにより納付します。

♣印紙税がかかる文書は

印紙税がかかる文書は、不動産等の譲渡に関する契約書、請負に関する契約書、約束手形または為替手形、株券・出資証券等、合併契約書等、定款、領収書、預貯金通帳・預貯金証書等です。

印紙税は、収入印紙を貼り付けるという納付方法のため、課税文書ごとに一定率を掛けて税額を算出することはされず、階段状に税額が定められています。

印紙代節約のため、手形を何枚かに分けて発行することがあります。

♣収入印紙をはっていないときは

収入印紙をはっていない契約書等でも、契約そのものの成立・不成立には影響しません。

しかし税務上は、収入印紙をはっていない、あるいは、金額が不足しているということが税務調査で発覚した場合、過怠税が課せられます（図表196）。

【図表196　過怠税】

ケース	過怠税
① 印紙を貼っていなかった場合	印紙税額の3倍
② 印紙を貼っていない旨を申し出た場合	印紙税額の1.1倍
③ 印紙に消印をしていなかった場合	消印しなかった印紙税の額
④ 過怠税の額が、1,000円に満たないとき	1,000円

Q87 税務調査の種類と対応は

A 税務調査には、強制調査と任意調査があります。会社が通常受ける調査は任意調査です。

税務署がダメと判断した場合でも、理論的に筋が通っていれば反論することが大切です。ただし、会社が間違っている場合には、誤りを認めたうえで、今後の改善を含め交渉することになります。

♣税務調査というのは

税務調査は、法人税などが法令・通達に基づいて正しく計算されているかどうかを確かめるために行われるものです。税務調査は、会社の規模により、それぞれ所管が異なります。

【図表197　税務調査の所管】

	会社の規模	所　管	対　　　象
①	資本金1億円以上の会社	国税局	法人税、消費税
		税務署	源泉所得税
②	資本金1億円未満の会社	税務署	法人税、消費税、源泉所得税

♣税務調査の種類は

税務調査には、重大な脱税の疑いがある等の場合に行われる強制捜査と、通常定期的に行われる任意調査があります。また、調査の手続や場所もさまざまです。

【図表198　税務調査の種類】

任意調査	机上調査		提出された申告書等の書類審理。計算誤り等単純なミスがあった場合には、呼出調査や書面調査となります。
	実地調査	準備調査	税務署内で、申告書・調査資料等を基にして調査ポイントを抽出する調査
		外観調査	客の出入り等を確認するため、店舗等に外から観察する調査
		内偵調査	事前に店舗等に行き、客のふりをして内情をひそかに探る調査
		臨場調査	会社（本店・支店・工場）に来て行う調査
		現況調査	現金商売などの場合、事前通知なしで、直接会社・店舗に来て行う調査

	反面調査	申告内容を確認するために取引先等へ行う調査
	銀行調査	反面調査のうち金融機関へ行う調査
強制調査	計画的・悪質な脱税犯に対して行われる「査察調査」。任意調査と異なり、会社の承諾の有無にかかわらず、強制的に執行されます。	

♣事前準備は

　実地調査の前に、顧問税理士または会社に連絡があります。調査対象年度を聞いて、会計帳簿等の準備をします。

　事前に準備しておく資料としては、会社案内など会社の概要がわかる資料、決算書、帳簿類、証憑類、あれば子会社の決算書などです。

♣実地調査時の心掛けは

　調査というのは、過去の記録を掘り返されたうえ誤りを指摘されるというので、受ける側としては嫌なものです。ましてや税務調査は、何やかやと理屈をつけて税金を無理矢理取っていくといった印象があります。しかし、普段から適切な処理を行っていれば十分に対応できるものと考え、調査官の心証を悪くしないように誠実に対応することが必要です。

　実地調査時には、図表199のようなことを心掛けましょう。

【図表199　実地調査時の心掛け】

①　要請された資料は速やかに提出する。
②　質問事項は、メモに取る。
③　質問には的確に回答し、即答できないものは、その旨を伝え、その後速やかに調査して回答する。
④　質問には想像で答えず、事実を示す資料によって説明する。
⑤　見解が異なる場合でも、調査官の見解は最後まで聞く。
⑥　会社の主張は、徹底的に通す。
⑦　単純なミスなど明らかなミスはすぐに認める。
⑧　納得できない点については、納得のいくまで話し合う。

♣実地調査終了時は

　実地調査が終了する際には、調査官が、メモに書いた調査結果を渡します。結果メモでは、申告漏れの有無、科目別の否認・認容額、重加算対象項目・金額などが明らかにされ、修正申告の提出要請あるいは更正決定処分通告がなされます。

　それに基づき、修正申告書を提出するか、更正決定処分通告を受けるかして、不足分を納付します。

Q88 従業員の退職金の支払処理は

A 退職金規定に従った計算方法により、退職金額を求めます。
退職金にかかる所得税と住民税を差し引いた額を支払います。
退職金には、社会保険料はかかりません。

♣退職金は退職金規定に基づいて計算

　退職金支給額の計算方法は、退職金規定に基づいて行います。就業規則に退職金の規定がない場合には、退職金の支給の必要はありません。規則にないけれども慣習上支払われている場合には、慣習に従って支給します。

　退職金にも、所得税と住民税がかかります。源泉徴収等が必要となりますので、注意しましょう。

　退職金には、社会保険料の徴収は行いません。

♣退職所得申告書を提出が必要

　退職者から「退職所得の受給に関する申告書」を提出してもらいます。住民税についても、退職所得申告書を提出してもらいます。

　この退職所得申告書の提出があれば、所得税と住民税を計算し、退職金から差し引いて納付します。

　もし、退職所得申告書が提出されないときは、退職金から一律20％の所得税を源泉徴収します。20％適用を受けた退職者は、確定申告をして源泉所得税を精算することになります。

♣所得税の計算は

　退職所得にかかる所得税は、図表200のように計算します。

【図表200　退職所得にかかる所得税の計算方法】

	手　　続	説　　　明
①	勤続年数を計算します。	
②	退職所得控除額を求めます。	注の算式より計算します。
③	課税所得金額を求めます。	（退職金－②の金額）×1/2
④	所得税額を求めます。	③の金額に所得税の速算表を用いて求めます。

注：退職所得控除額の計算は、次によります。

勤続年数	退職所得控除額
20年以下	勤続年数×40万円（80万円に満たない場合は80万円）
20年超	（勤続年数－20年）×70万円＋800万円

注：従業員が在職中に障害者となったために退職した場合には、上記の算式で計算した金額に100万円を加算した金額が退職所得控除額となります。
退職所得税額は、これらをもとに次の算式で算出します。
退職所得税額＝（退職金支給額－退職所得控除額）×$\frac{1}{2}$×所得税率
[設例] 勤続35年で、退職金25,000,000円もらった人の所得税を計算します。
退職所得税額＝（35－20年）×70万円＋800万円＝18,500,000円
課税所得保険額（25,000,000円－18,500,000円）×1/2＝3,250,000円
3,250,000円×10％－97,500円＝227,500円

♣退職所得にかかる住民税の計算は

退職所得にかかる住民税は、図表201のように計算します。

【図表201　退職所得にかかる住民税の計算】

手続	説明
① 課税所得金額を求めます。	所得税の課税所得金額と同じように求めます。
② 市町村民税を求めます。	①の金額×6％‥‥Ⓐ Ⓐ－（Ⓐ×10％）で求めます。
③ 道府県民税を求めます。	①の金額×4％‥‥Ⓑ Ⓑ－（Ⓑ×10％）で求めます。（退職金－②の金額）×1/2

[設例] 先の例で、住民税を求めます。
①市町村民税　　3,250,000円×6％＝195,000円
　　　　　　　　195,000円－（195,000円×10％）＝175,500円
②道府県民税　　3,250,000円×4％＝130,000円
　　　　　　　　130,000円－（130,000円×10％）＝117,000円
③住民税合計　　175,500円＋117,000円＝292,500円

♣退職金を支払ったときの会計処理

上記の設例で、支給時の会計処理は図表202のようになります。

【図表202　退職金を支払ったときの会計処理】

退職金25,000,000円から、所得税227,500円、住民税292,500円、合計520,000円を差し引いた24,480,000円を支給した。
　　（借方）退職金　　　　　　　25,000,000　　　（貸方）現金預金　　　24,480,000
　　　　　　　　　　　　　　　　　　　　　　　　　　　　預り金　　　　　 520,000
退職金の支給に備えて退職給付引当金を計上していた場合の処理。
　　（借方）退職給付引当金　　 25,000,000　　　（貸方）現金預金　　　24,480,000
　　　　　　　　　　　　　　　　　　　　　　　　　　　　預り金　　　　　 520,000

10 1月の「経理」事務

　次年度の予算を立てる時期になります。予算は、利益管理を行ううえで重要な役割を果たします。予算編成のポイントをまとめています。
　また銀行借入に関する書類や手続、対応のしかたなどについてまとめています。

Q89 次年度の利益計画・資金計画の立て方は

A 経営トップの年次経営方針を踏まえて作成した年次経営計画に基づき、各部門が作成した予算を、経理で取りまとめます。年次の資金計画も、経営計画に基づいて同時に策定します。

♣年次経営計画を立てるポイントは

企業環境の厳しい時代には、経営は行き当たりばったりの出たとこ勝負というわけにはいきません。経営者が来期の目標を示します。

その経営目標をもとに、次年度分の利益を設定したうえで、利益を実現するための年間の売上高と費用を算定し、年次経営計画を設定する必要があります。

年次経営計画・予算を立てる手順としては、①利益計画の設定、②販売計画の設定、③月別の設定と資金計画の設定となります。

【図表203　年次経営計画・予算のポイント】

項　目	説　明
①利益計画	利益計画のポイントは、設定した売上高を達成するために必要な設備と人員とにかかる費用にあります。将来の生産活動や販売活動のために必須の費用と、当面必要としない費用とに区分し、この当面必要としない費用の削減を検討します。 すべての費用の内容や支出額についても、その妥当性を判断しながら積上計算します。 その結果、目標売上高・利益が確保できれば、利益計画の設定は終了しますが、確保できなければ、再度費用を見直しするか、売上高などの見直しを行います。
②販売計画	得意先別と製品別に売上高を見積もって、製品売上高から限界利益を設定し、得意先別売上高から回収額等を設定します。
③資金計画	販売計画を月別に計算します。売上高の月別の展開は、得意先別に過去の実績により各月に割り振ります。また、得意先の回収条件により、売掛金や受取手形の発生と回収を各月ごとに計算します。 費用は、重点費目は計画設定の段階で月別に配賦し、その他の費目は実績等を踏まえて各月に割り振ります。 そして、1つにまとめた月次損益計算書を作成し、これと売掛金・受取手形の発生及び回収計画、買掛金・支払手形の発生及び支払計画により、月次資金繰り予想表を作成します。 これに財務収支の予定額を加減し、資金不足月の資金手当等を踏まえて計画を立てていきます。

♣予算を立てるポイントは

　予算は、取締役会の予算編成方針に基づき、まず各現業部門で販売予算・製造予算・購買予算などの各予算を作成します。

　経理は、各部門作成の各予算を全社予算として統合する責任を負い、それらを取りまとめ損益予算・資本予算として一本化し、最終的に、予想貸借対照表・予想損益計算書・予想キャッシュフロー計算書を作成します。

【図表204　年次経営計画と予算の例】

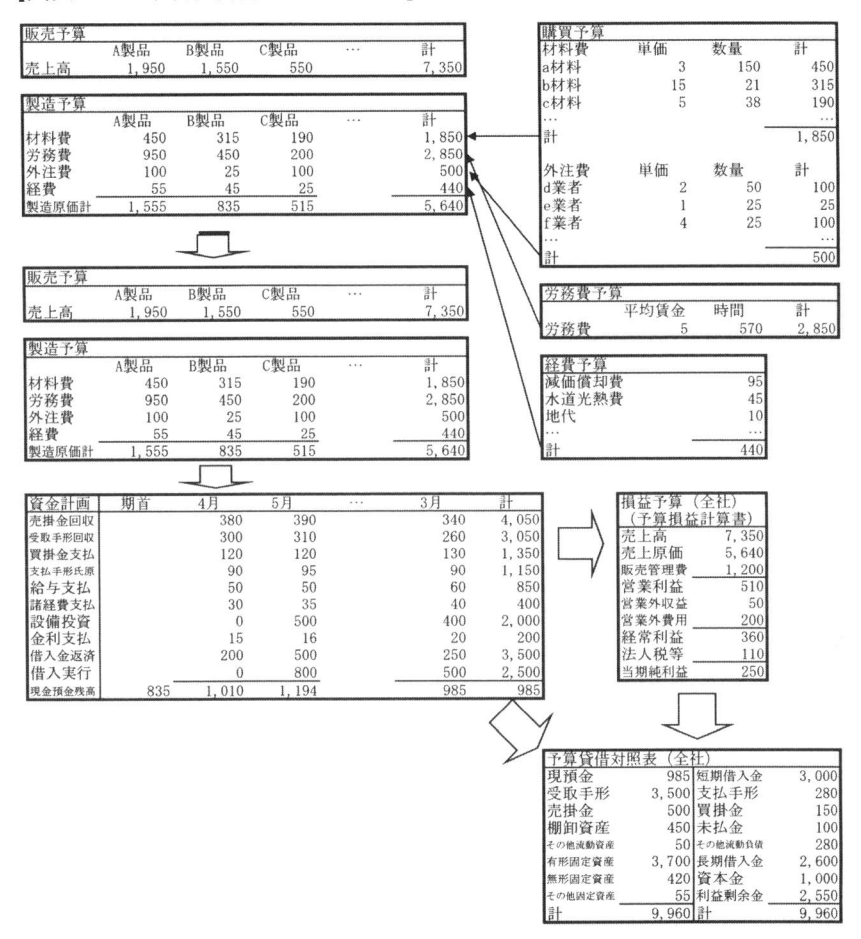

販売予算

	A製品	B製品	C製品	…	計
売上高	1,950	1,550	550		7,350

製造予算

	A製品	B製品	C製品	…	計
材料費	450	315	190		1,850
労務費	950	450	200		2,850
外注費	100	25	100		500
経費	55	45	25		440
製造原価計	1,555	835	515		5,640

購買予算

材料費	単価	数量	計
a材料	3	150	450
b材料	15	21	315
c材料	5	38	190
…			
計			1,850

外注費	単価	数量	計
d業者	2	50	100
e業者	1	25	25
f業者	4	25	100
…			
計			500

販売予算

	A製品	B製品	C製品	…	計
売上高	1,950	1,550	550		7,350

製造予算

	A製品	B製品	C製品	…	計
材料費	450	315	190		1,850
労務費	950	450	200		2,850
外注費	100	25	100		500
経費	55	45	25		440
製造原価計	1,555	835	515		5,640

労務費予算

	平均賃金	時間	計
労務費	5	570	2,850

経費予算

減価償却費	95
水道光熱費	45
地代	10
…	
計	440

資金計画

	期首	4月	5月	…	3月	計
売掛金回収		380	390		340	4,050
受取手形回収		300	310		260	3,050
買掛金支払		120	120		130	1,350
支払手形決済		90	95		90	1,150
給与支払		50	50		60	850
諸経費支払		30	35		40	400
設備投資		0	500		400	2,000
金利支払		15	16		20	200
借入金返済		200	500		250	3,500
借入実行		0	800		500	2,500
現金預金残高	835	1,010	1,194		985	985

損益予算（全社）
（予算損益計算書）

売上高	7,350
売上原価	5,640
販売管理費	1,200
営業利益	510
営業外収益	50
営業外費用	200
経常利益	360
法人税等	110
当期純利益	250

予算貸借対照表（全社）

現預金	985	短期借入金	3,000
受取手形	3,500	支払手形	280
売掛金	500	買掛金	150
棚卸資産	450	未払金	100
その他流動資産	50	その他流動負債	280
有形固定資産	3,700	長期借入金	2,600
無形固定資産	420	資本金	1,000
その他固定資産	55	利益剰余金	2,550
計	9,960	計	9,960

Q90 銀行融資のしくみは

A 銀行借入を申し込むと、銀行ではその会社に融資してよいかどうか審査をします。銀行は、半期ごとに自己査定を実施し、貸出先のランク分けをし、今後の取引方針を決定しています。

♣借入先の検討

主な借入先として、①政府系金融機関（国民生活金融公庫など）、②信用保証付融資、③銀行のプロパー融資があります。

プロパー融資とは、銀行自らが自分のリスクで行う融資のことです。Q93の保証協会の保証付融資では、銀行はリスクを負わずに資金だけを提供するしくみとなっています。

中小企業は、①政府系金融機関（国民生活金融公庫など）、②信用保証付融資で借入を行うことが多くなりますが、民間金融機関も大会社だけでなく中小企業にも融資をしています。「貸渋り」や「貸剥し」といったことも言われていますが、金融機関も収益獲得のためには融資することが必要です。優良な貸出先を探しているのです。

政府系金融機関と信用保証付き融資に申し込んでも借りられなかった場合やもっと借入が必要な場合は、民間金融機関のプロパー融資により資金調達を検討します。

♣銀行内での審査は

銀行借入は、銀行の側からみれば資金の貸付です。お金を貸すからには、十分に利息を支払ってくれて、確実に返済してもらえる先でないと困ります。

会社に融資をするにあたって、その会社が十分に利息を支払い、確実に返済をしてくれるかどうか審査します。

融資実行の際には、貸付先の経営成績や財務状況、財産の状況を調べ、中小企業の場合には、社長個人の財産の状況や人柄といったところまで調査します。決算書等による定量的な情報と、銀行員の面談・聴取による定性的な情報の両面から審査され、格付されます。

その審査結果をもって、銀行内の融資稟議をあげて決裁がおりれば、融資実行となるわけです。

【図表205　格付のしくみ】

①定量的な審査	決算書等を用いて、流動比率や収益率等の財務指標を分析が行われます。定量的な分析があまりにも悪い場合には、次の定性的な審査まで進めないこともあります。

↓

②定性的な審査	決算書にあらわされない部分、たとえば業界の特性や業界における会社の地位、経営方針、社長個人の財産状況や人柄などで評価が行われます。

♣自己査定での債務者区分は

　銀行では、年に2回、自己査定が行われています。自己査定とは、銀行が貸倒引当金を設定するため、融資先の状況を区分する手続のことです。

　図表206は、自己査定における債務者区分と貸倒引当金の繰入率（これは銀行により異なるものなので、あくまでも目安です）をまとめたものです。

【図表206　自己査定における債務者区分】

債務者区分	概　　　要	引当金繰入率
①正常先	業績が良好であり、かつ財務内容にも特段の問題がないと認められる債務者をいいます。	0.3%
②要注意先	貸出条件に問題のある債務者、履行状況に問題のある債務者のほか、業況が低調、財務内容に問題がある債務者をいいます。	0.5%
③要管理債権	要注意先のうち、債務の履行を3か月以上延滞、または貸出条件の緩和を受けた債務者をいいます。	15%
④破綻懸念債権	現状、経営難の状況にあり、経営改善計画等の進捗状況がかんばしくなく、今後経営破綻に陥る可能性が大きい債務者をいいます。	70%
⑤実質破綻先	深刻な経営難の状態にあり、再建の見通しが立たない状況にあり、実質的に経営破綻に陥っている債務者をいいます。	100%
⑥破綻先	法的・形式的な経営破綻の事情が発生している債務者をいいます。	100%

♣銀行の立場から貸出できる先は

　銀行が融資から得られる収益は貸付金の利息です。一方の費用は、資金の調達コスト（預金利息）だけでしょうか。実は、貸倒引当金繰入額が重要な費用となるのです。

　要管理先以下（いわゆる「不良債権」です）に分類されてしまうと、新規に銀行から資金を調達することは難しくなります。

Q9.1 銀行借入の方法は

A 銀行から借入をする方法は、当座借越、手形借入、証書借入、割引手形の4つがあります。
当座取引のある銀行では当座借越、賞与や税金支払いのためには手形借入、設備購入資金のためには証書借入と、借入金の使途に応じた借入を選択します。

♣銀行からの資金調達方法は

銀行から融資を受ける方法は、図表207のように4つです。

【図表207　銀行からの資金調達方法】

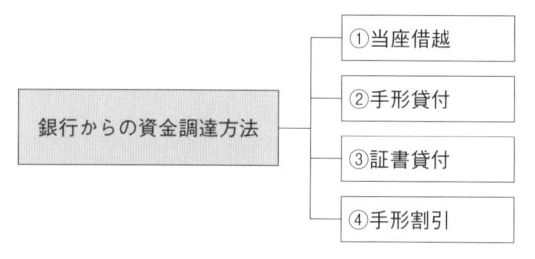

```
                    ┌─ ①当座借越
                    ├─ ②手形貸付
銀行からの資金調達方法 ┤
                    ├─ ③証書貸付
                    └─ ④手形割引
```

♣当座借越の方法は

当座借越には、専用当座借越と一般当座借越の2つの種類があります。

専用当座借越は、一定の額まで借りることができるというように契約して、その範囲内でいつでも借入、返済ができる方法です。

一般当座借越は、当座預金口座がマイナスになった場合、あらかじめ決まった額までは自動的にマイナスにできる方法です。

返済については、いつでも返済できるものですから、毎月いくらと決まった額での返済はありません。

利息については、年2回、半年分が口座から引き落とされます。

♣手形貸付の方法は

金融機関借入用の約束手形を銀行に入れてお金を借ります。受取人に銀行名を入れて振り出します。主な使いみち（資金使途といいます）は、商品仕入などの運転資金や、納税資金、賞与資金です。

返済方法は、一括返済と分割返済があります。利息は、融資実行時に差し引かれます。

♣証書貸付の方法は

　銀行と金銭消費貸借契約書を締結してお金を借ります。資金使途は、基本的には設備購入です。

　返済方法は、元金均等返済（返済する元本が一定）と元利均等返済（元本返済＋利息が一定）があります。元利均等方式は個人ローンによくみられる方法です。企業の場合には、元金均等返済が一般的です。

　利息は、借入金残高に対してかかります。

　元利均等返済の場合、はじめのうちは返済額の中に占める利息の割合が大きくなります。

♣保証人・担保は

　銀行借入の際、無担保で借入することはかなり難しいです。担保を差し入れるか、保証人を立てることが必要になります。

【図表208　担保の種類】

種　類	説　　　明
①質権	債務者の動産を金融機関に預け、もしも債務者が約束通りの返済をしない場合には、その動産を金融機関が売却し、あるいはそれを金融機関固有の財産とすることにより、返済の代わりにできる権利のことをいいます。 　なお、質権を設定する場合には、必ずその動産を、金融機関に預けることが必要です。
②抵当権	不動産を目的として設定します。その土地の使用・収益は所有者が継続して行い、金融機関は、債務者が約束通りの返済を行わない場合には、その不動産を競売し、返済にあてます。債務者は不動産の使用収益を継続できます。 　なお、抵当権は登記されますので、不動産の登記簿謄本を見れば、当該物件が担保に入っているかどうかわかります。
③根抵当権	抵当権の一種ですが、特定の融資を担保するものではなく、限度額を定め、一定の範囲にある複数の融資を担保とすることができるものです。

♣貸借対照表での表示は

　それぞれ、貸借対照表の科目は、図表209のようになります。

【図表209　貸借対照表での長短区分】

短期借入金	当座借越	随時返済なので、短期に分類されます。
	手形借入	通常1年内の期間設定です。
長期借入金	証書借入	1年内に返済される部分は、短期（1年以内返済予定長期借入金）となります。

Q92 銀行借入に必要な書類は

A 借入申込書類のほか、会社の概況・財務状況を示す書類が必要になります。
毎年、決算書の提出も必要です。

♣銀行借入時に共通して必要な書類は

銀行借入に必要な書類としては、図表210のようなものがあげられます。

【図表210　銀行借入に必要な書類】

項　目	説　明
①銀行取引約定書	銀行融資取引の基本約定書となります。
②保証約定書	保証人となる人が提出します。
③登記簿謄本	会社として登記されているか証明するために提出します。
④個人調査票	保証人の概況調査書で、銀行員が聴取して作成します。
⑤決算書	会社の財務状況を把握するために必要です。
⑥印鑑証明	会社・保証人のものが必要です。

また、金融機関によって、あるいは必要に応じて、さまざまな書類が要求されることがあります。

例えば、法人税の申告書を要求される場合があります。銀行借入のために、実際よりも利益が出ているように見せかける粉飾した決算書が提出されていないことを確かめるためです。

不良資産や架空資産、簿外資産がないかをチェックするために、勘定科目内訳書の提出が求められることがあります。

また、事業計画や経営計画といった、中期的な見通しの提出を求められることもあります。

♣当座借越で必要となる書類は

当座借越では、「当座借越契約書」が必要となります。極度枠（限度枠）を記載して提出します。

♣手形借入で必要となる書類は

手形借入では、銀行所定の約束手形が必要になります。振出人は会社、受

取人は銀行です。

手形借入は、ボーナス資金や納税資金で、6か月以内の返済となります。資金がうまく回っているかどうか確認するため、月次試算表の提出を求められることもあります。

♣証書借入で必要となる書類は

証書借入では、金銭消費貸借契約書が必要になります。

証書借入では、通常、設備購入資金等が求められます。期間が長期にわたるため、中長期の経営計画や資金使途が明確になっていることが必要です。したがって、設備購入等の契約書、中・長期の収支計画書が必要になります。

♣借入期間中、提出しなければならない書類は

Q90で述べたとおり、銀行は年に2回自己査定を行って、債務者の区分をしています。自己査定は、決算書による財務分析と返済ぶりが判断材料となります。

このため、借入期間中は、決算書や税務申告書等の提出が必要になります。また、債務者区分が落ちていくに従って、経営計画や事業計画、月次試算表等資料追加で提出させられる資料が増えてきます。

♣はじめて融資を受けるときは

はじめて融資を受けるときは、会社の概況を把握するために会社概要や主要得意先・仕入先一覧、主要借入先の状況、過去3～5年の決算書の提出が求められます。

担保を提供する場合には、担保物件の登記簿謄本を提出します。銀行は登記簿謄本をチェックして、先順位の有無等を確認します。

♣「中小企業の会計指針」の適用に関するチェックリスト

最近、新規融資に際して、「『中小企業の会計に関する指針』の適用に関するチェックリスト」の提出を求められることが多くなっています。中小企業の会計指針（Q95参照）の適用状況を公認会計士や税理士が確認し、会社宛に確認結果を報告する形式のものです。

会計指針の適用が不十分である場合には、金利が高くなったり、場合によっては融資が受けられなかったりすることもあります。

Q93 借入金を返済したときの処理は

A 借入金は、短期借入金と、長期借入金に分けて処理します。

♣借入金の種類と返済方法は

借入金の種類には、短期の手形借入と当座借越、長期の証書借入があります。

手形借入では、通常、3か月か6か月の期間の借入で、期間最終日を支払期日とする手形を振り出し、その手形を銀行に差し入れることにより、資金を調達する方法です。この場合、利息は資金を借り入れた日に、前払いすることになります。

当座借越は、当座預金の残高が不足する際に一時的に融資を受けるものと、運転資金として経常的に借り入れているものとがありますが、利息は後払いになります。

ところで、銀行借入で、短期借入金は、本当は"短期"ではないのです。契約では1年以内に返済することになっています。しかし、実際のところ、当座借越は借りたままになっているのが実情ですし、手形借入金も期日が来れば、また同じ金額同じ期間の手形を振り出して資金を借り換えることがほとんどです。

短期借入金の返済時には、図表211のような処理となります。

【図表211　短期借入金の返済時の処理例】

```
1,000,000円の手形借入を返済し、同額借換えを行った。借換え分については、6か月、
3.5％で、利息を差し引かれて入金された。
(借方) 短期借入金  1,000,000    (貸方) 現金預金    1,000,000
(借方) 現金預金      982,500    (貸方) 短期借入金  1,000,000
       支払利息   (注)17,500

       注：1,000,000円×3.5％× 6か月／12か月 ＝17,500円
```

♣長期借入金の返済処理は

長期借入金は、銀行の返済予定表に基づいて返済を行います。返済予定表には、元本返済部分と利息部分それぞれが記載されていますので、それに基

づいて仕訳を行います。

【図表212　長期借入金の返済予定表の例】

平成19年12月25日、12,000,000円の借入を行った。返済は、平成20年1月から元金均等の60回。利息は、3.5%で毎月返済時に後払いする。
上記条件の長期借金の返済予定表には、次のとおりとなります。

返済予定日	返済金額	うち元本	うち利息	融資残高
平成20年1月25日	235,000	200,000	35,000	11,800,000
平成20年2月25日	234,417	200,000	34,417	11,600,000
平成20年3月25日	233,833	200,000	33,833	11,400,000※
平成20年4月25日	233,250	200,000	33,250	11,200,000
平成20年5月25日	232,667	200,000	32,667	11,000,000
平成20年6月25日	232,083	200,000	32,083	10,800,000
平成20年7月25日	231,500	200,000	31,500	10,600,000
平成20年8月25日	230,917	200,000	30,917	10,400,000
平成20年9月25日	230,333	200,000	30,333	10,200,000
平成20年10月25日	229,750	200,000	29,750	10,000,000
平成20年11月25日	229,167	200,000	29,167	9,800,000
平成20年12月25日	228,583	200,000	28,583	9,600,000
平成21年1月25日	228,000	200,000	28,000	9,400,000

※決算日(平成20年3月31日)における借入金残高は11,400,000円。

平成20年3月25日の返済の仕訳は、図表219のようになります。

【図表213　長期借入金を返済したときの会計処理】

3月21日、借入金200,000円と利息33,833円を返済した。
（借方）借入金　　　200,000　　　（貸方）現金預金　233,833
　　　　支払利息　　 33,833

♣抵当権の抹消は

　担保を提供して借入を行っていた場合、借入金を完済すれば、担保に提供していた物件につけられていた抵当権を抹消する手続をとらなければなりません。完済した時点で、銀行から連絡してくれることが多いですが、連絡のない場合もありますので、担当者のほうで注意しておく必要があります。
　登記申請用紙に必要事項を記入して、法務局に提出します。

Q94 保証協会の保証料の処理は

A 信用保証制度とは、中小企業が資金調達しやすくするため、中小企業の銀行借入にあたって信用保証協会が保証してくれる制度です。
金利とは別に、信用保証料がかかります。

♣信用保証制度のしくみは

担保となる資産や有力な保証人がない場合に、中小企業が銀行から融資を受けるのはかなり難しいようです。信用保証制度は、信用保証協会が保証することによって、中小企業であっても銀行から融資を受けやすくするという制度です。

信用保証制度のしくみは、図表214のとおりです。

【図表214 信用保証制度のしくみ】

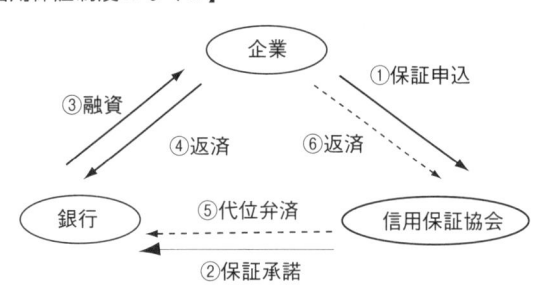

(④の返済が困難になったとき⑤代位弁済)

♣信用保証制度の利用手続は

信用保証制度の利用手続は、図表215のとおりです。

【図表215 信用保証制度の利用手続】

①保証の申込み	信用保証協会または銀行などの窓口で申し込みます。
②保証の承諾	信用保証協会は、企業の財務内容や経営計画などを検討し、保証の承諾を決め、銀行へ連絡します。
③融資	信用保証書の交付を受けた銀行が融資を実行します。このとき、利息とは別に信用保証料がかかります。
④返済	返済予定表に従って、銀行に返済をします。
⑤代位弁済	企業が返済できなくなった場合に、信用保証協会が企業に代わって全額(または一部)返済します。
⑥返済	企業から信用保証協会に返済します。

♣信用保証料の処理は

信用保証協会の保証を受けると、融資実行時に保証料を支払わなければなりません。信用保証料は、中小企業の財務状況などを考慮して決定されます。信用保証料は、担保提供がある場合や、企業の財務諸表が「中小企業の会計に関する指針」(Q95参照) を適用していることを公認会計士または税理士により確認できる場合には割引されます。

保証料の会計処理は、借入期間・借入金額に見合って発生するものと考えられますので、当期に見合う保証料は当期の費用とし、残りは前払費用（翌期の分は前払費用で、翌々期以降の分は長期前払費用）で処理します。

各期への配分の方法は、厳密にいえば借入金額（だんだん減っていきます）に応じて配分していくべきでしょうが、単なる月数によるのでも差支えありません。

【図表216　保証料を支払ったときの会計処理】

借入（借入金額12,000,000円、60回均等払い）を行う際に、保証料として１％120,000円支払った。
(借方) 保証料　　　　120,000　　　　　　　　(貸方) 現金預金　　　120,000
また、平成20年３月の決算において、未経過の保証料を前払費用と長期前払費用に振り替える処理をします。
(借方) 前払保証料　　24,000 注１　　　　　　(貸方) 保証料　　　　114,000
　　　長期前払保証料　90,000 注２

注１：$\dfrac{120,000円}{60か月} \times 12か月 = 24,000円$

注２：$\dfrac{120,000円}{60か月} \times (60-3-12) = 90,000円$

♣信用保証制度の利用手続は

信用保証制度には、保証内容によりいろいろな制度が設けられています。制度によって申込資格が定められていますので、自社がうまく利用できる制度がないか情報を入手することが必要です。金融機関が紹介してくれることもあります。

信用保証制度を利用する場合には、信用保証協会に信用保証の申込みを行ないます。金融機関を経由して申し込む方法と直接協会へ申し込むか区役所や市役所等の申込受付機関を経由して申し込む方法があります。

信用保証協会によって、申し込んだ会社の信用調査が行われます。審査の結果、制度利用が適当と認められた会社については、金融機関に対して信用保証書が発行されます。金融機関は、信用保証書に基づいて貸付を行います。この際、所定の信用保証料を、金融機関を通じて支払うことになります。

Q95 中小企業の会計指針ってなに

A 中小企業が決算書を作成するにあたり、従うことが望ましいとして公表された指針です。
銀行や取引先からの信用が高まるだけでなく、自己の経営成績や財政状態を正しく把握できるようになるなどのメリットがあります。

♣中小企業の会計指針というのは

　中小企業でも、経営の実態を把握するため、金融機関や取引先から決算書の開示を求められており、今後中小企業の信用力を高めていくうえでは透明性のある決算書の作成と開示が必要になってきています。どのような会社でも同一の会計基準が適用されるべきです。

　ただ、中小企業に、上場企業並みの決算書の作成を義務づけたとしても、決算書を作成する側の能力や時間面の制約、決算書を利用する側の必要性を考えると、必ずしも現実的ではありません。

　中小企業が計算書類を作成するにあたって従うことが望ましい会計基準として、日本公認会計士協会・日本税理士連合会・日本商工会議所・企業会計基準委員会の4団体が、意見調整を行い公表したものが「中小企業の会計に関する指針」です。

♣税務会計と中小企業の会計指針の相違点は

　中小企業の多くは、法人税法の規定に沿って会計処理を行っています。しかし、法人税法は、税金を計算するための法律であって、企業の決算書を適正に作成するためのものではありません。

　例えば、減価償却費。法人税の規定では、償却限度内の償却であれば問題ありません。業績の悪い決算期には計上せず、利益の多い期は実施するというように、利益の調整弁としてよくつかわれます。

　しかし、会計上は、毎期計画的に減価償却を実施し、損益計算し、財政状態を示すことが必要です。

　多くの中小企業では、税務会計による決算書を作成しています。中小企業の会計指針による会計処理方法と税務会計による処理方法の主な相違は、図表217に示したとおりです。

【図表217　中小企業の会計指針と税務会計の処理方法の相違点】

項　目	中小企業の会計指針	税務会計
①貸倒損失・貸倒引当金	税務上認められない部分についても貸倒引当金の処理を行います。	損金となるには、厳格な基準があります。
②有価証券の評価	保有目的ごとに分類し、それぞれの評価基準を適用します。 著しい価値の下落があった場合には、減損損失を計上し評価の切下げを行います。	取得原価により評価します。評価損が損金処理されるには、厳格な要件があります。
③固定資産	減価償却費は毎期継続して適用します。 資産の使用状況に大きな変化があったときには減損の可能性を検討します。	減価償却は、償却限度が定められているのみで、計上は強制されません。
④賞与引当金	翌期に支給する賞与見積額のうち当期の負担に帰属する金額を賞与引当金として計上します。	税務上は認められません。
⑤退職給付引当金	簡便法（期末自己都合要支給額を引当てる方法）により計上します。	税務上は、認められていません。
⑥税効果会計	税効果会計適用の要否、繰延税金資産の回収可能性を検討します。	—

♣税効果会計というのは

　簡単にいえば、会計上の費用計上と税務上の損金算入のタイムラグを考慮して、会計上の利益と法人税等とを合理的に対応させるようにするのが税効果会計です。

　なお、繰延税金資産が計上できるのは、翌期以降減算されるときに課税所得がある場合に限られます。十分な課税所得がない場合には、繰延税金資産を計上することはできません。

　図表218で、簡単な例で説明しましょう。

♣中小企業の会計指針を適用するメリットは

　中小企業の会計基準に従うかどうかは会社の任意ですが、中小企業の会計指針を適用した場合には、図表219のようなメリットが考えられます。

【図表218　税効果会計を適用している・いないときの比較】

> 税引前当期純利益は100で、賞与引当金繰入額が10あるとします。
> 当期の法人税額は、(100＋10)×40％(注)＝44となります。
> 　注：法定実効税率といい、約40％になります。
>
> 　税効果会計を適用すると、一時差異に対する税金額4が法人税等からマイナスされます。
> 　これで、税引前当期純利益100の40％が法人税等となり、合理的に対応することとなります。

税効果会計を適用していないと	
税引前当期純利益	100
法人税、住民税及び事業税	44
当期純利益	56

⇒

税効果会計を適用すると	
税引前当期純利益	100
法人税、住民税及び事業税	40
法人税等調整額	(−)4
当期純利益	60

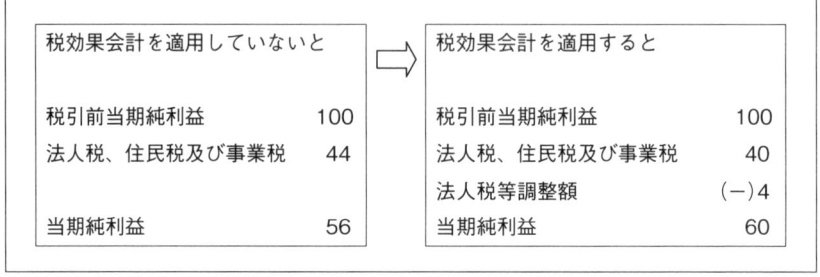

【図表219　中小企業の会計指針を適用するメリット】

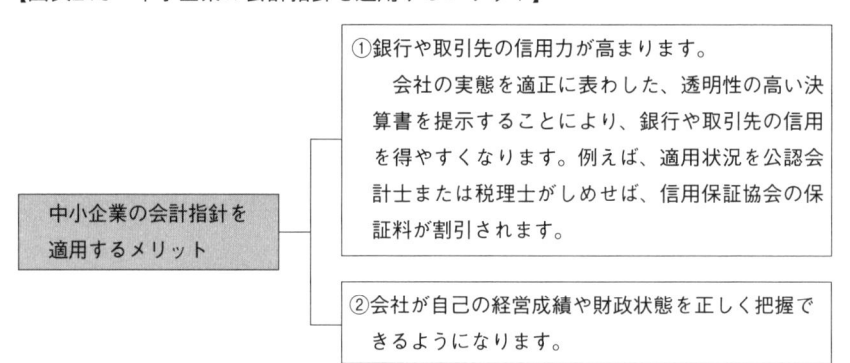

中小企業の会計指針を適用するメリット
- ①銀行や取引先の信用力が高まります。
  会社の実態を適正に表わした、透明性の高い決算書を提示することにより、銀行や取引先の信用を得やすくなります。例えば、適用状況を公認会計士または税理士がしめせば、信用保証協会の保証料が割引されます。
- ②会社が自己の経営成績や財政状態を正しく把握できるようになります。

♣会計参与制度導入会社は会計指針に従う義務は

　会計参与は、会社法によって新たに設定された会社の機関で、取締役と並んで会社の決算書を作成する役目を担っています。

　会計参与となることができるのは、公認会計士、税理士、監査法人、税理士法人です。

　会計参与は、専門的知識を有し、かつ取締役と同様の責任を負いますので、会計参与の作成した決算書は信用力の点では問題ないものとなります。

　この会計参与を導入している中小企業は、中小企業の会計に関する指針に従うことになります。

11 2月の「経理」事務

　3月の決算を控えて、決算対策が必要となります。11か月までの月次決算から黒字となるか赤字となるかは予想できると思います。それぞれの場合にどのような決算対策が取れるのか、その対応はどうすべきかについてまとめています。

Q96 業績予想のしかた・決算方針の立て方は

A 業績予想は、今期の実績月の確定分をもとに、期末までの残り月数の状況を検討して業績を見込むことになりますが、期末までの予想は、売上・経費・利益について現実がかけ離れないよう行わなければなりません。
決算方針は、期中までの業績に基づき、今後の方針を決め、残りの期間で実行に移していきます。

♣業績予想のしかたは

　今までの業績を基本に、一定の仮定を設定したうえで（例えば為替レートや金利、商品の販売動向など）今後の売上や利益を予想します。いろいろな要素を加味していますので、今後の設備投資や償却計画など資金計画も考慮して予想します。ただし、仮定と現実が異なる場合は、予想が大幅にずれることがあります。

　業績予想は、ともすれば、目標数値となってしまいがちです。しかし、社外に公表したり、銀行に報告したりする場合に、業績予想と現実があまりにかけ離れていると、信頼を損ないかねません。業績予想は、緻密に慎重に行わなければなりません。

♣業績予想の手順は

　業績予想の手順は、図表220のとおりです。

【図表220　業績予想の手順】

項　目	説　明
① 売上高と変動費を見積る	売上高は、具体的な販売計画があればそれによりますが、ない場合でも過去の経験と今後の環境から見積りを行います。 　変動費は、売上に対してどのような率で動くか、過去の実績から分析し、発生額を見積ります。
② 固定費を見積る	固定費は、売上高に関係なく発生するものです。主な固定費としては、人件費や賃借料、減価償却費、支払利息等があげられます。 　これらを変動させる、人員計画や設備投資計画、資金計画を考慮に入れて、金額を見積ります。

③ 税金計算を行う	利益計画ができれば、最後に税金計算を行います。税務の合理化を図るのに、有効な対策の有無を検討し、最終予想利益を見積ります。

♣決算方針の立て方は

　決算方針とは、当期の利益をどのくらい出し、税金をいくら納めるかといった会社の意思決定です。決算対策は、決算日直前になってからでは遅すぎます。遅くとも、9か月目頃には、方針を決定し、それに向けた対策を取るようにする必要があります。

　今期末の決算方針を立てるにあたって、検討すべき点は、図表221のようなものがあります。

【図表221　決算方針を立てるにあたって検討すべき点】

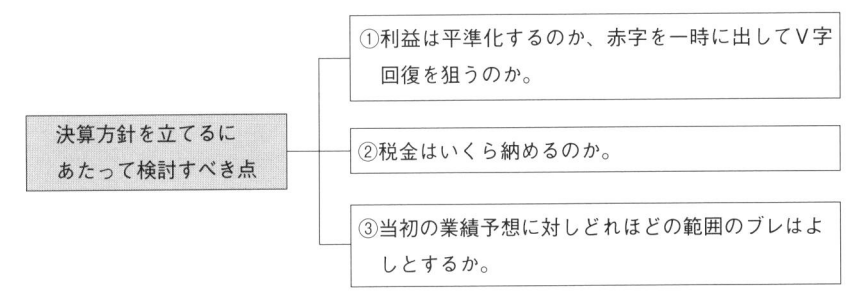

決算方針を立てるにあたって検討すべき点
- ①利益は平準化するのか、赤字を一時に出してV字回復を狙うのか。
- ②税金はいくら納めるのか。
- ③当初の業績予想に対しどれほどの範囲のブレはよしとするか。

♣決算方針を立てるための前提条件は

　決算方針を立てるためには、期末時点の損益がどのようなものになるかという予測が必要になります。

　期末の着地点を正確に予測するには、①現在までの損益状況はどうであるか、②現在まで、あるいは期末まで、会社を取り巻く環境はどうであるか、といったことを正確に分析できることが前提条件となります。

　①の現在の損益状況の分析には、正確でタイムリーな月次決算を行っていることが必要となります。

　②の企業を取り巻く環境については、経済全体の動向の把握、業界紙等による業界の情報の入手、会計基準・税法の改正・変更の影響の考慮等が必要となります。

　決算方針の立て方によっては、会計方針の変更を伴うものもあります。

　税務上は、会計方針を変更する事業年度の開始日以前に届出が必要ですから、前もっての検討が必要となります。

Q97 黒字予想のときの決算政策は

A 黒字予想のときは、節税対策を考慮した決算政策となります。貸倒損失や棚卸資産の評価減等で、無税処理できるものがないかを考慮します。

♣黒字予想のときの決算政策は

好調時の決算政策は、①できるだけ費用化して利益の圧縮を図ること、②内部留保の充実を図ることが着眼点になります。

具体的な項目は、図表222のとおりです。

【図表222　黒字予想のときの決算政策】

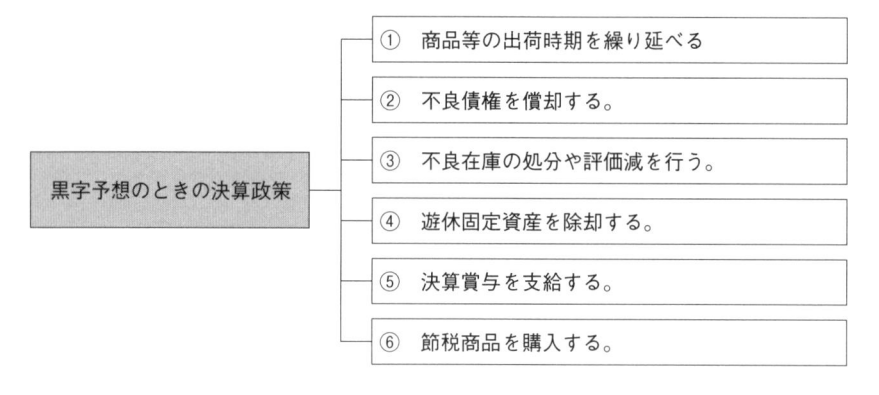

黒字予想のときの決算政策	
①	商品等の出荷時期を繰り延べる
②	不良債権を償却する。
③	不良在庫の処分や評価減を行う。
④	遊休固定資産を除却する。
⑤	決算賞与を支給する。
⑥	節税商品を購入する。

♣商品等の出荷時期を繰り延べる

商品を出荷した時点で売上計上（＝利益計上）されます。得意先の了解が必要な場合もありますが、期末近くの出荷をできるだけ翌期の出荷とすることで、利益を翌期に繰り延べることができます。

♣資産価値のない資産はないか

売掛金や、棚卸資産、有価証券などの資産を処理した損は、税務上損金経理をするには厳格な要件が必要です。

それでも、回収見込みのない債権や実態のなくなった会社の株式、売れ残って陳腐化してしまった棚卸資産など、これまで手をつけられずにいた不良資産の中には、税務上損金となる要件を満たすものがあるかもしれません。黒字を機会に、決算書の大掃除を行いましょう。

不良資産の処分は、お金の支出を伴わずに、利益を圧縮する点でも優れています。

♣含み損のある資産の売却は
　取得原価より時価が下がっている資産を含み損のある資産といいます。含み損のある資産で、遊休固定額や有価証券やゴルフ会員権など利用していない資産があれば売却を検討します。
　節税と資金調達の両方が図れますが、相場のある資産ですから、売却のタイミングは難しいことに留意しましょう。

♣決算賞与を支給する
　決算賞与は、その事業年度中に支給されれば、損金に算入されます。
　また、支給は翌期でも一定の要件を満たせば、損金算入できます。
　決算賞与の支給は、従業員の士気高揚のためにも有効です。

♣節税商品を購入する
　節税商品としては、保険やレバレッジドリースなどがあります。
　これらの契約は、何年かにわたり損が出るしくみとなっていますので、当分黒字が続くと予想される場合に適しています。

♣生命保険へ加入する
　生命保険は、種類によって資産計上しなければならないものもありますが、損金として認められるものもあります。
　養老保険では、2分の1は損金計上が認められますので、節税対策に用いることができます。また、先に例にあげた役員退職金を支払う際の原資とすることもできます。
　ただ、保険は長期にわたる契約で、景気が悪くなったときにも掛金をかけ続けなければなりません。実際会社にとって必要な保険かどうか、長期にわたって保険料を負担できる契約内容かどうかということを十分に検討したうえで加入することが必要です。

♣レバレッジド・リース契約をする
　レバレッジ・リースは、借入を行って、リース資産を購入し、ユーザーにリースする会社に出資するものです。

リース収益は定額で受け取る一方、借入金の支払利息は当初高く、次第に少なくなります。このため、始めのうちは損失を取り込み、次第に利益が計上されるしくみとなっています。リース会社各社で取り扱われています。

♣経費の無駄遣いは避ける

　税金を支払うよりも他のところに使ったほうがよいというので、経費を多く使うということは避けるべきです。法人税等の負担は、30〜40％くらいです。

　仮に、1,000万円の利益の出ている会社が、30％、300万円の税金負担を避けるために経費を支出しようとした場合、経費が1,000万円出て行ってしまうことになり、現金ベースでみれば、700万円を余計に出費することになります。

　どちらが多くお金を残せるかということを考えれば、経費で無駄遣いするよりも、税金を納めたほうが得になことがわかります。

♣積極的な設備投資は

　設備の更新時期が来ているようでしたら、早めの設備投資を行うことも対策となるかもしれません。

　減価償却費に影響するだけなので、費用（損金）に与えるインパクトは小さいですが、中小企業では、設備投資にかかる特別償却や税額控除、あるいは１個30万円以下の減価償却資産の費用処理などの減税措置が認められています。

　これらの制度を有効に利用することも検討します。

♣役員給与の増額は

　役員給与は、平成18年度改正で、利益の調整弁として使われるのを防ぐため、定時同額給与、事前届出給与、利益連動型給与の３つしか認められなくなりました。税務対策としては使いにくくなりました。

♣役員を退職させる

　中小企業では、名目だけの役員がいることもあります。このような場合には、役員を退職させて、退職金を支払うことにより、節税を図ることができます。

　退職金は税務上損金算入されますし、退職所得は所得税率も低いので、有効な手段です。

Q98 赤字予想のときの決算政策は

A 赤字が予想されるときの決算政策は、役員給与の減額です。含み益のある資産があれば、売却を検討するのもよいでしょう。

♣赤字予想のときの決算政策は

赤字予想時の決算政策（図表223）は、①できるだけ資金の支出を抑えること、②利益創出を図ること、③対外信用を維持することが着眼点になります。

【図表223　赤字予想のときの決算政策】

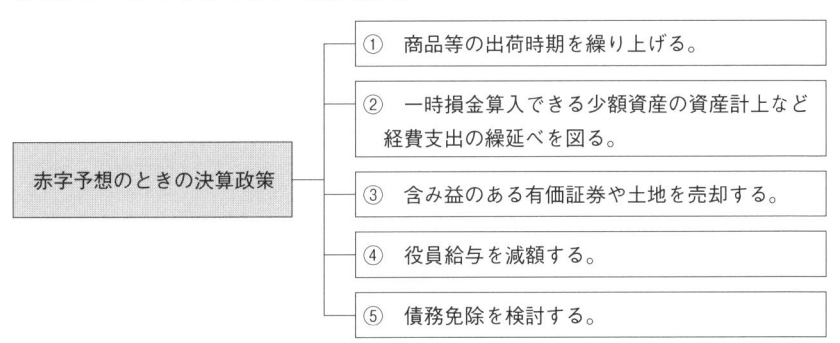

```
                    ┌─ ① 商品等の出荷時期を繰り上げる。
                    │
                    ├─ ② 一時損金算入できる少額資産の資産計上など
                    │     経費支出の繰延べを図る。
赤字予想のときの決算政策 ─┼─ ③ 含み益のある有価証券や土地を売却する。
                    │
                    ├─ ④ 役員給与を減額する。
                    │
                    └─ ⑤ 債務免除を検討する。
```

♣含み益を持った資産を売却する

有価証券や土地などは、決算書には取得原価で表示されています。有価証券や土地の時価がいくら値上がりしても、決算書では取得原価のまま据え置かれているわけです。このように、取得原価よりも時価のほうが高い資産を含み益のある資産といいます。

含み益の資産を売却すれば、黒字化する、あるいは赤字幅を縮小することはできますが、次のような点は注意しなければなりません。

(1) 売却益には税金がかかります。
(2) 固定資産の場合、今後事業を継続していくのに問題のないものか。
(3) 銀行対策としても、銀行は本業の成績をみていますので、実質赤字を見破られる可能性があります。

♣役員給与の減額は

役員給与を減額する方法があります。役員給与については、平成18年税制

改正で、①定期同額給与、②事前届出給与、③業績連動給与の役員給与のみが損金算入できることとされました（Q61参照）。

損金算入できるのは、定期同額が条件ですが、事業年度途上において業績が著しく悪化し、減額せざるをえないような事情が生じた場合にのみ、減額後同一支給額であれば損金算入が認められることとなります。

♣従業員への賞与支給は

賞与支給のタイミングを、従業員の了解のもとに翌期にずらすことにより、当期の赤字を解消したり減少させることができます。ただし、1回限りになります。

♣債務免除を検討する

赤字会社の場合、社長等からの借入金が多くなっている場合があります。社長から債務免除してもらうことによって、利益計上、債務超過解消することを検討します。

♣操業度をアップする

製造業では、操業度アップが利益計上につながります。一見矛盾しているようですが、操業度を上げることにより期末の在庫が増えます。原価計算は、発生した費用を売上原価と期末在庫に配分する手続です。

この費用には、人件費等の固定費も含まれます。期末在庫が増えれば増えるほど、固定費が当期の費用とならず、したがって、利益が出るというわけです。

ただし、在庫が増えます。翌期に販売できる見込みがあればよいですが、販売できなければ、不良在庫となって新たな損失を生むことになります。

♣減価償却を実施しない!?

中小企業では、赤字決算のときには減価償却を実施せずに利益を計上するといった決算がみられます。

税務上は、問題ありませんが、「中小企業の会計指針」では、規則的・継続的に実施することが求められていますので、それは適正な決算書とはいえません。

銀行対策で赤字の計上はできない、と思われるかもしれませんが、決算書をみれば、減価償却を実施していないことはすぐにバレてしまいます。

Q99 貸借対照表のしくみ・作成手順は

A 貸借対照表は、会社の財政状態をあらわす決算書です。試算表から作成されます。

♣貸借対照表のしくみは

貸借対照表は、資産と負債・純資産（資本）を表示する一覧表で、決算日における会社の財政状態を示す決算書です。財政状態とは、会社の資金の調達と運用がどのような状態にあるのか、ということです。

貸借対照表の貸方は、資金の調達の状況を示しています。株主からの出資（資本）、銀行からの借入（負債）により、資金調達しています。

そして、貸借対照表の借方は、調達してきた資金が、どのような状態にあるのか（投資され費用となるのか、回収され資金となるのか）を示しています。

【図表224 貸借対照表のしくみ】

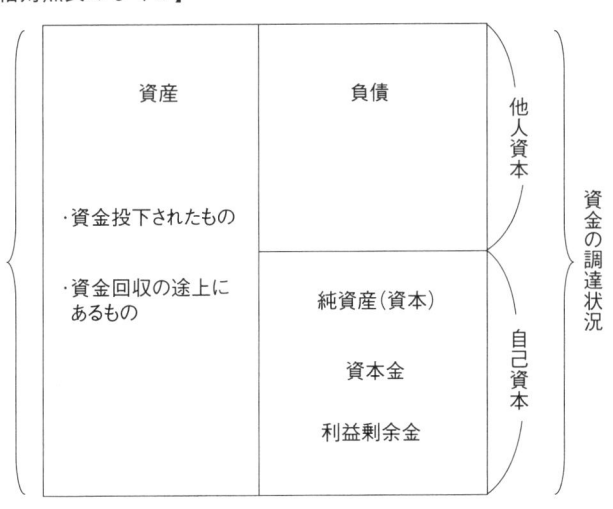

資本の運用状況	資産 ・資金投下されたもの ・資金回収の途上にあるもの	負債	他人資本	資金の調達状況
		純資産（資本） 資本金 利益剰余金	自己資本	

♣貸借対照表の配列は

一般の会社では、「流動性配列法」といって、資産項目・負債項目を現金化の早い（流動性の高い）科目から順に並べる方法によります。

「固定性配列法」は、電力会社など、総資産に占める固定資産の割合が高

い会社で採用されます。

♣貸借対照表の作成方法は

貸借対照表（図表225）は、試算表をもとに作成します。

試算表の勘定科目をそのまま貸借対照表に計上すると、少額の勘定科目まで計上されることとなり、見づらくなります。そこで、少額で重要性のない勘定科目は、「その他」といった形でまとめます。

【図表225　貸借対照表の例】

貸借対照表 （平成××年×月××日現在）			
資産の部		負債の部	
流動資産		流動負債	
現金及び預金	×××	支払手形	×××
受取手形	×××	買掛金	×××
売掛金	×××	短期借入金	×××
有価証券	×××	未払金	×××
製品及び商品	×××	リース債務	×××
短期貸付金	×××	未払法人税等	×××
前払費用	×××	賞与引当金	×××
繰延税金資産	×××	繰延税金負債	×××
その他	×××	その他	×××
貸倒引当金	△××	流動負債合計	×××
流動資産合計	×××	固定負債	
固定資産		社債	×××
（有形固定資産）		長期借入金	×××
建物	×××	リース債務	×××
構築物	×××	退職給付引当金	×××
機械及び装置	×××	繰延税金負債	×××
工具、器具及び備品	×××	その他	×××
リース資産	×××	固定負債合計	×××
土地	×××	負債合計	×××
建設仮勘定	×××	純資産の部	
その他	×××	株主資本	
（無形固定資産）		資本金　　　　　　×××	A
ソフトウェア	×××	資本剰余金	
のれん	×××	資本準備金	B
その他	×××	その他資本剰余金	C
（投資その他の資産）		資本剰余金合計	D
関係会社株式	×××	利益剰余金	
投資有価証券	×××	利益準備金	E
出資金	×××	その他利益剰余金	×××
長期貸付金	×××	××積立金	F
長期前払費用	×××	繰越利益剰余金	G
繰延税金資産	×××	利益剰余金合計	H
その他	×××	自己株式	△I
貸倒引当金	△××	株主資本合計	J
固定資産合計	×××	評価・換算差額等	
繰延資産	×××	その他有価証券評価差額金	K
		評価・換算差額等合計	L
		新株予約権	M
		純資産合計	N
資産合計	×××	負債・純資産合計	×××

注：貸借対照表のA〜N及び損益計算書のQの各項目の金額は、株主資本等変動計算書の各「当期末残高」欄の金額と一致することになる。

Q100 損益計算書のしくみ・作成手順は

A 損益計算書は、収益から費用を差し引いて利益を計算する決算書で、一定期間の経営成績をあらわすものです。
利益を5つの段階に分けて、経営成績をよりわかりやすく示しています。

♣ 5段階の利益に分かれる

損益計算書（図表228）は、収益から費用を差し引いて利益をあらわす決算書です。損益計算書の利益は、5段階に分かれています。

【図表226　5段階の利益】

利　　益	説　　明
売上総利益	売上から売上原価を引いた金額で、粗利（あらり）ともいわれます。企業活動のベースとなる利益といえます。
営業利益	売上総利益から販売費及び一般管理費を引いたもので、会社本来の営業活動から生じた利益になります。
経常利益	会社の経常的活動、つまり、営業活動と、資金調達など営業活動に付随した毎期の活動から生じた利益であり、会社の実力を示します。経常（けいつね）と呼ばれることもあります。
税引前当期純利益	特別損益項目も加味した当期の利益です。
当期純利益	法人税、住民税及び事業税を引いた後の利益で、最終利益とも呼ばれます。

♣ 損益計算書の作成方法は

試算表から作成されますが、図表226の5区分が明確になるように、収益と費用を図表227のように区分します。

【図表227　収益と費用の区分】

区　　分	説　　明	主な勘定科目
売上高	本来の事業目的である商品やサービスの販売による収益	売上高
売上原価	商品やサービスの原価	仕入
販売費及び一般管理費	営業や管理活動のために要した人件費・経費	給与手当、福利厚生費、販売促進費、旅費交通費、賃借料、広告宣伝費

営業外収益	本業ではないが、経常的に発生する財務収益等	受取利息、受取配当金
営業外費用	本業ではないが、経常的に発生する財務費用等	支払利息、手形売却損
特別利益	臨時に発生した利益	固定資産売却益、前期損益修正益
特別損失	臨時に発生した損失	固定資産売却損、前期損益修正損
法人税、住民税及び事業税	会社の利益（所得）を課税標準とする税金	法人税、住民税、事業税

【図表228　損益計算書の例】

```
              損益計算書
       自　平成××年×月×日
       至　平成××年×月×日

    売上高                                    ×××
    売上原価                                  ×××
       売上総利益                             ×××
    販売費及び一般管理費                       ×××
       営業利益                               ×××
    営業外収益
       受取利息                    ×××
       受取配当金                  ×××
       雑収入                                 ×××
    営業外費用
       支払利息                    ×××
       手形売却損                  ×××
       雑支出                                 ×××
          経常利益                            ×××
    特別利益
       固定資産売却益              ×××
       投資有価証券売却益          ×××
       前期損益修正益              ×××
    特別損失
       固定資産売却損              ×××
       減損損失                    ×××
       災害による損失              ×××    ×××
          税引前当期純利益                    ×××
       法人税、住民税及び事業税    ×××
       法人税等調整額              ×××    ×××
          当期純利益                            Q
```

注：貸借対照表のA～N及び損益計算書のQの各項目の金額は、株主資本等変動計算書の各「当期末残高」欄の金額と一致することになる。

Q101 株主資本等変動計算書のしくみ・作成手順は

A 会社法により新しく導入された決算書で、1事業年度の純資産の動きを記載するものです。

♣会社法により新しく導入された決算書の1つ

旧商法では、配当は定時株主総会でしか決議できませんでした。しかし、会社法では、株主総会の決議があれば年に何度でも配当ができるようになりました。また、資本準備金や資本剰余金、利益準備金、その他利益剰余金など純資産の部の計数も、株主総会の決議でいつでも変動させることができるようになりました。

このように、会社法では、1年を通じて純資産の部の変動が起こりうるので、それを明確にするために、株主資本等変動計算書を作成することになります。

♣株主資本等変動計算書のしくみは

株主資本等変動計算書（図表230）は、1事業年度の純資産の動きを表わすもので、決算日や決算確定日（定時株主総会承認日）の残高ではありません。

♣株主資本等変動計算書の作成手順は

株主資本等変動計算書の作成手順は、図表229のとおりです。

【図表229　株主資本等変動計算書の作成手順】

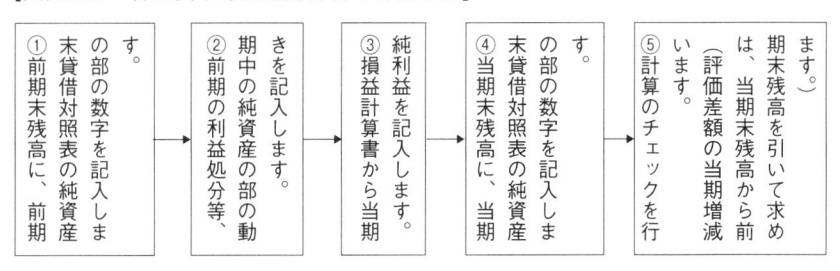

① 前期末残高に、前期の貸借対照表の純資産の部の数字を記入します。

→ ② 期中の純資産の部の動きを記入します。前期の利益処分等、

→ ③ 純利益を記入します。損益計算書から当期

→ ④ 当期末残高に、当期の貸借対照表の純資産の部の数字を記入します。

→ ⑤ 計算のチェックを行います。（評価差額の当期増減は、当期末残高から前期末残高を引いて求めます。）

♣作成方法は

図表230にひな形を示しています。貸借対照表の純資産の部に記載されて

いる各項目について、前期末残高、当期変動額（当期変動事由ごとに記載）、当期末残高を記載します。

【図表230　株主資本等変動計算書の例】

株主資本等変動計算書の例示（純資産の各項目を横に並べる様式例）

	株主資本										評価・換算差額等（※2）		新株予約権	純資産合計（※3）
	資本金	資本剰余金			利益剰余金				自己株式	株主資本合計	その他有価証券評価差額金	評価・換算差額等合計（※3）		
		資本準備金	その他資本剰余金	資本剰余金合計（※3）	利益準備金	その他利益剰余金（※1）		利益剰余金合計（※3）						
						××積立金	繰越利益剰余金							
前期末残高	×××	×××	×××	×××	×××	×××	×××	×××	△×××	×××	×××	×××	×××	×××
当期変動額（※4）														
新株の発行	×××	×××		×××						×××				×××
剰余金の配当							△P	△×××		△×××				△×××
剰余金の配当に伴う利益準備金の積立て					×××		△×××			×××				
当期純利益							Q	×××		×××				×××
自己株式の処分									×××	×××				×××
×××××														
株主資本以外の項目の当期変動額（純額）											×××（※5）	×××	×××（※5）	×××
当期変動額合計	×××	×××	−	×××	×××	−	×××	×××	×××	×××	×××	×××	×××	×××
当期末残高	A	B	C	D	E	F	G	H	△I	J	K	L	M	N

※1：その他利益剰余金については、その内訳項目の前期末残高、当期変動額及び当期末残高の各金額を注記により開示することができる。この場合、その他利益剰余金の前期末残高、当期変動額及び当期末残高の合計額を株主資本等変動計算書に記載する。
※2：評価・換算差額等については、その内訳項目の前期末残高、当期変動額及び当期末残高の各金額を注記により開示することができる。この場合、評価・換算差額等の前期末残高、当期変動額及び当期末残高の各合計額を株主資本変動計算書に記載する。
※3：各合計欄の記載は省略することができる。
※4：株主資本の各項目の変動事由およびその金額の記載は、概ね貸借対照表における表示の順序による。
※5：株主資本以外の各項目は、当期変動額を純額で記載することに代えて、変動事由ごとにその金額を株主資本等変動計算書又は注記により表示することができる。
　　また、変動事由ごとにその金額を株主資本等変動計算書に記載する場合には、概ね株主資本の各項目に関係する変動事由の次に記載する。
注：A～Qの金額は、それぞれ貸借対照表、損益計算書の各「項目の金額と一致し、またPの金額は配当金支払額の例の「配当金の総額計」と一致することになる。

12 3月の「経理」事務

　いよいよ決算です。決算は、企業の1年間の経営成績、年度末における財政状態を適正に計算することが必要になります。決算に特有な会計処理をあげて、それぞれどのように処理すればよいかについて説明します。

Q102 決算事務の流れ・処理カレンダーは

> **A** 決算書類は株主総会に間に合うように作成しなければなりません。税務申告期限を考慮すれば、3月決算の会社の場合、遅くとも4月下旬には決算書が出来上がっている必要があります。

♣ 会社法での決算日程は

会社法では、株主総会で決算書（計算書類）の承認を義務づけています。

監査役設置会社では、株主総会の前までに、監査役が計算書類の監査を行うことになっています。

会計監査人を設置していない会社では、株主総会までに、計算書類の作成→監査役の監査→決算取締役会→招集通知発送の手続が必要になり、それに要する期間は、会社法で図表231のとおり定められています。

ただ、税務申告の期限が決算日から2か月以内ということを考えれば、3月決算の場合、株主総会は遅くとも2か月以内の5月末までに開催しなければなりません。

図表231には、5月25日に株主総会を開くと想定した場合の、おおよその目安となる日付を入れてあります。

【図表231　決算日程の例（取締役会設置会社の例）】

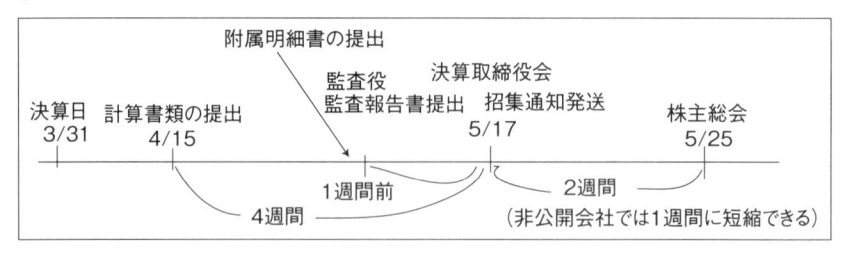

```
                附属明細書の提出
                      │        監査役        決算取締役会
                      ↓    監査報告書提出    招集通知発送
決算日  計算書類の提出                                    株主総会
3/31      4/15                    5/17                     5/25
  ├────────┼──────────┼─────┼──────────┤
           │         1週間前        │      2週間         │
           └────4週間────┘       （非公開会社では1週間に短縮できる）
```

♣ 決算事務の流れは

年度決算では、通常の月次決算に年度決算特有の手続がプラスされます。

図表232は、決算事務の流れをまとめたものです。

♣ 帳簿を締め切る

期中取引について、すべての取引を反映させ、帳簿を締め切ります。このときに、総勘定元帳の残高と各種補助元帳の残高が一致していることを

【図表232　決算事務の流れ】

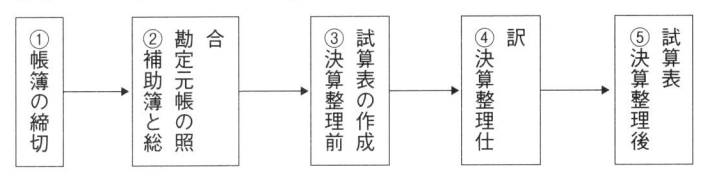

① 帳簿の締切 → ② 勘定元帳と総勘定元帳の照合 → ③ 試算表の作成 決算整理前 → ④ 決算整理仕訳 → ⑤ 試算表 決算整理後

確認します。

　不一致の場合には、その原因を明らかにし、正しいほうに修正するようにします。よくある原因としては、帳簿を締めるタイミングが異なることによるタイムラグです。

　例えば、総勘定元帳の売掛金残高と得意先元帳の残高が異なっているということがあったとすると、総勘定元帳では入金処理がなされているのに、得意先元帳では消込み作業が未了であるといったことが判明し、総勘定元帳の残高が正しいことになります。

　また、各勘定の残高が正しいことを確認する作業も必要です。銀行や取引先に対し、残高照会を行うことが最も確実です。残高照会の手続については、Q104、105で詳しく説明します。

♣決算整理仕訳が必要

　適正な期間損益計算をするために、通常の月次決算とは異なる決算手続が必要になります。

　決算整理仕訳としては、図表233のようなものがあります。

【図表233　決算整理仕訳】

①	商品の棚卸・評価	商品の実地棚卸を行い、会社の採用する評価基準により在庫金額を確定します。
②	売上原価の算定	①の結果を受けて、当期の売上原価を算定します。
③	引当金の計上	貸倒引当金や賞与引当金、退職給付引当金等の繰入れと戻入れを行います。
④	減価償却費の計上	固定資産台帳をもとに減価償却費の計上を行います。
⑤	繰延資産の償却	繰延資産がある場合には、規定に従って償却を行います。
⑥	経過勘定の計上	未払費用・前払費用・未収収益・前受収益に計上
⑦	税金の処理	法人税、住民税、事業税、消費税の計算を行います。
⑦	その他	必要に応じて 有価証券の評価 税効果会計の処理等

Q103 精算表のしくみと読み方は

A 精算表は、試算表の作成から決算書の作成までを一覧表にしたものです。
精算表を作成することにより、決算に先立って、1会計期間の経営成績と期末の財政状態の概況を把握することができます。

♣精算表というのは

精算表は、正式な帳簿決算を行う前に、インフォーマルな形で試算表の作成から決算書の作成までを一覧表にしたものです。したがって、精算表を作成することにより、決算に先立って、1会計期間の経営成績と期末の財政状態の概況を把握することができます。

精算表は、決算手続の全体的な流れを理解するのに役立ち、手続を円滑に実施するのに有用です。

ここでは、精算表のしくみを把握するため、期末の決算整理事項がない前提で、残高試算表・損益計算書・貸借対照表の3つの欄から構成されている精算表(それぞれ借方・貸方欄を持つので、6桁精算表と呼ばれます)についてみましょう。

♣精算表の作成手順は

6桁精算表は、図表234の手順で作成します。

【図表234 精算表の作成手順】

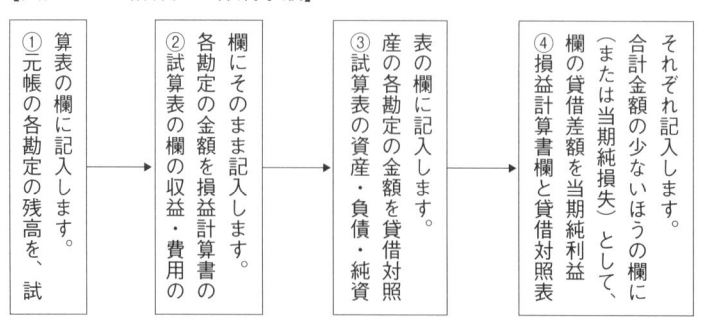

① 元帳の各勘定の残高を、試算表の欄に記入します。
→
② 試算表の欄の収益・費用の各勘定の金額を損益計算書の欄にそのまま記入します。
→
③ 試算表の資産・負債・純資産の各勘定の金額を貸借対照表の欄に記入します。
→
④ 損益計算書欄と貸借対照表欄の貸借差額を当期純利益(または当期純損失)として、合計金額の少ないほうの欄にそれぞれ記入します。

損益計算書の借方差額は、当期純利益が計上されたことになり、貸方差額の場合は当期純損失が計上されたことになります。

損益計算書の借方差額と同額を貸借対照表の貸方に記入し、貸借が平均することを確認します。

【図表235　精算表のしくみ】

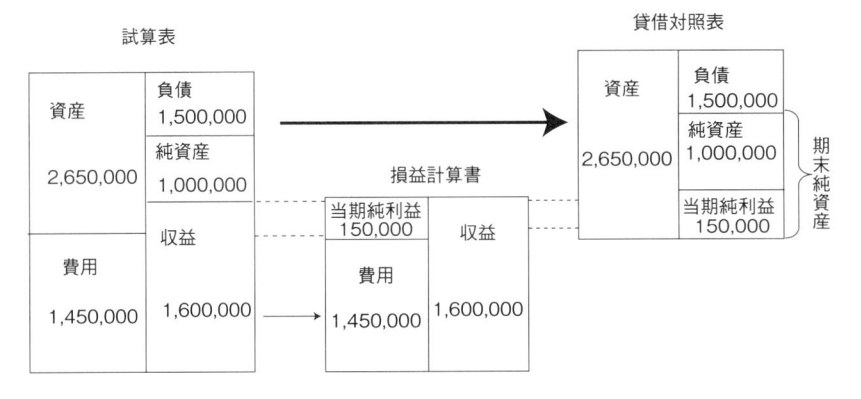

試算表
- 資産 2,650,000
- 負債 1,500,000
- 純資産 1,000,000
- 費用 1,450,000
- 収益 1,600,000

損益計算書
- 費用 1,450,000
- 当期純利益 150,000
- 収益 1,600,000

貸借対照表
- 資産 2,650,000
- 負債 1,500,000
- 純資産 1,000,000
- 当期純利益 150,000

（期末純資産）

♣精算表のしくみは

精算表は、試算表から貸借対照表と損益計算書を作成するための一覧表で、そのしくみは図表236のようになります。

【図表236　精算表の例】

精算表

勘定科目	試算表 借方	試算表 貸方	損益計算書 借方	損益計算書 貸方	貸借対照表 借方	貸借対照表 貸方
現金預金	850,000				850,000	
売掛金	1,200,000				1,200,000	
商品	100,000				100,000	
備品	500,000				500,000	
買掛金		1,000,000				1,000,000
短期借入金		500,000				500,000
資本金		1,000,000				1,000,000
売上高		1,600,000		1,600,000		
仕入	1,3000,000		1,300,000			
給料	100,000		100,000			
支払家賃	40,000		40,000			
支払利息	10,000		10,000			
当期純利益			150,000			150,000
合計	4,100,000	4,100,000	1,600,000	1,600,000	2,650,000	2,650,000

Q104 現金・預金残高の調査・照会・整理は

A 現金残高は、実査により確かめます。預金残高は、銀行からの残高証明書で確かめます。
帳簿残と残高証明書に差異がある場合には、銀行勘定調整表を作成し、差異内容を明確にします。

♣現金残高は実査する

現金残高は、Q31で説明したとおり、毎日確認するのが原則です。

決算日も、普段と同様、現金預金の現物の残高と帳簿の残高が一致していることを確認します。これを現金実査といいます。

現金として処理されるものは、受け取った小切手も含みます。

現金実査の結果、帳簿残高と現物が一致しない場合には、原因を調査し、必要な修正仕訳を入れます。それでも不明な差異が残る場合には、「現金過不足」を用いて雑損あるいは雑益処理します。

ただし、中小企業では、現金管理者と経営者が分離されていないときには、税務では否認されるかもしれません。

【図表237　現金が不足したときの会計処理】

現金実査を行った結果、現金1,000円が不足していることが判明したので、これを処理する。			
（借方）現金過不足	1,000	（貸方）現金	1,000

♣銀行からは残高証明書を取り寄せる

預金残高は、毎月通帳や当座照合表を用いて、預金残高と帳簿残高との照合を行いますが、決算時には、銀行から残高証明書を取り寄せて、帳簿残高と照合します。

すべての取引銀行から残高証明書を取り寄せます。たとえ残高がゼロの口座でも、その口座を利用した不正な取引が行われている可能性もありますので、牽制の意味からもすべての口座から取り寄せる必要があります。

残高証明書の預金残高と帳簿残高が一致しない場合には、図表238の「銀行勘定調整表」を作成し、必要に応じて修正仕訳を入れます。残高に差異が生じる原因としては、図表239のようなものがあります。

【図表238　銀行残高調整表の例】

　　　　　　　　　　　銀行勘定調整表　　　　　平成　　年　　月　　日

　　　　　　　銀行　　　支店
　　（　当座　　　普通　）

　　　　　　帳簿残高　　　　　　　　　　　　(A)　_____

		項目	適要	伝票No	金額
加算	①				
	②				
	③				
	計			(B)	
減算	①				
	②				
	③				
	計			(C)	

　　銀行残高(残高証明書)　　　　　　(A)＋(B)－(C)　_____

【図表239　預金残高と帳簿残高に差異が生じる原因】

	項　目	説　　明	修正仕訳
①	時間外預入	当社は決算日に預け入れたが、時間外であったため、銀行では翌日の入金処理となった。	不要。
②	未取付小切手	当社の振り出した小切手を受取人が取立に出していないため、当座預金の銀行残高が減少していない。	不要。
③	未渡小切手	小切手を振り出したが、先方に渡していない場合。	(借方) 当座預金　×× 　(貸方) 未払金××
④	誤記帳	当社で記帳を誤っている場合。	修正仕訳を入れる。

Q104　現金・預金残高の調査・照会・整理は

Q105 売掛金・買掛金の残高照会・整理は

A 売掛金・買掛金は、直接取引先に残高確認を実施します。

♣売掛金・買掛金の残高確認は

　売掛金の残高が正しいかどうか、期末の売掛金残高を確認する方法として、もっとも効果のあるものは、得意先へ直接売掛金の残高（得意先にとっては買掛金残高になります）を確認する方法です。

　得意先元帳に記録されている金額が正しいかどうか、相手に残高確認書を送付して、回答をもらう方法です。

　売掛金は、月々の請求に対し、得意先がいくら入金きたかで得意先と残高の確認ができているといえます。請求どおりに入金されていれば、売掛金の問題はありません。

　請求額と入金額に問題のある場合には、その差異の内容を確認し、当方に原因がある場合には、翌月の請求までに修正を行います。毎月この作業を行っています。

　基本的には期末月の請求についても、同様の入金照合作業を行いますが、先方に残高確認を行うことは、図表240のような点で有効です。

【図表240　残高確認のメリット】

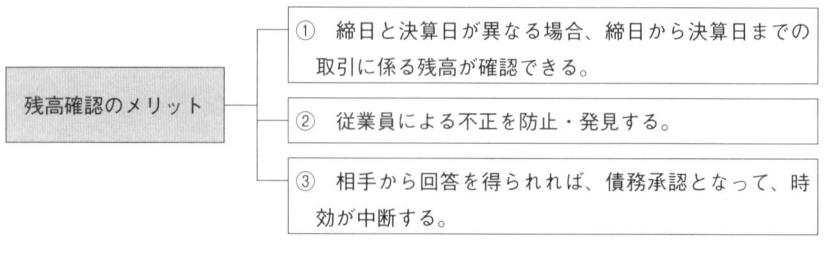

残高確認のメリット
- ① 締日と決算日が異なる場合、締日から決算日までの取引に係る残高が確認できる。
- ② 従業員による不正を防止・発見する。
- ③ 相手から回答を得られれば、債務承認となって、時効が中断する。

　買掛金についても、買掛金元帳をもとに残高確認を実施します。

♣残高確認書の書式は

　残高確認書は、特に決まったフォームはありません。①残高確認を依頼する旨、②基準日、③会社の帳簿残高、④相手先の金額の記載欄等を記載します。

相手先に差異内容の記載を依頼しておくと、後で差異を分析する作業が楽になります。特に先方のミスによって差異が出ている場合には、かなり手間が省けます。返信用の封筒を同封して、送付します。

【図表241　残高証明依頼書の例】

```
〒                                          Ｎｏ．_____
　住所 _____

　会社名 _____ 御中              平成20年4月10日

                残高確認のご依頼の件

拝啓　ますますご降昌の段お慶び申し上げます。
さて、弊社では、現在第○期事業年度（平成19年4月1日から平成20年3月31日まで）の決算
にあたり、下記勘定残高の確認を実施いたしております。弊社の貴社に対する平成20年3月31日現在
の当社の帳簿残高は、下記残高確認書左欄（確認依頼額）の通りになっております。
つきましては、お手数をおかけして恐縮ですが、貴社の残高を右欄（確認額）にご記入いただき、もし
相違のある場合は差額の明細をご記入のうえ、末尾に署名捺印して、同封の返信用封筒にて、平成20年
4月25日までに弊社あてご返送くださいますようお願い申しあげます。
なお、本状は貴社に対する支払いの督促ではありませんので、念のため申し添えます。
                                                          敬具
                                    （依頼人）
                                    株式会社○○産業
                                    _____  印

                  残高確認書

株式会社○○産業　御中

平成20年3月31日現在、当社の貴社に対する勘定残高は、下記確認額のとおりです。
```

確認依頼額		確　認　済	
勘定科目	金額	勘定科目	金額
（備考）		（備考）	

（差異明細）

　　　　　　　　　　　　　　　　　（会社名）_____
　　　　　　　　　　　　　　　　　代表者名
　　　　　　　　　　　　　　　　　または責任者名 _____ 印
平成　　年　　月　　日

♣ **長期滞留債権の処理は**

売掛金の得意先明細をつくり、その中に貸倒損失処理（Q49）すべき残高や貸倒引当金（Q112）を計上すべき売掛金がないかどうかを調べます。

回収が長期にわたるようなものについては、貸借対照表上、売掛金ではなく、投資の部の「破産更生債権等」に振り替えます。

Q105　売掛金・買掛金の残高照会・整理は

Q106 棚卸資産の棚卸・評価・評価替えは

A 棚卸資産の期末在庫の評価方法は、複数あり、選択可能です。
期末在庫の評価金額の決定は、売上原価の金額決定にもつながります。
低価法による評価損、棚卸減耗損の会計処理にも注意が必要です。

♣期末の在庫金額＝在庫品の単価×数量

期末の在庫金額は、期末の在庫品の単価に数量を掛けて求めます。在庫数量は、実地棚卸により確定させます（在庫の棚卸方法については、Q57を参照）。

在庫品の単価は、原則として購入単価を用います。期首から期末まで購入単価が一定の場合には問題がありませんが、購入単価が変動する場合には、期末にどの単価を用いるかが問題となります。

単価の算定方法は、図表242に示したとおりです。

【図表242　単価の算定方法】

原価法	①	個別法	棚卸資産を一品一品個別に管理し、それぞれの購入価額で評価する方法です。
	②	先入先出法	先に入庫したものが先に出庫したものとみなして単価を求めます。
	③	後入先出法	後に入庫したものが先に出庫したものとみなして単価を求めます。
	④	総平均法	期首在庫と一期間の入庫との合計金額をその合計数量で割った総平均単価を単価とする方法です。
	⑤	移動平均法	棚卸資産の入庫のつど、直前の在庫金額と入庫金額の合計金額を入庫後在庫数量で割って、総平均単価を計算し直す方法です。
	⑥	最終仕入原価法	最後に仕入れた単価を期末の評価単価とする方法です。法人税では、何も届け出なければ最終仕入原価法を選択したものとみなされます。
	⑦	売価還元法	期末在庫の売価を計算し、当期の原価率でもって原価に引きなおす方法です。
低価法			期末に時価が原価を下回っている場合に時価で評価する方法です。

♣売上原価の算定は

期中に売り上げた商品の原価は、どのように求められるのでしょうか。通常、商品の一部が期末に期末商品棚卸高として残り、翌期首の期首商品棚卸高になります。当期首商品棚卸高と当期の仕入高を合計し、期末商品棚卸高を差し引けば、当期の売上原価が求められます。この関係は図表243に示しています。

【図表243　在庫と売上原価の関係】

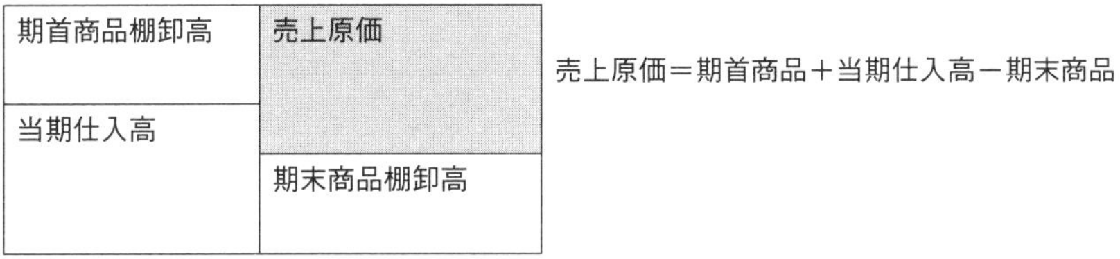

期首商品棚卸高	売上原価
当期仕入高	
	期末商品棚卸高

売上原価＝期首商品＋当期仕入高－期末商品

♣棚卸減耗損の処理は

在庫元帳を作成している会社では、棚卸の結果、在庫元帳の帳簿残高と実地棚卸高とに差異が出ることがあります。これは、盗難・破損・減耗などが原因で、「棚卸減耗損」といいます（Q57参照）。棚卸減耗損は、売上原価の一部となります。

♣低価法による評価損の取扱いは

低価法で評価をした場合、原価と時価の差による在庫の評価減が生じます。これを評価損といい、売上原価に加算されます。

【図表244　棚卸減耗損・評価損の表示】

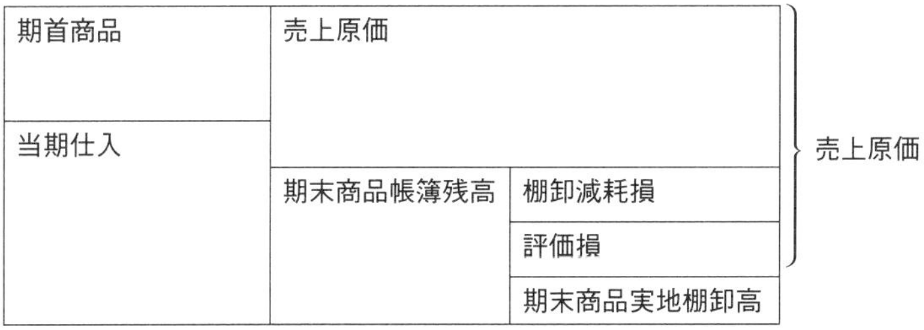

期首商品	売上原価		⎫
当期仕入			売上原価
	期末商品帳簿残高	棚卸減耗損	
		評価損	
		期末商品実地棚卸高	⎭

♣強制評価減の処理は

棚卸資産の評価方法によらず、時価が著しく低下し、かつ取得原価まで回復すると認められない場合に、時価で評価しなければなりません。これを強制評価減といいます。

強制評価減によるものは、売上原価ではなく、特別損失に計上します。

Q106　棚卸資産の棚卸・評価・評価替えは

Q107 仮払金・仮受金の残高調査・整理は

A 仮払金・仮受金は、支出時あるいは入金時に、処理すべき勘定科目が不明であるために、仮に置いておく勘定科目です。支出あるいは入金した事項の顛末が明確になったものについては、適切な勘定科目で処理されなければなりません。

♣残高明細を作成し顛末を探る

　仮払金は、期中において、現金は支出したものの、顛末がどうなるかわからないためにひとまず処理しておくというときに使われる勘定科目です。

　期末に仮払金として残っているものの明細表を作成し、いつ、どこに（誰に）、どのような名目で支出したものかということを明らかにします。そのうえで、それぞれが、本来の勘定に振り替えられるかどうかを検討していきます。

　例えば、出張する社員に対する仮払金が精算されずに残っている場合が考えられます。すでに出張中の諸経費に使用されていれば経費処理しなければなりませんし、一部は未使用で現金で戻ってくるかもしれません。この場合には、当該社員に早く出張精算をするように促し、決算までに処理することとなります。

　仮払金は、費用または損失となる可能性も高いので、適正な期間損益を計算するためには、適切に処理する必要があります。

　仮受金についても、明細をつくり、内容を調査し、本来の勘定で処理できるものは処理していきます。仮受金は、収益となる可能性もありますので、税務上注意が必要です。

♣建設仮勘定の処理は

　建設仮勘定は、固定資産の取得までに要した手付金や前渡金などの支出を処理しておく勘定です。固定資産の引渡しを受けた段階で、本来の有形固定資産の勘定に振り替えられるべきものです。

　期末に残高明細を作成し、振替漏れがないか確認するようにします。固定資産への振替漏れは、減価償却が実施されないことで損益にも影響を与えます。

　また、長期滞留となっているものがあれば、今後の見通し等を検討のうえ、適切に処理する必要があります。

Q108 収益・費用の見越・繰延の処理は

A 経過勘定を用いて、当期の収益費用を修正する手続を見越または繰延といいます。
契約により、一定の期間にわたって継続的にサービスの提供を受けているか、あるいは提供している場合に処理が発生します。

♣収益費用の見越・繰延の処理は

　契約によって、一定の期間にわたってサービスの提供を行ったり、提供を受けたりするものもあります。対価の受払いは当期であっても、この受取額や支払額はすべて当期に計上すべき収益や費用ではないものもあります。

　適正な期間計算を行うためには、決算で収益費用の金額を修正する手続が必要です。これを収益費用の見越・繰延といい、これに伴って使用される未収収益、前受収益、前払費用、未払費用を経過勘定といいます。

♣収益の見越処理は

　収益の見越しは、決算日にすでに役務の提供を行ったものの、その対価をまだ受け取っていない場合に必要となる手続です。

【図表245　収益の見越処理】

```
3月決算の会社において、1年分の家賃120,000円を12月に後払いしてもらう。
（借方）未収収益　　　30,000　　　　　（貸方）受取家賃　　30,000
```

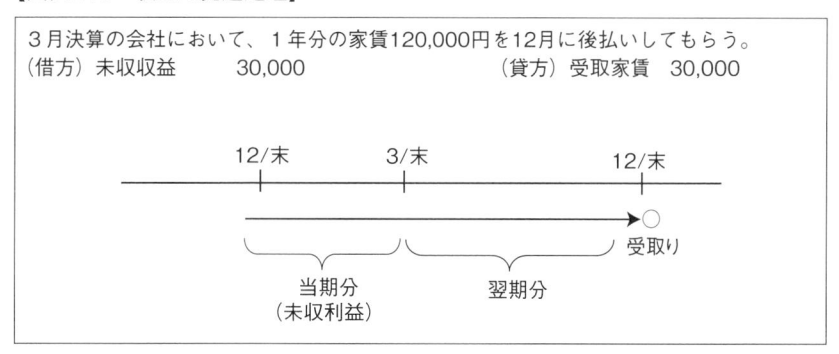

```
        12/末      3/末            12/末
 ────────┼─────────┼────────────────┼────────
                                      ○
                                      受取り
         └────┬────┘└───────┬────────┘
           当期分            翌期分
          （未収利益）
```

♣収益の繰延処理は

　収益の繰延は、決算日にすでに対価を受け取ったものの、次期以降にそのサービスの提供を行う場合に必要となる手続です。

【図表246　収益の繰延処理】

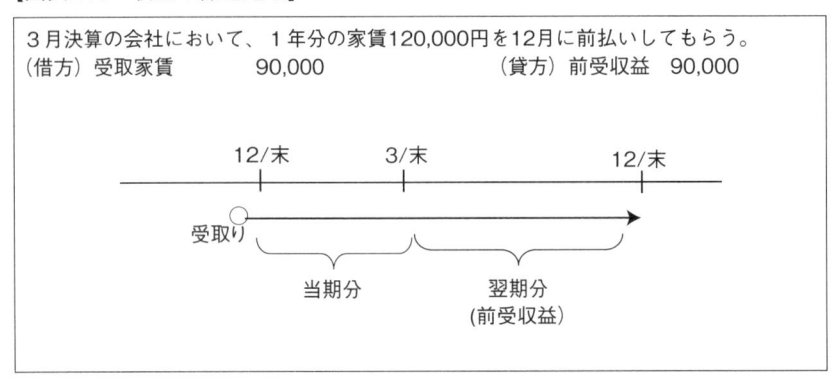

```
3月決算の会社において、1年分の家賃120,000円を12月に前払いしてもらう。
(借方) 受取家賃    90,000        (貸方) 前受収益    90,000
```

```
              12/末      3/末              12/末
  ──────────┼─────────┼──────────────┼──────
             ○─────────────────────────▶
            受取り  ╰───╯╰──────────╯
                   当期分    翌期分
                          (前受収益)
```

♣費用の見越処理は

　費用の見越しは、決算日にすでに役務の提供を受けたものの、その対価をまだ支払っていない場合に必要となる手続です。

【図表247　費用の見越処理】

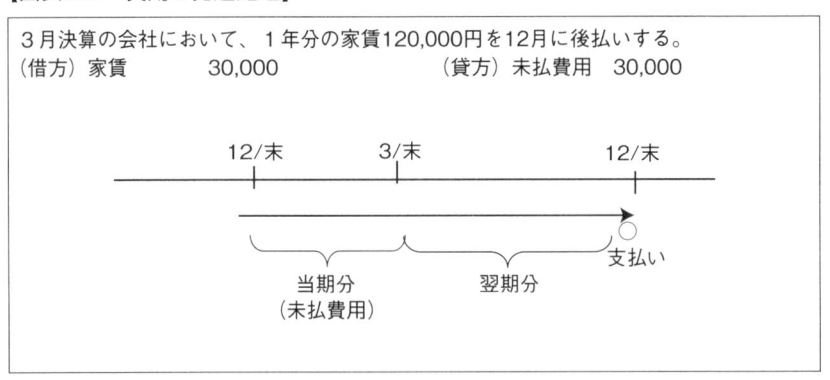

```
3月決算の会社において、1年分の家賃120,000円を12月に後払いする。
(借方) 家賃    30,000        (貸方) 未払費用    30,000
```

```
              12/末      3/末              12/末
  ──────────┼─────────┼──────────────┼──────
             ───────────────────────○
                                           支払い
                  ╰───╯╰──────────╯
                  当期分    翌期分
                 (未払費用)
```

♣費用の繰延処理は

　費用の繰延は、決算日にすでに対価を支払ったものの、次期以降にそのサービスの提供を受ける場合に必要となる手続です。

【図表248　費用の繰延処理】

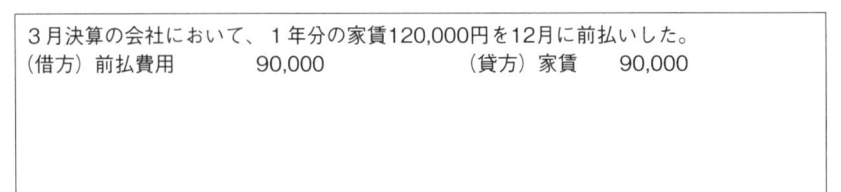

```
3月決算の会社において、1年分の家賃120,000円を12月に前払いした。
(借方) 前払費用    90,000        (貸方) 家賃    90,000
```

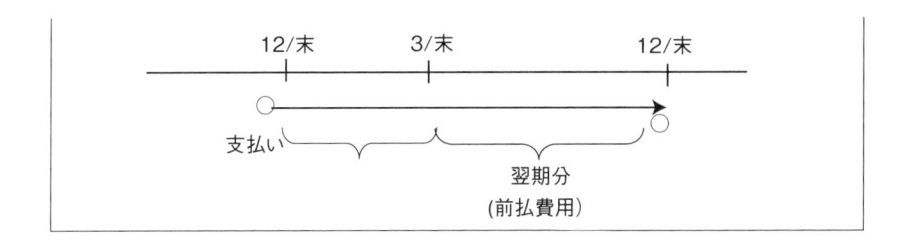

```
        12/末        3/末         12/末
─────────┼───────────┼────────────┼──────────
         ○━━━━━━━━━━━━━━━━━━━━━━━━▶
        支払い ╲                 ╱
                ╲               ╱
                 ╲    翌期分   ╱
                   (前払費用)
```

♣翌期首に再振替仕訳

なお、翌期首に再振替仕訳を行い、翌期の損益に反映させます。例えば、図表249の例では、次の仕訳が入ります

【図表249　再振替仕訳】

（借方）家賃	90,000		（貸方）前払費用	90,000

これにより、翌期に帰属する家賃も適正に計算されることになります。

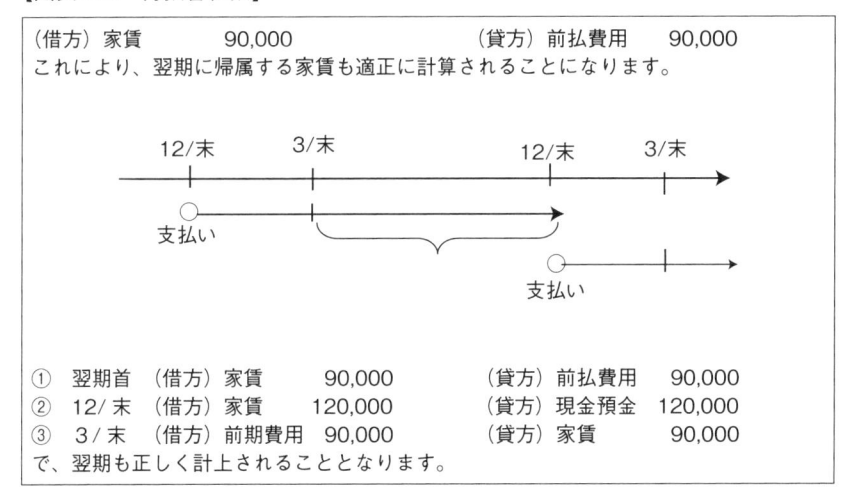

```
        12/末        3/末         12/末        3/末
─────────┼───────────┼────────────┼────────────┼──────
         ○                        ╲          ╱
        支払い ━━━━━━━━━━━━━━━━━━━━▶
                                   ○
                                  支払い
```

①	翌期首	（借方）家賃	90,000	（貸方）前払費用	90,000
②	12/末	（借方）家賃	120,000	（貸方）現金預金	120,000
③	3/末	（借方）前期費用	90,000	（貸方）家賃	90,000

で、翌期も正しく計上されることとなります。

♣前払費用の税務上の取扱いは

　税務上、前払費用の額は当期の損金の額に算入されませんが、支払った日から1年以内に提供を受ける役務にかかるもので、毎期継続して支払った額を損金算入している場合には、支払った時点で損金算入することが認められています。

　1年以内に役務提供を受けることが必要ですから、2年以上の保険料などには適用できません。また、継続して適用することが条件となりますので、単発的な広告宣伝費や手数料などに適用はできません。

　短期の前払費用は、支払い時に損金処理することで、早期の費用化による節税効果が図れます。

Q109 減価償却費の計上は

A 減価償却とは、固定資産の取得原価を耐用年数にわたって、規則的に費用化していく手続です。減価償却については、税務会計に従って処理するのが一般的です。

♣減価償却ってなに

建物、構築物、機械、車両運搬具、器具備品など、土地以外の有形固定資産は、使用または時の経過に伴って次第にその価値が減少します。

決算の際に当期中の価値の減少分を当期の費用として計上し、その減価分だけ有形固定資産の取得原価を減少させます。

この手続を減価償却といい、減価分に相当する額を減価償却費といいます。

♣減価償却費の処理は

有形固定資産の減価償却費を計上したときは、直接取得原価から差し引くのではなく、「減価償却累計額」という勘定科目を用いて、間接的に固定資産の簿価をあらわします。

定額法1年目の減価償却費を計上した際の処理は図表250のとおりです。

【図表250 減価償却費の処理】

```
定額法により1年目の減価償却費100,000円を計上した。
(借方) 減価償却費  100,000  (貸方) 建物減価償却累計額  100,000
帳簿価額 (簿価) は、1,000,000－100,000＝900,000となります。
```

♣税務上の取扱いは

会計上は、一定の計算方法に従って毎期規則的に減価償却を実施します。会社独自の耐用年数や残存価額を定めて償却することも可能ですが、税務上は、会計上で費用処理した金額のうち償却限度額までしか損金として認められません。

このため、減価償却は、税務会計に従って処理するのが一般的です。

♣減価償却費の計算方法は

減価償却費の計算方法は、代表的なものに定額法と定率法があります。

定額法は、耐用年数の期間にわたって一定額の減価が生じると仮定し、毎期一定額の減価償却費を計上する方法です。取得価額に一定の償却率を乗じ

【図表251　税務上の取扱いは】

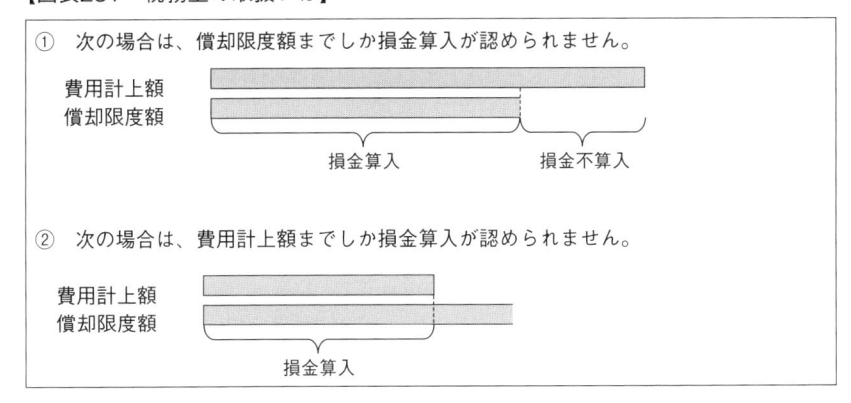

① 次の場合は、償却限度額までしか損金算入が認められません。

費用計上額
償却限度額

損金算入　　損金不算入

② 次の場合は、費用計上額までしか損金算入が認められません。

費用計上額
償却限度額

損金算入

て計算します。

　定率法は、耐用年数の当初は多くの減価が生じ、使用が進むにつれて減価が少なくなると仮定し、耐用年数の初期に多額の減価償却費を計上し、後半なるにつれて少なくなる方法です。期首の簿価に一定の償却率を乗じて計算します。初期の段階で多く費用計上できますので、税務上は有利です。

　税務上は、特に届出をしなければ定率法を採用しているものとみなされます。なお、平成10年4月以降取得した建物については、定額法を採用することとされています。

♣平成19年度税制改正で計算方法が大幅改正に

　減価償却費の計算方法は、平成19年の税制改正で大幅に変更されました。残存価額（固定資産が耐用年数に達したときの見積処分金額）は、従来は取得価額の10%とされていましたが、改正によりゼロとなりました。

　償却可能限度額も、従来は取得価額の5％までとされていましたが、備忘価額の1円まで償却できるようになりました。

　改正は、平成19年4月1日以後取得した資産から適用され、それ以前に取得した資産は従来の方法が適用されることとなります。

　なお、償却限度可能額（取得価額の5％）まで償却した資産については、翌事業年度から5年間で1円まで均等償却することができます。

♣定額法による限度計算は

　残存価額がなくなり、計算は一層簡単になりました。

　定額法の計算式は、次のとおりです。

Q109　減価償却費の計上は

(改正前の計算方法) 減価償却費＝取得価額×0.9×償却率
(改正後の計算方法) 減価償却費＝取得価額×償却率

取得価額1,000,000円の機械を10年で償却した場合の、毎期の償却額は図表252のようになります。

減価償却計算は会計ソフトを利用することが多いのですが、以下で簡単に計算方法を把握しておきましょう。

【図表252　定額法の計算例】

年目	改訂前の計算方法		改訂後の計算方法	
	償却額	簿価	償却額	簿価
1	注1 90,000	910,000	注2 100,000	900,000
2	90,000	820,000	100,000	800,000
3	90,000	730,000	100,000	700,000
4	90,000	640,000	100,000	600,000
5	90,000	550,000	100,000	500,000
6	90,000	460,000	100,000	400,000
7	90,000	370,000	100,000	300,000
8	90,000	280,000	100,000	200,000
9	90,000	190,000	100,000	100,000
10	90,000	100,000	注3 99,999	1
11	50,000	50,000	0	1
12	0	50,000	0	1

注1：1,000,000×0.9×0.1 = 90,000
注2：1,000,000×0.1 = 100,000
注3：備忘価格1円を残すため、99,999円となります。

♣定率法による限度計算は

従来の方法では、期首簿価に償却率をかけて減価償却額を計算していました。改正後の方法は、定率法による償却額と償却保証額のいずれか大きいほうが減価償却費となります。

定率法の計算式は、次のとおりです。

(改正前の計算方法) 減価償却費＝期首簿価×償却率
(改正後の計算方法) 減価償却費＝期首簿価×償却率‥‥①
　　　　　　　　　　償却保証額＝取得価額×保証率‥‥②
　　　　　　　　　　改定償却費＝改定取得原価×改定償却率‥‥③

　　　　　①＞②ならば①
　　　　　①＜②ならば③　が償却費となります。

　改正後の定率法は、償却率は定額法の償却率の250％となっていることから、250％償却法とも呼ばれています。償却保証額を償却するということは、定率法を採用した場合に、耐用年数後半に償却額が小さくなってしまうところを定額法で償却しようということです。

　取得価額1,000,000円の機械を5年で償却した場合の、毎期の償却額は、図表253のようになります。

【図表253　定率法による限度額計算例】

償却保証額＝取得原価×保証率
　　　　　＝1,000,000×0.44480

年目	改正前の計算方法		改正後の計算方法				
	償却額	簿価	償却額	期末簿価	定率法	改定償却費	保証額
1	206,000	794,000	250,000	750,000	250,000		44,480
2	163,564	630,436	187,500	562,500	187,500		44,480
3	129,870	500,566	140,625	421,875	140,625		44,480
4	103,117	397,450	105,468	316,407	105,468		44,480
5	81,875	315,575	79,101	237,306	79,101		44,480
6	65,008	250,567	59,326	177,980	59,326		44,480
7	51,617	198,950	44,495	133,485	44,495		44,480
8	40,984	157,966	44,583	88,902	33,371	44,584	44,480
9	32,541	125,425	44,583	44,319	25,028	44,584	44,480
10	25,838	99,588	44,318	1	15,968	44,584	44,480
11	20,515	79,073	0	1	7,088	44,584	44,480
12	16,289	62,784	0	1		44,584	
13	12,784	50,000	0	1			

改定取得原価

改定償却費＝改定取得価額×改定償却率
　　　　　＝133,484×0.334

Q110 繰延資産の償却費の計上は

A 繰延資産とは、支出の効果が将来にわたって発生する費用で、資産計上することのできるものです。会社法上は、5つの繰延資産だけが認められており、それぞれの償却期間内で償却します。
税務上は、会社法上の繰延資産以外にも繰延資産があり、償却期間にわたって均等償却しなければなりません。

♣繰延資産というのは

繰延資産とは、すでに対価の支払いが完了し役務の提供を受けたにもかかわらず、支出の効果が将来にわたって発現するものと期待される費用をいいます。

例えば、研究費は、新製品または新技術の開発のために特別に支出された費用です。したがって、来期以降の新製品の売上収益に対応させることができるという考え方です。

原則的には費用処理ですが、資産計上も選択することができます。

支出の効果の及ぶ期間については、画一的に定められており、その期間内で償却します。

♣繰延資産は特殊な資産

繰延資産は、収益に対応する費用を対応する期間に合理的に配分するための計算上だけの資産です。したがって、棚卸資産や固定資産とは異なり、換金性をもたず売却や処分はできません。また、支払いに対する役務の提供をすでに受けている点で、まだ提供されていない役務に対して支払われた対価である前払費用とも区別されます。

繰延資産は、実体のない資産ですので、会社財務の健全性を考えた場合、できるだけ早く償却することが望ましいといえます。

【図表254 繰延資産と他の資産との比較】

繰延資産	流動資産・固定資産
単なる計算上の資産	実体の裏付けのある資産
売却や処分はできない	売却や処分ができる

| 役務の提供を受けている | 役務の提供を受けていない
（前払費用との比較） |

♣会社法上の繰延資産は

　会社法上、定められている繰延資産は、図表255の5つです。償却期間内であれば、任意に償却することも可能です。

【図表255　会社法上の繰延資産】

	繰延資産	内　　　　容	償却期間
①	株式交付費	新株の発行に伴う費用	3年内
②	社債発行費	社債の発行に伴う費用	注
③	創立費	会社設立時の費用のうち、会社が負担するもの	5年内
④	開業費	開業準備費用	5年内
⑤	開発費	新技術・新経営組織の採用、資源の開発、市場開拓のために支出した費用	5年内

注：社債の償還期限までが合理的ですが、中小企業会計指針では3年とされています。

♣税務上の繰延資産は

　会計上の繰延資産のほかに、図表256のようなものが税務上、繰延資産として扱われます。税務は、会計と違って、任意償却は認められず、償却年数内に均等に償却しなければなりません。

　なお、これらは、会計上は繰延資産ではありませんので、貸借対照表には「長期前払費用」として計上されます。

【図表256　税務上の繰延資産】

	種　　　　類	具　体　例
①	自己が便益を受ける公共的施設または共同的施設の設置または改良のために支出する費用	商店街のアーケードなど
②	資産を賃借し、または使用するために支出する権利金、立退料、その他の費用	社宅などの賃貸借契約に際し支出した権利金、礼金など
③	役務の提供を受けるために支出する権利金その他の費用	ノウハウの提供を受ける契約に際し支出した頭金など
④	製品等の広告宣伝の用に供する資産を贈与したことで生ずる費用	販売代理店に贈与した企業名の入った看板など
⑤	上記のほか、自己が便益を受けるために支出する費用	出版権の設定の対価 同業種団体等の加入金など

Q111 引当金の計上は

A 引当金とは、将来の費用・損失の発生見積額を当期の費用として計上する際の貸方勘定です。
税務上認められる引当金は、貸倒引当金、返品調整引当金だけです。

♣引当金というのは

事業活動を続けていくと、当期に原因があることで来期以降に損失が発生することもあります。このような場合には、原因の発生した年度に、将来の発生見積額を費用計上することになります。このときの相手勘定が「引当金」です。

【図表257　引当金の種類】

項目	内容	税務上の設定
貸倒引当金	売掛債権や貸付金といった債権が貸倒れることにより発生する損失に備えるために、回収不能見込み額を計上します。	計上は認められています。損金に認められる要件は厳格です（Q112参照）。
返品調整引当金	当期に売り上げられた商品が、翌期以降に返品されることにより発生する損失に備えるため、返品予想額に対する利益相当部分を計上します。	出版業や医薬品業等特定の業種のみ、特定の取引条件を要件に認められています。
賞与引当金	従業員の賞与の支給に備えるため、当期に負担すべき支給見込額を計上します。	計上は認められていませんので、いったん加算が必要です。翌期支給時に認容されます。
退職給付引当金	従業員の退職金の支給に備えるため、退職金規定に従って期末における会社の負担すべき金額を計上します。 中小企業の会計指針では、期末の要支給額を引き当てる簡便法の適用が求められています。	従来は自己都合期末要支給額の40％まで認められていましたが、平成14年4月以降開始する事業年度から廃止されました。終了時点における引当金額は、中小法人では、10年間で1/10ずつ取り崩すこととなっています。
役員退職慰労引当金	役員の退職金の支給に備えるため、期末における会社の負担すべき金額を計上します。	税務上は認められていません。

修繕引当金	将来の修繕は、当期の使用に起因するとの考えから、大規模な修繕に要する費用の支出に備えるため計上します。	税務上は認められていません。
製品保証引当金	一定の保証期間がある製品について、当期引渡しを行った製品の将来の保証により発生する費用に備えて	税務上は認められていません。

♣引当金の設定要件と計上

図表258は引当金の設定要件で、これらの要件を満たす場合には、将来の特定の費用または損失のうち、当期に負担すべき金額を当期の費用または損失として、引当金に繰り入れなければならないなければならないことになっています。

【図表258　引当金の設定要件】

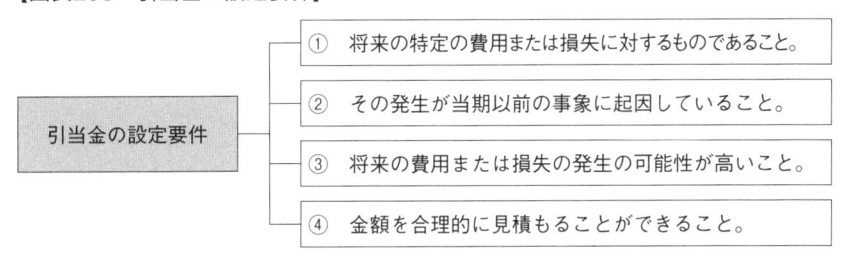

引当金の設定要件
- ① 将来の特定の費用または損失に対するものであること。
- ② その発生が当期以前の事象に起因していること。
- ③ 将来の費用または損失の発生の可能性が高いこと。
- ④ 金額を合理的に見積もることができること。

当期に負担すべき金額を、「○○引当金繰入額」として費用計上し、相手方に「○○引当金」として計上します（図表258）。引当金は、貸借対照表の勘定科目です。

貸倒引当金は、債権の回収不能見込み額で、債権の評価額を減ずるものです（「評価性引当金」と呼ばれます）から、資産の控除項目として計上されます。

貸倒引当金以外の引当金は、将来支出を要するものということ（「負債性引当金」と呼ばれます）で、貸借対照表の負債の部に計上されます。

【図表259　引当金の計上】

```
（借方）○○引当金繰入額　××　　　　（貸方）○○引当金　××
　　　　（当期の費用）
```

♣賞与引当金の計上は

賞与は一般的に、夏と冬、年2回支給されます。賞与は、支給日前の半年間に提供した労働に対して支払われると考えられます。

賞与支払いの対象となる半年間を支給対象期間といいます。

【図表260　支給対象期間】

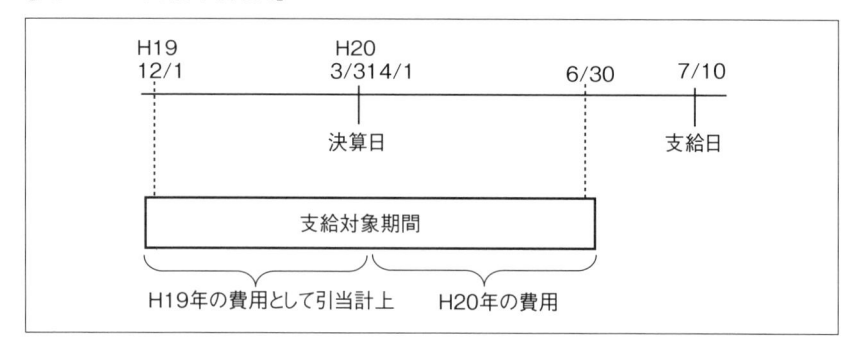

```
        H19                H20
        12/1              3/31 4/1            6/30        7/10
         |                 |   |               |           |
                         決算日                          支給日

              ┌─────────────────────────────┐
              │       支給対象期間           │
              └─────────────────────────────┘
              ├──────────────────┤├─────────┤
              H19年の費用として引当計上  H20年の費用
```

　図表261の例では、賞与の支給は平成20年度になりますが、そのうちの半分は1月から3月の労働の提供を受けた平成19年度に負担すべきものといえます。というわけで、翌期の賞与支給見込額のうち当期の負担すべき金額を賞与引当金として計上することになります。

【図表261　賞与引当金の計上】

> 　上記会社で夏のボーナスが30,000,000円と見積られたが、実際の支給額は、32,000,000円であった。
> ①決算時
> 　（借方）賞与引当金繰入額　15,000,000　　　（借方）賞与引当金　15,000,000
> ②支給時
> 　（借方）賞与引当金　　　　15,000,000　　　（借方）現金預金　　32,000,000
> 　　　　　賞与　　　　　　　17,000,000

♣賞与引当金の税務上の取扱いは

　税務上、賞与引当金の計上は認められていません。したがって、期末に繰り入れた金額は、全額損金不算入となり加算しなければなりません。

　ただ、翌期、賞与の支給があった時点で損金となりますので、翌期には全額認容されることになります。

♣退職給付引当金の税務上の取扱いは

　退職給付引当金は、従来は自己都合期末要支給額の40％までは認められていましたが、平成14年4月1日以降開始する事業年度から計上は認められなくなり、終了時点で積み立てられていた退職給与引当金は、4年間で取り崩し、益金に算入されることとなりました。資本金1億円以下の中小法人では、10年間で1/10ずつ取り崩すこととなっていますので、平成24年3月期までは、従事の退職給与引当金の取崩しが残ることとなります。

Q112 貸倒引当金の計上は

A 将来の貸倒れという損失に備えて、費用計上しておく際の貸方勘定を貸倒引当金といいます。
対象となる債権を、債務者の状況から分類して、それぞれ貸倒引当金を計上します。

♣貸倒引当金というのは

将来の貸倒れという損失に備えて、費用計上しておく際の貸方勘定を貸倒引当金といいます。

♣貸倒引当金の計上方法は

通常に回収されている取引先の債権と、営業状況が芳しくなく回収が滞りがちとなっている取引先や、すでに経営破綻した取引先の債権では、貸し倒れる可能性はまったく異なってきます。

対象となる債権を、債務者の状況から分類して、それぞれ貸倒引当金を計上します（銀行の場合には、自己査定により6つに区分されます。Q90参照）。

一般的な貸倒引当金の算定方法をまとめると、図表262のようになります。

【図表262 債権の分類と貸倒引当金の算定方法】

分類	債務者の状況	貸倒引当金の算定方法
① 一般債権	経営状態に重大な問題が生じていない	過去の貸倒実績率等合理的な基準により算定。
② 貸倒懸念債権	経営破綻の状況には至っていないが、債務の弁済に重大な問題が生じているかまたは生じている可能性が高い	債権額から担保の処分見込額・保証による回収見込額を控除し、その残額について債務者の財政状態を勘案して算定。 （将来のキャッシュフローを見積もる方法もあります）
③ 破綻更正債権等	経営破綻しているまたは実質的に経営破綻している	債権額から担保の処分見込額・保証による回収見込額を控除して算定。

♣貸倒実績率の算定方法は

一般債権に対する貸倒引当金の算定に用いる実績率に関しては、会社の業種や内容により、どのように算定するか異なり、会社自身で定めることができますが、毎期同様の計算方法を取らなければなりません。

一般的には期末の債権に対して翌期どれだけの貸倒れが発生したかという率を用います。1期だけでなく、3期くらいの平均でみることが多いようです。計算式は、次のとおりです。

$$貸倒実績率 = \frac{過去3年の貸倒損失}{過去3年の期末時の一般債権}$$

♣ 貸倒引当金の税務上の取扱いは

　税務上も貸倒引当金の計上は認められていますが、損金算入の要件は、個々の債権の回収可能性を判断するのが難しいため、画一的に定められています。会計上、計上した引当金が、税務上の損金として認められるかどうか、注意が必要です。

　図表263のように、法人税法上は金銭債権を「一括評価金銭債権」と「個別評価金銭債権」とに区分して、それぞれ設定額を定めています。

　なお、一括評価債権は、貸倒実績率（図表264）を用いて計算しますが、資本金1億円以下の中小法人については、貸倒実績率と法定繰入率を選択して適用することができます。

【図表263　貸倒引当金の税務上の取扱い】

分類	区分	設定額
❶ 一括評価金銭債権	個別評価する金銭債権以外の金銭債権	一括評価金銭債権に貸倒実績率をかけた金額（中小法人については、法定繰入率によることができる特例があります）
❷ 個別評価金銭債権	長期棚上債権（債務者が次の事由により債務の弁済が猶予されている債権） ① 会社更生法による更生計画認可の決定 ② 民事再生法による再生計画認可の決定 ③ 特別清算に係る協定の認可 ④ 上記に準じるもの	決算から5年以内に弁済されることとなっている以外の金額（担保で回収が見込まれる部分を除く）
	債務超過の状態が相当期間継続し、かつ、事業に好転の見通しがないこと等により、債権の一部につき取立等の見込みがない債権	取立が見込めない一部の金額
	債務者に次の事由が生じている債権 ① 会社更生手続開始の申立 ② 民事再生手続開始の申立 ③ 破産手続開始の申立 ④ 特別清算開始の申立 ⑤ 手形交換所による取引停止処分	債権の額の50％（担保・保障により回収が見込まれる部分を除く）

【図表264　貸倒実績率】

$$\frac{\begin{pmatrix} 分母の各事業\\年度の貸倒損\\失の合計額 \end{pmatrix} + \begin{pmatrix} 分母の各事業\\年度の個別評\\価分の引当金\\繰入額の合計\\額 \end{pmatrix} - \begin{pmatrix} 分母の各事業\\年度の個別評\\価分の引当金\\戻入額の合計\\額 \end{pmatrix} - \begin{pmatrix} 分母の各事業年\\度の適格組織再\\編成により引継\\を受けた貸倒引\\当金の合計額 \end{pmatrix}}{\dfrac{当期前3年以内に開始した各事業年度末の}{一括評価金銭債権の帳簿価額の合計額} \div 左の各事業年度の数} \times \frac{12}{分母の各事業年度の合計月数}$$

【図表265　資本金1億円以下の中小法人の法定繰入率】

卸・小売業	1.0%
製造業	0.8%
金融・保険業	0.3%
割賦小売業	1.3%
その他の事業	0.6%

♣貸倒引当金の会計処理は

貸倒引当金の会計処理は、図表266のとおりです。

【図表266　貸倒引当金の会計処理】

ケース	借方	貸方
① 決算において貸倒引当金を100繰り入れる	貸倒引当金繰入額　　　100	貸倒引当金　　　100
② 翌期、売掛金70の貸倒れが発生した	貸倒引当金　　　70	売掛金　　　70
③ 決算において120の貸倒引当金を計上する		
(a) まず、残りの貸倒引当金30を戻し入れる	貸倒引当金　　　30	貸倒引当金戻仕入益　　　30
(b) 当期分120を繰り入れる	貸倒引当金繰入額　　　120	貸倒引当金　　　120

♣貸倒引当金の表示は

貸倒引当金の表示は、図表267のとおりです。

【図表267　貸倒引当金の表示】

流動資産の部の控除項目	一般債権（流動資産）に対する引当額
固定資産の部の控除項目	一般債権（固定資産）に対する引当額
	貸倒懸念債権・破産更生債権（通常固定資産に計上される）対する引当額

Q112　貸倒引当金の計上は

Q113 期末精算表の作成ポイントは

A ここでは期末の決算整理仕訳の欄も加えた精算表についてみてみましょう。
パソコン会計では、決算整理仕訳を通常の仕訳と区分して処理することが大切です。

♣期末精算表というのは

Q103で見たとおり、決算作業は、決算整理前残高試算表を作成し、決算整理仕訳を入れ、決算整理後残高試算表を作成し、それをもとに決算書を作成します。この一連の流れを一覧表にしたものが精算表で、図表268のような様式になります。

【図表268 期末精算表の例】

精算表

勘定科目	決算整理前残高試算表		決算整理仕訳		決算整理後残高試算表		損益計算書		貸借対照表	
	借方	貸方	借方	貸方	借方	貸方	借方	貸方	借方	貸方

♣精算表の作成手順は

期末精算表は、図表269の手順で作成します。基本的には、Q103と同様ですが、期末には決算整理仕訳が入ります。

【図表269 精算表の作成手順】

① 元帳の各勘定の残高を、試算表の欄に記入します。

⇩

② 決算整理仕訳を入れます。

⇩

③ 決算整理仕訳を加減し、決算整理後残高試算表欄を埋めます。

⇩

④ 以下、Q103と同様です。

♣ 決算整理仕訳のチェック

　期末精算表では、決算整理仕訳が一覧できるようになります。決算整理前後の貸借関係も一目でわかります。

　決算整理仕訳は、会社の決算に重要な影響を与えます。

　例えば、未払費用計上の仕訳を貸借間違って入れていたとしましょう。

　本来、

（借方）支払利息　　　××　　（貸方）未払費用　　　××

と仕訳すべきところ。

（借方）未払費用　　　××　　（貸方）支払利息　　　××

と処理してしまったとします。

　仕訳の段階では、誤りに気付きにくいのですが、これを精算表に入れると、本来増えるはずの支払利息が減少していたり、未払費用が少なくなっていたりするので、間違いが発見しやすくなります。

　このように、期末精算表は、勘定科目の間違いがないか、貸借反対になっていないかといった点をチェックするのに便利です。

♣ パソコン会計によるときは

　パソコン会計でも、決算整理前残高試算表に決算整理仕訳を入力し、決算書を作成するという流れは同じです。

　決算業務で多忙になると、月次の締めが終わらないうちから、決算整理仕訳を投入することになります。この結果、どの仕訳が決算整理になるのかわからなくなることがあります。

　決算整理仕訳は、通常の取引と異なり、会社の決算に重大な影響を与えることも多いので、根拠資料を十分整備し、どの仕訳がそれに該当するのか明確にしてチェックすることが必要です。

　会計ソフトでは、通常月とは別に13か月目の決算月を設定しているものもあります。定例的な決算整理仕訳はコピー機能を利用したり決算に先立って事前に処理したりできますので、有効に活用しましょう。

著者略歴

辰巳　八栄子（たつみ　やえこ）

昭和46年奈良県生まれ。平成5年京都大学卒業。平成6年公認会計士第2次試験合格後、朝日監査法人（現・あずさ監査法人）に入所。平成10年公認会計士第3次試験合格。平成18年同監査法人を退職、大阪市にて会計・税務業務に従事。

12か月でマスターできる「経理」Q＆A

2009年2月24日　発行

著　者	辰巳　八栄子	ⓒYaeko Tathumi
発行人	森　忠順	
発行所	株式会社セルバ出版	
	〒113-0034	
	東京都文京区湯島1丁目12番6号高関ビル5B	
	☎ 03(5812)1178　FAX 03(5812)1188	
	http://www.seluba.co.jp/	
発　売	株式会社創英社／三省堂書店	
	〒101-0051	
	東京都千代田区神田神保町1丁目1番地	
	☎ 03(3291)2295　FAX 03(3292)7687	

印刷・製本　大阪書籍印刷株式会社

●乱丁・落丁の場合はお取り替えいたします。著作権法により無断転載、複製は禁止されています。
●本書の内容に関する質問はFAXでお願いします。

Printed in JAPAN
ISBN978-4-901380-90-4